Respeto, Derechos y Equilibrio Social

Respeto, Derechos y Equilibrio Social

VERSIÓN en ESPAÑOL SEGUNDA MODIFICACIÓN

Julio S. Cabrera Nuñez

Número de Control de la Biblioteca del Congreso de EE. UU.: 2020908208
ISBN: Tapa Blanda 978-1-5065-3245-5
Libro Electrónico 978-1-5065-3244-8

Información de la imprenta disponible en la última página.

Fecha de revisión: 08/05/2020

Para realizar pedidos de este libro, contacte con:
Palibrio
1663 Liberty Drive
Suite 200
Bloomington, IN 47403
Gratis desde EE. UU. al 877.407.5847
Gratis desde México al 01.800.288.2243
Gratis desde España al 900.866.949
Desde otro país al +1.812.671.9757
Fax: 01.812.355.1576
ventas@palibrio.com
813637

ÍNDICE

En memoria de dos maravillosas mujeres que me amaron con gran devoción y aunque físicamente ellas no vuelvan estar presente en mi vida, con el mismo amor ellas siempre vivirán en mi mente y corazón: Mi madre y mi hermana

jusanca65@gmail.com

NOTA DEL AUTOR

Para los conocedores del idioma español señalaré que, con la intención de pulir mi manuscrito, la Editorial me ofreció el servicio para corregir los errores gramaticales, ortográficos y problemas de redacción, pero mi negativa no consistió por auto suficiencia, sino por tres razones:

1: - No querer aparentar o especular con un intelecto ajeno a mi capacidad académica, como también, a la vez demostrar que en estos temas que yo navego, no están reservado para solo ser analizado, comprendido y expuesto por profesionales de las letras u otros sectores. La realidad nos incumbe y es parte de todos.

2: - Los asuntos que abordo no precisan de maquillaje porque en nuestra trayectoria y de forma cotidiana todos estamos involucrados o poseemos conocimiento sobre la materia en cuestión, por ende, sea cual fuere mi lenguaje y redacción todos pueden distinguir la intención o la necesidad.

3: - Temiendo que alguna corrección a un texto pudiese causar alteración o modificación en mi intención, y además queriendo ser 100% "YO" en este mi primer trabajo, rechacé la corrección de cualquier posible error.

Para cualquier comentario o critica, por favor visite:

jusanca65@gmail.com

Sin importar cuál sea su opinión, yo siempre estaré muy agradecido, pero antes de comenzar a leer, por favor relájese para que pueda disfrutarlo, porque de usted ser muy conservador, puede quemar mi libro antes de terminarlo. Mi opinión es tan inusual como atrevida. Gracias

PRÓLOGO

Atendiendo la progresiva capacidad para con equidad definir las normas de respetos y derechos que hoy nos bendicen, la cual adquirida tras épicas batallas en diferentes etapas de la sistemática evolución humana, ha dado lugar al actual avance y desarrollo socio/moral que, a través de drásticas reformas, ha contribuido a la erradicación de discriminaciones y prejuicios que han azotado a la humanidad por siglos, y a su vez dando lugar al alumbramiento de civilizaciones que, con más energía demandan justicia, las cuales con mayor equidad está logrando establecer la libertad y respeto que por derecho todos tenemos: La opción del libre albedrío, para sin disfraz, ni censura y discriminación poder, (dentro de un marco de valores ético y digno) realizarnos acorde a nuestra verdadera condición humana. Significo que estoy consciente que aceptación y respeto oscilará acorde el grado de conducta e integridad en cada individuo. Dicho esto, anticipo que, aunque navegaré en otros temas de índole social, político y religioso, y que a pesar de estar consciente del alto grado de indignación que provocaré, tanto, no con mi ateísmo, sino con mi opinión religiosa, como con mi punto de vista político, significo que, en lo que respecta a mi polémico sentir acerca la igualdad y moral sexual entre varón y hembra, ese será el tema principal de este libro.

Considero una blasfemia a la moral cuando observo, cómo se continúa perpetuando ese milenario y mal denominado círculo de honor y dignidad, en relación con la moral sexual que irracionalmente subyuga a la mujer, siendo en realidad un círculo de humillación y discriminación que, por tradición la mujer acepta inconsciente, y a la vez voluntariamente. Debido a que, en esa manifestación de vana dignidad y conformismo, subyace ese estereotipo de inferioridad que degrada a la mujer en lo que respecta a la moral sexual, capaz de llevarla a confundir sumisión con orgullo, porque al sopesar prejuicios y beneficios, la balanza continúa privilegiando a los hombres y marginando a las mujeres del mismo derecho que legal, social y moral les corresponde por igual condición genética y calidad humana. Por la perpetuidad milenaria, la impunidad y la sumisa aceptación de este tipo de humillación, podemos catalogarla como una discriminación institucional.

Conmovido por el respeto y amor que la mujer merece, me he sentido motivado a escribir este libro. A pesar de las opiniones negativas que pueda generar (sin importar que yo sea liberal o conservador, religioso o ateo, realista o idealista), nadie podrá ignorar o negar la irrefutable verdad que hay en mi escrito, como tampoco la necesidad de un impostergable cambio que, establezca el meritorio equilibrio de honor que a la mujer (con igual equivalencia de perjuicios y beneficios en ambos sexos) confiere su condición humana; reconocimiento que dentro de un contexto de igualdad moral, social y legal, lo considero un derecho fundamental.

Escudriñar la peculiaridad con que se han identificado y manifestado la conducta y los preceptos morales de cada civilización, incluso por nivel discriminatorio de los impactos y consecuencias en correspondencia a las distintas épocas de la trayectoria humana, me ha servido para comparar y exponer el lento, pero radical grado de metamorfosis que en todo aspecto ha sufrido la moral desde antaño hasta la actualidad, así como para poder encontrar los elementos y argumentos capaces que me faciliten, demostrar la noble intención de mi mensaje en este libro, el cual lleva consigo impreso todo el valor moral social e individual que debe honrar al ser humano, así como el respeto y amor que debe simbolizar a la mujer.

Por ende, si todos nos despojamos de los prejuicios, tabúes, egoísmo, hipocresía que nos caracteriza y con honestidad, nobleza e imparcialidad se analiza la conducta y el valor que social y moral afecta o beneficia al género humano, se podrá captar cuánto error hay en la báscula, así como cuánto honor, respecto y amor demanda, a mi criterio, el ser superior del universo: la mujer.

Lo redactado en este libro no tiene la intención de ofender ni herir a alguien; sin embargo, todos sabemos que lo más punzante que puede herir y ofender a personas de doble moral, es la verdad sin censura. Por esta razón, aunque pudiese molestarme, estoy seguro de que no me afectará el ataque de los ofendidos; por ende, con vehemencia afirmo que lo plasmado en mi libro, no es más que, el resultado obtenido en amenos y férvidos diálogos, pero respetuosos y coherentes debates sostenido con muchos amigos y desconocidos, con diferentes teorías y conceptos acerca de este controversial tema, incluso me enorgullece señalar: Ciertas discusiones, por su carácter adverso, no obstante de haberse tornado muy apasionadas, jamás trascendieron a la vulgar y denigrante trifurca, porque sin importar que fuéramos religiosos o ateos; conservadores o liberales: comunistas o capitalista; ignorantes o eruditos de la materia en cuestión, siempre nos distinguió ese respeto que nos permite, con razonamiento empático, observar la verdad desde un punto neutral, capacidad obtenida gracias a los derechos y equidad que demanda nuestra civilización, que sin conflictos ni fanatismo induce a reconocer y aceptar un bien fundamentado criterio. Además, la principal temática en cuestión expuesta en mi libro, no es una fantasía o invención de la imaginación de ateos y liberales, para que muchos, con intención de conceptuarla como si fuese algo amoral o constitucionalmente irreversible, muy a la ligera la hayan estereotipado con una connotación tan vulgar, ofensiva y discriminatoria. Por fortuna para mi libro, es la realidad que, aunque algunos por ego intentan manipular o disfrazar, sin tapujos nos nutre y nos permite sentir, ver y escuchar (en muchas ocasiones en voz alta) desde los más recónditos rincones de la conciencia, la necesidad y el deseo humano. Para honrar a la verdad que se yergue desde la profundidad de esa justicia que a muchos enorgullece, pero en consecuencia de cómo lo demanda esta civilización, es que el contenido de este libro está fundamentado en correspondencia a mi opinión de cómo veo y siento la moral sexual.

Considerando que todo significado es el resultado de las interpretaciones del entorno, así como del fruto de las experiencias que cada individuo ha vivido, ha sido la base para: impactado por muchos episodios de la historia, cuya violencia y crueldad me conmovieron, como también influenciado por la libertad y derechos predominante en esta época que vivimos, hago saber que, por solidaridad es el móvil que inspira este mensaje, el cual está fundamentada en el respeto, honestidad y reciprocidad que muchos opinamos que debería equilibrar la moral sexual en ambos sexos.

Muchos se escandalizarán por la igualdad o equilibrada moral sexual que opino, sin tabúes debe coexistir entre hombres y mujeres. Considero que siendo imparciales, justos y honestos con nosotros mismos y con los demás, no debemos reprimirnos ni cohibirnos de emociones ni deseos contra nuestra voluntad para satisfacer normas sociales y morales impositivas; y menos, coaccionado por deliberada confusión, o sencillamente por el superfluo objetivo de fingir, o demostrar que nos complace honrar los criterios y patrones exigidos por inquisidores, como disfrazarnos con una falsa conducta para con manifestación complaciente, engañar o adular a quienes nos honran. Mi mensaje no es de abstinencia y mucho menos de promiscuidad sexual, todo lo contrario, es por ese amor y respeto que sin fronteras ni consecuencias debe predominar en el matrimonio. Si no podemos ser íntegros, estoy seguro de que el mejor homenaje para honrar a la mujer, es ser capaz de conceder, con espontaneidad, la misma libertad que nos auto atribuimos para sosegar o saciar nuestros apetitos y deseos.

Estamos seguros que con el nacimiento de cada generación, pasada y futura, han nacido y continuarán naciendo nuevas y diferentes ideas progresistas; que incluso también del futuro saldrán nuevos pensadores que, bajo la presión de concepto y visión de nuevas generaciones, no solo revolucionarán las leyes sociales y morales de nuestros ancestros, sino crearán e impondrán nuevas leyes acorde al recurrente progreso evolutivo, resultando que cada civilización enfrentará nuevas demandas que, causarán alteraciones en las leyes que hoy se han impuesto o incluso, conceptos pasados o actuales, en un futuro logren escalar y prevalecer esos, que incluso no procedieron cuando se han tratado de imponer, corroborando que lo que fue útil o nocivo hoy o en el pasado, en el futuro, lejano o cercano, puede ser obsoleto o conveniente. Sin embargo, después de conocer mi criterio e intención, alguien cercano a mi círculo social, con el propósito, tanto de ridiculizarme, como ignorando mis derechos legales de libre expresión, que por condición natural, también me faculta en poder criticar o reflexionar sobre los efectos de libertad o privacidad que nos causan las leyes y conceptos de otros, para luego, en consecuencias a los valores y derechos; respeto y libertad, poder tomar conciencia y, con mejor o mayor objetivo, buscar mediante una equitativa interpretación, un significado que sea más común o congruente al estilo de vida que acorde a cada época vivimos. Incluso este amigo, muy indignado me catalogó de petulante y egocéntrico porque, según su capacidad o calidad interpretativa, opina que al yo reflexionar sobre insignes conclusiones de otros, y exponer mi propia definición sobre la misma temática, en este caso de la calidad y condición cívica y humana que está relacionada con la moral social y religiosa actual, la cual hoy, acorde a mi opinión, solo no se conjuga, sino que hasta en esencia diverge con las de esos laureados pensadores que han establecido el patrón de conducta moral/social que desde antaño, nos han regido durante el mayor período de la existencia humana, incluso (en referencia al misticismo) este amigo mío considera que el sarcasmo y mis ansias de satisfacer mi ego ateo, son quienes me han inducido a hurgar con estudios superficiales, los cuales, según su opinión, al aportarme una insustancial base de datos, no me han permitido concientizar con el asunto y por tal razón entiende que, «yo», motivado por una mezcla de ignorancia y burla, trato de tergiversar insignes preceptos, y navegar contra los principios y conceptos sociales e individuales que, con honorabilidad han sido establecidos a través de la historia humana. También, un tanto inquisidor este amigo, preguntando y acusando a la misma vez, alega que él no entiende por qué razón las personas como «yo» necesitan o abogan con tanto énfasis por la libertad de expresión, porque según él, por ley moral e intelectual a mí se me debería, no solo privar de la libertad de expresión, sino hasta condenar por la obscenidad y estupidez de mi opinión. No voy a poner en duda que tal vez yo pueda ser en alguna modalidad ese tipo de «cretino» que «necesita» mucho más aprender, que poseer el «privilegio» de pensar y hablar, pero si con energía difiero, porque la posición de este amigo que me censura, es radicalista, debido que es una aberración catalogar a alguien de ignorante, por el solo motivo de exponer una tesis que refuta o desacuerda con la teoría de otro., aun así, por la total discrepancia entre ambos significados, mi teoría es auténtica y por realidad, es honorable. En siglos pasados se le llamaban herejes a los rebeldes que sugerían, o intentaban imponerse con teorías morales diferente a las que regían el sistema político o religioso de aquel entonces, los cuales eran sometidos a lentas, largas y terribles torturas hasta su muerte para purgar esas, según sus verdugos, ofensas, pero gracias a los derechos civiles y al respeto de libertad, hoy día se nos llaman amorales, ignorantes para por medio de burlas desacreditarnos. En este caso, mi opinión, en lo que respecta a la mal intencionada y errónea vinculación de la moral, solo en la mujer, que genera esa milenaria discriminación de la sexualidad, es muy simple de averiguar y valorar mis razones: Con solo comparar si la conducta y posición actual, tanto social como individual, es la que debe asumir la mujer por su condición humana, o debe ser esa actitud sumisa, la que según por ley y voluntad de Dios, él decretó para la mujer. También me tildó de ignorante por no poseer una base de estudios universitarios, o alguna preparación profesional que me autorice y permita exponer al mundo mis opiniones y conclusiones, las cuales no solo son obtenidas de mis experiencias, sino incluso de experiencias vividas por personas contemporáneas a mi época, sin embargo es preciso señalar: de las enseñanzas adquiridas a través del sufrimiento por experiencias sociales e individuales, proviene la llamada "sabiduría popular" de la cual, por sus laceraciones ser infringidas y dotada del conocimiento empírico, sus realidades y verdades pueden ser tan, o mucho más aceptable que una definición teórica, incluso desafiando o compitiendo contra cualquier definición teórica, aunque esta haya sido expuesta por algún profesional, sin embargo yo siento que a pesar de mi mediocridad intelectual, frente a la realidad que a gritos expone la contradicción entre épocas, mi exposición está sostenida por sólidos y contundentes fundamentos, capaces de establecer un coherente debate, aun sin importar que mis argumentos y base de datos solo estén sustentados, ya sea por conjeturas y opiniones, como por el más básico o elemental estudio.

Es notable señalar que considero que este tema no está monopolizado ni reservado para ese grupo de selectos profesionales que poseen licencias para ejercer, ni yo (refiriéndome a terceros) pretendo (por equivocación o pedantería) incursionar en el campo de la psicología, filosofía o sexología para por opiniones provocar discusiones, y mucho menos suponer que lo plasmado en mi libro pueda influenciar en la formación de alguien. Subrayo que solo redacto mi opinión sobre cómo las personas deberían respetarse y ser honestas, aunque en realidad espero que algún día, todos tomemos conciencia en honor a la moral, verdad y el respeto, para así poder ser capaces de aceptar sin prejuicios los resultados de otros, aunque sean adverso o diferente a nuestra identidad. También hago énfasis con ahínco: no es que mi opinión —refiriéndome a esos pensadores que han propuesto y formado patrones sociales y de conducta moral, así como a esos profesionales de las materias en cuestión— sea superficial e insustancial, solo que en lo que respecta a este sector al que me refiero, sencillamente se debe a la naturaleza del valor y de la intuición propia de cada individuo.

En relación con la licencia todos sabemos que, no es más que un documento legal que un gobierno concede a alguien dándole la autoridad de establecer su propio negocio, y así pueda ejercer sus habilidades o profesión justificándole un fin financiero. En muchos aspectos o diferentes materias, la licencia no garantiza ni se relaciona con estudios universitarios, conocimiento, resultado y seriedad en una práctica. Por mencionar algunos casos que para operar necesitan licencias, ¿acaso también son profesionales los espiritistas, brujos y astrólogos? A ellos también se les otorga licencias para que puedan ejercer y brindar sus servicios. Señalo que esta ciencia de supuestos poderes divinos y astrológicos que practican estas personas, no requiere de estudios universitarios, solo es un simple negocio de habilidades mentales que, según mi escepticismo, «algunos» individuos sin escrúpulos emplean para aprovecharse de muchas personas vulnerables, unos por superstición, otros siendo víctimas de depresiones a causa de cualquier revés o infortunio, están muy desesperadas y susceptibles; personas que bajo esta condición de tormento o tristeza son presas fáciles para que, algunos (solamente refiriéndome a ese grupo de práctica paranormal conformado por algunos individuos muy inescrupulosos y avaros) puedan sacar ventajas de la desventura, calamidad o tragedia de otros. Por experiencia sé que, si en esta tendencia de resultados espirituales se practica de buena fe, personas que estén bajo cualquier estado de sugestión, o que sean fanáticas y supersticiosas, por esa fe con la que ellos se identifican, unos por sugestión y otros por fanatismo, milagrosamente experimentan bienestar y resultados positivos que sosegarán sus trastornos, tanto depresivos como de paranoia, y estos efectos me conlleva a opinar que sin sórdidos propósitos premeditados, esta práctica si no causa el bien pronosticado, tampoco provoca algún mal. Aunque no soy supersticioso, creo que por ley natural de culpa con que la conciencia persigue y castiga, o quizás esa que muchos denominan "Karma", la vida eventualmente te devuelve con creces todo el bien y el mal que deseaste o hiciste, por eso debemos elegir y conducir con mucho cuidado nuestros pensamientos y acciones, para así evitar ser víctima de nuestra propia maldad, que en la mayoría de los casos es generada por la envidia o perfidia.

Todos consideran este tema, relacionado con sexólogos y psicólogos, muy controversial, pero yo creo que solo es polémico para y entre estos profesionales que están en constante debate, e intentando buscar patrones que les permitan establecer un significado común en la conducta humana. Para los demás, la mayoría, por naturaleza es un tema con características propias, con detalles únicos y muy bien definido en personas con carácter firme y criterio propio. Pobre del que tenga que solicitar ayuda de alguien, o de algunos de estos profesionales, para formar y definir cómo y quién será en la vida. Incluso también creo firmemente que toda persona de carácter independiente visualiza el mundo que le rodea acorde a su concepto del bien y el mal, a sus principios de moral y a la integridad de sus emociones y sentimientos. Por favor, que se interprete bien el objetivo de mi mensaje: no niego ni desconozco la importancia y beneficios de la oportuna intervención de los psicólogos en las parejas, niños, adolescentes y adultos con trastornos emocionales, cuya terapia curativa supongo que es esencial hasta para el bienestar de la sociedad; solo digo que nadie con sensata cordura necesita la ayuda de otro para encontrarse a sí mismo, ni para saber quién «es» o cómo «será», y mucho menos que alguien le ayude a definir su personalidad, incluso opino que tampoco alguien pueda enseñar a otro lo que de su entorno pueda o sepa absorber, o como elaborar una estrategia para comportarse y enfrentar sus triunfos y reveses durante su trayectoria por la vida. Yo puedo estar seguro que los psicólogos pueden intervenir, curar y clasificar a personas enfermas, pero por fortuna el mundo está poblado, con muchos más cuerdos que locos, muchas más personas sanas que con trastornos mentales; por consiguiente, si los psicólogos tuviesen la facultad de actuar con autoridad e interpretar y obrar con certeza, entonces la Iglesia podría emitir un comunicado dejándole saber al mundo de cuán orgullosos están por los resultados obtenidos de las crueles acciones ejecutadas por su medieval tribunal llamado Santa Inquisición. Por petulancia el mundo ha sido víctima de atropellos, vejaciones y crímenes a causa de excéntricos, ególatras y autosuficientes personajes políticos y religiosos. En mi opinión: en personas mentalmente sanas, la conclusión o definición de un psicólogo es tan brillante y confiable como, la obtenida por un psíquico de su consulta esotérica. Formar y establecer; corregir o modificar la conducta o carácter de alguien es imposible. De ser o de haber sido hipotéticamente probable esta teoría, sería la principal causa del fracaso social y humano, porque acorde al tipo de intransigencia de cualquier gobierno en particular, aun sin importar el límite de opciones que permitiría, por coacción y sugestión tampoco hubieran derecho, libertad y mucho menos la posibilidad voluntaria a una oponente elección, por consiguiente, reaccionarios y dictadores hubiesen sustituido a los maestros escolares por psicólogos, con el objetivo de intentar perpetuar su legado, personalidad e ideología.

Opino que no es necesario empantanarse con estudios para entender el comportamiento humano, solo basta comprender a quienes nos rodean para así conferirle (acorde a su elección moral, política y religiosa) el respeto que ellos demandan, porque sin importar que su criterio y sentir sea opuesto al nuestro, todos estamos obligado a respetar y aceptar su elección. También creo que no hay necesidad de complicarse la vida impartiendo consejos, porque además de no respetar el libre derecho de opciones y elección, ya que adrede o inconsciente estaremos imponiendo, o pretendiendo modificar el comportamiento de alguien acorde a nuestro modo de concebir y proyectarnos en la vida, sin embargo estoy consciente que esos insistentes consejeros son personas de un bajo estándar social, en su mayoría ridículos borrachos que, con empalagosos alarde, presumen de haberse graduado en la universidad callejera con los más altos honores. Tranquilos, con intención de ridiculizarme o desacreditarme no se precipiten en colocarme dentro de mi propio ejemplo, mi condición social y moral no es estándar, es "diferente" y con orgullo me remito a las pruebas: con ese tipo de crítica con que muchos se ensañan enlodándome, solo refleja con una connotación de "diferente" y no de "estándar" mi condición. Pese que muchos o pocos pueda opinar que con mi libro yo trato de promulgar lo que por confusión yo pueda considerar un honesto equilibrio de equidad y respeto, subrayo que yo no me dedico a estar aconsejando, además, teniendo en cuenta que todos contamos del pleito la parte que más nos conviene, usando argumentos que, aun no alejándose de la verdad, llevan la premeditada intención de manipular la opinión de otros a nuestro favor, y esto resulta que la mayoría de las veces, al interpretar y buscar soluciones desde nuestra perspectiva, los consejos solo sirven para exacerbar conflictos, porque incitan la discordia cuando al solidarizarnos con unas de las partes involucradas, por juicios parciales se justifican las malas acciones o se apoyan las represalias. Desde otro escenario, pero con igual trivialidad de perfil tóxico: Un pleito no es más que la idónea ocasión que facilita al típico consejero la oportunidad de intervenir en cualquier tipo de conflicto, y presumiendo de su convicción moral, con equívoca facultad intenta influenciar con su personal percepción para redirigir la convicción moral y social de otros, por eso mi consigna es aceptar y respetar. Estoy consciente que por solidaridad humana no debemos ser indiferente ante cualquier dolor o problema que alguien allegado o incluso extraño a nosotros esté atravesando, incluso presiento que por humanismo o bienestar social estamos comprometidos a intervenir, apoyar y si es necesario hasta ayudarlo con algún neutral consejo, pero para evitar la pedante influencia de nuestra convicción socio moral, antes de iniciar con los consejos, primero debemos preguntar qué realmente esa persona quiere o necesita, entonces, después de conocer su interés y necesidad, además si también con civismo podemos ser capaces de aceptar y respetar la identidad ajena, no caeremos en conflictos cuando aconsejemos a alguien con una perspectiva opuesta o paralela a nuestra convicción, e incluso con holgada satisfacción podremos encontrar una estrategia moral que esté netamente basada en los principios del abatido, lo cual, sin persuasión o confusión, le facilitará superar su mal momento o revés, y podrá continuar hasta su meta por el camino que él desea y eligió transitar a su gloria. Debemos de estar consciente que todo sendero libre de crimen, siempre conlleva al triunfo, por ende, la ruta que cada cual eligió transitar, es la correcta, aunque sea opuesta al criterio nuestro. Esta capacidad de aceptación es el genuino equilibro de respeto mutuo. De algunas experiencias he aprendido que para intervenir en un pleito matrimonial, es conveniente saber que ambos cónyuges sentimentalmente (no emocional) estén en la misma página, porque cuando en uno de ellos el amor se fue (aunque la emoción aun esté vigente en ambos) sostener esa relación, que además de ser tan asfixiante como tóxica, por lo general provoca consecuencias colaterales derivadas del desgaste moral y el descenso social, lo cual, si a esta situación agregamos una pizca de intolerancia en uno y de egoísmo al otro, si esa comedia no termina en una tragedia que los destruya por igual a ambos, negativamente los marcaría por siempre. Cuando en uno de ellos se afana a la comodidad financiera y el otro se aferra a lo sentimental, aun habiendo vibra entre ambos, solo habrá paz en el momento sexual, porque no existe fórmula permanente que funcione entre ellos ni con el más elemental o básico esquema de concilio. Evitar conflictos es sencillo, hay suficiente espacio en el mundo para compartir, por ende, si no somos capaces de con equidad y satisfacción sostener un equilibrio de respeto, por acuerdo mutuo o individual, si alguien por su forma de ser o comportarse no nos conviene o no se ajusta con nuestra identidad moral o social, entonces con respetar su espacio y movernos a otro circulo, es suficiente para promover la paz y armonía.

Yo no estoy en desacuerdo con las prácticas e intervenciones de los psicólogos y sexólogos, ni de espiritistas y psíquicos, pues además del entretenimiento (refiriéndome a psíquicos o espiritistas) que se genera entre ambas partes, con buena fe, en algunos casos ellos logran sugestionar a terceros con efectos positivos, e incluso puedo asegurar que estas personas (los espiritistas, los cuales por similitud pertenecen a la misma especie de los psicólogos) están privilegiadas por la naturaleza con ese impresionante «don» tan especial para ejercer con decoro esa profesión. Yo creo que la diferencia entre unos y otros (psicólogos y psíquicos) consiste en su tenacidad y en las posibilidades de sus estudios académicos y profesionales cursados. Los que finalizan sus estudios son los psicólogos; los que por desgracia sus recursos los privan de esa posibilidad de estudiar, son los que se convierten en psíquicos o espiritistas. Pero no importa, en ambos está esa brillante iluminación que, con habilidad pueden usar para penetrar y manipular el subconsciente de terceros, en este punto solo me referiré a los espiritistas: algunos con nobleza, otros con esa mezquindad que caracteriza la ventaja y el oportunismo, con su conducta denotan su clasificación. No obstante, si la mayoría o minoría consideran que mi criterio es insustancial o inverosímil, significo que esta es mi opinión, y sustentado por mi capacidad asimilativa, como por mi libertad de derecho de expresión, la divulgo. Otros, expanden su opinión de propósitos financieros, utilizando todo medio de comunicación para promover una irracional historieta, basada en un tipo de fábulas con características algo infantiloides por su ilógica inspiración, la cual por violenta imposición y conveniencia, desde antaño predominan en el mundo sin una competencia totalmente adversa, porque en consecuencia de la ignorancia y necesidad de nuestros antepasados en hallar una causa lógica a cualquier fenómeno natural, apelaron a la única herramienta de esa etapa: "La imaginación" y es obvio que esto diera lugar al significado divino que, a falta de una adversaria respuesta, fue la fuerza que por siglos los obligó aferrarse a una irracional y sin fundamento idea, la cual por fanatismo, la han llegado a sentir como la verdad que ellos precisan. Para colmo, inconcebiblemente con esta "idea" pretenden atemorizar, crear confusión, ejercer coacción y como si fuese un "hecho" real, amenazadoramente te ponen en la disyuntiva: "Aceptas o niegas a Dios como el Creador". No obstante, estoy seguro de que esos íntegros espiritistas sabrán reconocer la verdad de cuanto expreso, porque ellos también repudian a aquellos, a quienes, con sus denigrantes actos, pueden precipitar o inducir al colapso de esa "fe" que ellos promulgan con buena intención.

Todos estamos convencidos que, aunque vivamos en el mismo entorno, todos enfrentaremos distintos desafíos, y aun incluso enfrentando el mismo reto, cada individuo, al resolverlo desempeña métodos o habilidades personales, por tal es lógico que cada individuo obtendrá resultados diferentes y estos resultados son los que conforman, tanto los criterios como las experiencias personales que identifica a cada individuo con características auténticamente propias. Sin importar el propósito en la manifestación de las experiencias, dicha expresión siempre será congruente a la capacidad y nivel de juicios personales, por consiguiente, en lo que respecta cualquier tema de índole abstracta, una opinión en pro o en contra, jamás alterará ni cambiará la condición moral, emocional o sentimental en alguien que con dignidad esté seguro y orgulloso de quien es. No debemos olvidar que las opiniones están sustentadas por criterios personales y este hecho individualista, es lo que da el valor real y la fuerza veraz a mi opinión, incluso la misma ley del libre derecho, también otorga igual razón y fuerza a la opinión de todo aquel que desacuerda conmigo, el conflicto deberá ser equilibrado por la Ley de respeto y aceptación. Para todo aquel que ha vivido o vive dentro de un sistema demócrata, es conocedor que desde muy joven se obtiene la capacidad de desarrollar (ya sea por intuición e instrucción) total y pleno conocimiento que las opiniones y críticas son de carácter subjetivo y las ideologías son de elección personal, por consiguiente, todos, religiosos o ateos; liberales o conservadores; comunistas o capitalistas estamos obligados a respetar la libertad de opinar y criticar sin censura, obvio, siempre y cuando no sean con la premeditación de calumniar para perjudicar la imagen de alguien, como también aceptar el derechos de elección de otros, aunque su conducta o teoría sean opuesta o paralela a la nuestra.

Antes de finalizar este preámbulo, destacaré que al citar proverbios y pensamientos de célebres personalidades de la historia o contagiosos refranes del pueblo (no obstante de tampoco conocer con exactitud el texto, pero debido al resultado acaecido por la mezcla de la esencia de su mensaje, el cual discrepa con la libertad de mi época, es la base en que se apoya mi opinión) dejo muy claro que no ha sido con la malsana intención de burlarme o eclipsar el connotativo valor, mensaje o significado con que fueron concebidos en consecuencia a los límites de su época, sino simplemente demostrar que su objetivo, en concordancia a nuestra civilización, libertad y derechos, es tan variable que en ciertas circunstancias, es lógico vaya desde lo obsoleto o hasta la humillación o lo ridículo.

CAPÍTULO I

Estoy convencido de que a muchos tal vez le parezca aberrada mi forma de opinar o reflexionar sobre este tema tan controversial que abordaré, pero humildemente dejo saber que he aprendido de muchas personas que, ya sea de una forma u otra, igualmente concordamos, y aunque muchos sentimos, vemos y nos expresemos de manera similar, creo que antes de mí (en tono de protesta y denuncia) nadie ha sido (debido al temor de un sinfín de conjeturas negativas, erróneas y acusativas que los ofendidos, equivocados y maliciosos por mezquindad y rabia pueden usar, intentando difamar la honra de alguien) tan audaz y abierto exponiendo su criterio, los prejuicios y la limitación respecto a la moral sexual que social y conyugalmente es característica de inferioridad, la cual con discriminación enmarca a la mujer dentro de un perímetro tan ofensivo como humillante.

Partiendo del principio de conflictividad que caracteriza esa prepotencia humana en imponer su criterio e ideales, que no obstante, acorde a la percepción y formación particular de cada individuo, al poseer en cada persona una base muy sólida y bien definida, es la variedad y diferencia de significados que genera controversia, pero sorprendentemente jamás causa confusión, debido que la conducta del ser humano está sujeta a la capacidad personal de conceptos, razonamientos, criterios, ideales, pero por sobre todo de conveniencias sociales o personales, y esta polémica es lo que corrobora que todo en la vida, aun siendo permanente o temporal su valor, siempre será relativo o circunstancial, por ende, toda conclusión puede ser real y verdadera en dependencia de donde venga, o según el ángulo desde donde haya sido analizada, interpretada, incluso hasta por quien haya sido expuesta, resultando que cualquier conducta en cuestión, siempre tendrá un o varios significados que, aunque sean absolutamente distintos, siempre serán razonables y aceptable acorde perspectivas e ideales por fanáticos o seguidores, por eso, el hecho de no ser iguales, es aberrado opinar que exista alguien superior o inferior; mejor o peor; equivocado o correcto en la elección de proyectar su vida. Si alguien no es afín o no se ajusta a nosotros, tenemos la libertad y derecho de aceptarlo o rechazarlo, pero siempre respetando y sin juzgar sus principios, criterios y valores, ya sean morales, religiosos, políticos o sociales.

A como yo lo veo: La moral que no es más que, el conjunto de reglas sociales con influencias individuales que, aplicándose a una aceptación común, conforman la ley que regula cualquier tipo de convivencia social, pero por características abstracta, es convenientemente versátil, lo que a mi juicio ha sido la herramienta usada por oportunistas y manipuladores, como el motivo justificador para disfrazar tantas injusticias y abusos acaecidos a través de la trayectoria humana. Todas las denominaciones políticas y religiosas en su persecución tras de finanzas y poder, no solo tergiversan la moral a sus intereses, sino hasta con cinismo mienten con promesas que no cumplirán, porque a beneficio, evitan erradicar la corrupción. Existe un patrón de ética tradicional que universalmente aplica y rige la moral y liderazgo en ambos polos políticos, religiosos y morales, pero atendiendo a este básico e inflexible esquema de moral que en consecuencia de su solidez, firmeza e integridad deja de ser "abstracto" para convertirse en "hecho", es debido a que su honorable base de realidad y objetividad, concisamente demuestra que para armonizar y equilibrar al mundo no basta ni se necesita amarse, si no solo se precisa "respeto". Sin hipocresía: no estamos obligados amarnos ni incluso a reconocer méritos al oponente, pero si estamos muy comprometido con el respeto. La complejidad en esa inicua moral que ha victimizado y discriminado la humanidad por siglos, solo ha sido un suculento negocio que favoreció y empoderó a la iglesia, como la más alta otrora esfera política. Los verdaderos beneficios sociales e individuales de la moral, se desprenden del rigor y honor que abarca la moral, cuando es respetuosa y simple; precisa y objetiva, en fin, cuando sin tener espacio para suposiciones o posición alterna, se convierte en "hecho".

Sin embargo (dentro de lo relacionado al convenio matrimonial) como yo lo veo y lo siento, creo que nadie con suficiente honestidad y respeto, puede refutar la necesidad de equilibrar socialmente el derecho, libertad e igualdad moral en forma absoluta entre hombres y mujeres, para así poner fin a esa manifestación de discriminación, que con una mezcla de despotismo y sarcasmo simboliza inferioridad y limitación en lo que concierne a lo moral/sexual en la mujer. Muchos creemos que el beneficio del equilibrio moral/sexual, arrojaría en el género masculino una voluntaria ley de lealtad, que sería equivalente al respeto y al derecho conyugal que propiciaría la solidez y la perpetuidad que rigen las reglas del matrimonio monógamo, porque la facultad que ostentaría el géneros femenino de sin prejuicios, ejecutar con libertad contra el varón nuevos tipos de represalias que responderían a la magnitud de cualquier acción u ofensa, además de herir el orgullo machista, son más peligrosas por las consecuencias inherentes del acto sexual en las mujeres: La procreación

Pienso que la grandeza y madurez de conciencia y juicio en las personas, comienza cuando con el propósito de superar su calidad humana, con exhaustiva sensatez, toman justa e imparcial conciencia para evaluarse y juzgarse a sí mismo, pero auto aplicándose con igual rigor las mismas reglas con que juzgaron a otros. Este regocijo o capacidad de conciencia equivaldría a ser fieles u honestos, tanto con nosotros como con los demás de nuestro círculo familiar o de amistad por voluntad propia, sin intervención, imposición y libre de tabúes o temores, porque en dependencia del nivel de honestidad en reconocer sin justificación, tanto la culpa como la excusa que arroje el resultado, será la magnitud tanto del valor como la calidad humana alcanzada., por eso, no solo para concientizar el valor de respeto, sino darle un destacado nivel de honor a la justicia, tanto en juicio como en críticas o comparaciones, debemos con equidad cambiar cinismo por empatía, solo un ejemplo: Para valorar tu calidad de esposo, debes preguntarte si deseas como esposo para tu hija, un hombre de tu envergadura, con tu respuesta sabrás la clase de maravilla o basura que eres como esposo.

Con el afán de buscar la constitución moral, emocional y sentimental de las personas de mi interés, para con base poder elaborar una estrategia de equilibrio y respeto mutuo, he aprendido que pese a la variedad y diferencia del comportamiento humano, siempre existe un denominador común que, aunque permita relacionar y clasificar cada género de la conducta humana, dentro de un mismo sector, algunos aspectos me inducen creer que en cada, e incluso en la misma categoría existen ciertos rasgos que podría sub dividir en múltiples género, porque en consecuencia a la particularidad o excentricidad con que el ego de cada individuo desarrolla la estatura o postura de su conducta, siempre tendrá su propia huella que lo identifique y distinga entre otros que presentan la misma condición. Muchas de mis observaciones provienen de personas muy cercanas y con las cuales poseo un vínculo comunicativo muy directo y constante, lo que (debido a que el grado de conocimiento que poseo acerca de estas personas, aun proponiéndoselo, no les funcionaría tratar de engañarme) me permite hacer un juicio personalizado bastante razonable o aceptable, debido a que me fundamento en detalles que me facilitan la comparación y a su vez, en gran medida declinan las suposiciones.

En una forma muy estrecha y afectuosa he tenido el honor y placer de relacionarme con personas de varios niveles, tanto social como intelectual, y para mi propio orgullo, he sabido ganarme el cariño, respeto y consideración de todos, sin importar que mi estatura social sea inferior o superior con la de ese amigo con quien me relaciono. Creo que mi gran dicha es que he sabido comprender que, el triunfo social depende de la posición"positiva" que se asume ante cualquier opinión o situación, aunque provenga de los amigos, como la de los enemigos, porque contra atacar la negatividad con menor, igual o mayor negatividad, además de provocar pugna y desgaste de valores, también involuntariamente pueden conllevar a escenarios bochornosos y denigrantes, por ende, sin importar quien se demuestra"ser", en consecuencia del tipo de actitud con que se responda, porque sin valorar que una reacción sea o no justificable, lo que dignifica es el fruto que se cosechará del desenlace, la vida no impone, por tal, no debemos olvidar que somos nosotros los que elegimos quien ser, o qué valor tener. Las dos principales clases de enemigos que existen son, los adquiridos por la mezquindad e injusticia que alguien pueda cometer con o sin motivos; el otro grupo son los que sin motivo de causa con su envidia mal sana nos premia. Del primer grupo, para poder madurar o superarse con honor, debemos corregir nuestros errores como asumir la responsabilidad de nuestros actos. Del segundo grupo, debemos agradecerle el tiempo que nos dedican con su perfidia, porque si como víctima de esa malsana agresión, contra atacamos esas opiniones con una loable actitud, el resultado obtenido de esa combinación, es lo que nos hará diferente. Todos sabemos que, si durante la trayectoria, con o sin motivos, alguien jamás habla mal de otro, ni lo acusa de algo y solo recibe halagos, entonces ese alguien si no es irrefutablemente virtuoso, será un ser extremadamente hipócrita, sin valores ni principios, incluso sin identidad propia por la fácil volubilidad o adaptación de su carácter sumiso o complaciente. A como hoy se manifiesta la raza humana, sin temor a equivocarme yo diría que, si la conducta de alguien solo está proyectada por y con maldad, pudiera suceder que todos hablasen mal de esta persona, pero sorprendentemente también podría ser más probable que solo hablen bien, incluso hasta elogiar a esa persona. Esta asimilación masoquista es congruente con el tipo de complejidad y perversidad evolutiva que identifica al humano actual, además, todos sabemos que si alguien por cualquier razón no recibe ni halagos ni crítica, entonces esto es mucho peor, porque solamente se ignora al que no posee ningún valor como persona, por eso yo opino que por igual hay que agradecer comentarios: de enemigos, porque intoxicado con su ponzoñosa perfidia, son quienes nos hacen diferentes; los amigos, con sus comentarios de honor, son quienes elevan esa diferencia.

Yo no poseo ningún conocimiento profesional en literatura o filosofía, ni domino las reglas gramaticales, por ende, acorde mis posibilidades trataré de despejar dudas con la mayor claridad, haciendo mi escrito lo más coherente, ameno y convincente posible, con el objetivo de amortiguar y minimizar cualquier ataque de repudio u ofensa del cual probablemente seré víctima. Tal vez yo no sea lo suficientemente locuaz y mi mensaje sea mal interpretado, pero subrayo con énfasis que cuando me refiero a equilibrio, no es para agregar a la báscula cinismo, descaro o una libertad pro sexo, sino para sumar honor y respeto. Estoy consciente de que mi capacidad psicológica es paupérrima, pero mi conclusión en este sector se debe al amor y respeto que la mujer me inspira, por el valor e igualdad que con dignidad y regocijo la mujer debe ostentar. Cuando enfoco mi criterio sobre el equilibrio sexual en ambos sexos, es para hacer conciencia sobre la necesidad de erradicar la hipocresía y los prejuicios que impiden igualar consecuencias, beneficios y moral; para abolir la traición, la mentira en el matrimonio; para que seamos justos, honestos y recíprocos. Estoy convencido de que, si la mujer se libera de esa integridad que la distingue, y el hombre persiste en su mal ubicado y egoísta concepto machista, en la mayoría de los matrimonios (no por respeto o conciencia, sino por temor) el resultado de este balance concluiría en una condición monógama.

Sin embargo, creo firmemente que la moral es algo innato, como también de peculiar exclusividad en cada ser humano; que no es un material o profesión que requiera de estudios universitarios para entender, expresar, desarrollar y compartir un criterio propio. Tampoco creo que este tema solo está reservado para profesionales, o para un selecto grupo con el privilegio o facultad de explicarnos y/o enseñarnos un patrón que nos oriente sobre cómo comportarnos, acorde a su ideología o a la de un específico gobierno. Considero que si alguien pudiese educar nuestros sentimientos con la capacidad de autocontrol y absoluta satisfacción de elección, o cómo controlar y comportarnos emocionalmente, entonces la vida sería muy segura y estable, pero excesivamente monótona y aburrida, porque estaríamos vetados de la condición más grandiosa del ser humano: "El libre albedrío", además, por consecuencias de la realidad, la comparación en contubernio con el deseo es quien domina la mente, por tal, en particular cada ser humano estructura su mundo en dependencia de sus propios pensamientos, los cuales son en función de sus metas trazadas, y a pesar haber aparente similitud con las metas de otros, la energía motivadora de propósitos y ambiciones poseen características particulares que establecen total diferencia en el valor y la personalidad de cada individuo, incluso ni de forma filosófica, genética, moral, científica, sentimental, etc., bajo ningún contexto existen dos seres humanos iguales.

Mi interrogante está fundamentada en experiencias, en lo que veo, en lo que conozco y esto no se conjuga con la época actual, ni con la honestidad, ni con la libertad de expresión o de ejecución; ni con la igualdad de opciones y prejuicios en ambos sexos que, en teoría con peculiaridad ancestral, aún existe en nuestra generación. Tampoco creo que en lo que respecta a este tema, el más célebre profesional pueda tener menos o más razón que yo, porque todos con diferentes sensaciones y resultados, nos involucramos y evolucionamos acorde a las experiencias vividas. Es más, yo creo que, en mayor grado de sofisticada cultura, se podrá refinar los sentidos para elaborar con eficaz inteligencia, un mayor grado de esa cínica y objetiva manipulación que otorga el poder adquisitivo o de manipulación, como también en algunos casos con intención determinada, se podría alcanzar una conducta hipócrita y cuestionable mucho más sorprendente. Por consiguiente, hasta con propósitos y resultados, tanto positivos como negativos, también podremos ser mucho más exigentes, posesivos e independientes.

Este tema que abordo y baso mi opinión, está fundamentado en experiencias vividas por mí, y por muchas personas con las cuales he tenido el honor y placer de conversar; en conductas que he observado, en múltiples experiencias que con singular exclusividad forjan nuestra propia moral y sentimientos; en una adversa realidad que muchos vivimos y la cual por ego, vanidad o una infundada vergüenza, nos induce a ocultar o negar una conducta para así mostrarnos con supuestos privilegios que, sin base lógica nos hacen imaginarnos diferentes o superiores a otros; en algo que ningún estudio universitario puede mejorar, empeorar, cambiar, evitar o eliminar radicalmente; en algo que es propio del carácter, voluntad, deseos, elección, libertad y derechos de toda persona. Estas experiencias, al igual que los sentimientos y emociones tienen y dejan su propia huella, no se rigen ni responden a enseñanzas de alguien. A como yo interpreto: La formación de la personalidad en cada individuo, estará definida en consecuencias a esas experiencias empíricas adquiridas del entorno cognoscible, porque, tanto en relación a la innata ecuación moral-sentimental, como acorde a la peculiaridad y efectos de las experiencias, determinará el carácter personal. Tal vez por variables y múltiples circunstancias, pueda haber similitud en la personalidad o carácter de muchos individuos, pero aun así jamás serán iguales, y por el respeto que los demás merecen, como por el valor que a nosotros mismo nos debemos, de igual modo que no debemos permitir que alguien interfiriera o intente manejar nuestro carácter, nosotros no debemos interferir o pretender modificar la formación de otros, porque esto podría inhibir, intoxicar o mutilar lo más digno del carácter humano: "El autocontrol emocional" con que debemos responder y decidir acorde acción y reacción, en dependencia a la magnitud y efecto con que cada experiencia nos impactará, por ende, expertos o mediocres en esta materia en cuestión, "interactividad de convivencia," jamás tendrán un acertado resultado que defina con exactitud la condición humana, tal vez, por ese porcentaje menor o más elevado de similitud o compatibilidad de nuestro carácter y condición, solo por fortuita coincidencia puede que, algunas personas en muchos o pocos aspectos, logren encajar dentro de algún patrón diseñado y establecido por algunos, o de todos estos profesionales, pero aun así, debemos de estar seguro que lo único que arrojaría paz y armonía a los humanos, es el verdadero balance del respeto. Yo no sabré ni estaré capacitado para opinar o sacar conclusiones del carácter o moral de alguien, pero en relación con quién y cómo soy, nadie puede definirme mejor que yo. Así es como veo y siento mi mundo, y en correspondencia a mis valores morales y sentimentales, es como se distingue mi personalidad; es como se han identificado mis triunfos y reveses. Estoy convencido que cada persona basándose en su propia definición, solo extrae de su entorno las mejores posibilidades, para luego meticulosamente elaborar estrategias que simplifique el método de alcanzar las metas que conforman su destino, en el menor tiempo posible. Creo que solo las personas de carácter temerosos, indecisos o débiles no manifestarían con imposición su propio carácter, porque si su preferencia o convicción fuese adverso a lo socialmente conveniente o tradicional, por concepto de aceptación, se tornarían complacientes o conformista bajo cualquier tipo de situación o condición, con el objetivo de congraciarse con una comunidad específica, incluso, una modificación temporal o camuflaje de caracteres también proviene de personas con carácter bien decididos y muy sólidos, pero temerariamente volubles por hipocresías y malas intenciones, que tras algún indecente propósito, su real identidad seria cubierta con algún falaz antifaz hasta alcanzar algún propósito no muy loable.

Aunque por experiencias estoy seguro que no debemos confiar en encuestas, lo que a continuación expondré no deja de ser un dato curioso: según se escucha en distintos medios de comunicación, diariamente salen a la calle periodistas y otros profesionales de distintos sectores a realizar encuestas. Yo no sé si con el objetivo de evitar embarazos u otros contratiempos en la juventud, dicen que «hay» alrededor de un 20% de la población con SIDA. Aunque esta cifra inspira reflexión, al igual que yo, hay millares de personas que no conocen a alguien con esta temible y terrible enfermedad. Bueno, tal vez solo escriban dentro de un contexto altruista con la intención de prevenir los riesgos de posibles enfermedades, o solamente hicieron sus entrevistas en hospitales. De igual modo escriben y afirman que «hay» alrededor de un 50% de mujeres casadas con fugaces experiencias sexuales con extraños o conocidos, y otras incluso hasta con sostenidas aventuras extramaritales. Muchos, principalmente los conservadores, se preguntan y responden: ¿Adónde van estas personas a realizar sus encuestas? Seguro que, en los prostíbulos, en los países del tercer mundo, donde el sexo se tiene por necesidad y no por placer, o en «SEXOLANDIA». Nosotros los hombres sí narramos y nos pavoneamos de nuestras aventuras con cuantas personas podamos; sin embargo, creo que estos alardes de superioridad, satisfacción y vanidad, no tienen lugar en las tertulias de las mujeres y esto tal vez debe ser por tres razones:

a) Los apetitos sexuales de la mujer son muy conformistas o limitados. b) Acaso por pudor, por orgullo, por la vergüenza o por esa sumisa humillación que por siglos ha sido la base para que hombres y sociedad la tengan marginadas o esclavizada. c) Será ese ancestral ultraje y discriminación la causa por lo que la mujer mantiene una vida llena de secretos y misterios.

¿Será acaso que esos secretos son los elementos que hacen en las mujeres más fascinantes esos momentos de mentira o traición? Digo esto porque, al igual que yo, hay millares que no conocemos, ni nos imaginamos a nuestras esposas o a las esposas de nuestros amigos y familiares, cometiendo esa denigrante ofensa denominada adulterio.

CAPÍTULO II

LIMITACIÓN, RESPETO, MORAL, DERECHOS Y PREJUICIOS SOCIALES Y SEXUALES

Considero muy absurda la eterna polémica sobre los hábitos sexuales, como las reglas del matrimonio entre conservadores y liberales, debido a que este tópico tiene por igual, fanáticos defensores como extremos detractores, los cuales tristemente se disputan entre ellos los derechos morales de la sociedad. Sin embargo, y antes de comenzar con mi explicación sobre los efectos y ardid personales, como los estragos sociales que causan esa milenaria definición, relacionada con la moral sexual y las reglas del matrimonio, lo cual y en lo actual, persistencia VS comportamiento por no conjugarse, debo recordar que desde mucho tiempo, y de una forma tan célebre como acertada, la moral está definida como un flexible y abstracto concepto filosófico, abarcando una inmensa gama de aspectos característicos que, con frágil facilidad responde a la conducta particular de cada individuo o sociedad, por consiguiente, todas las personas lo puedan adaptar acorde a su estilo de vida, como también, mientras no quebrante ese nivel de ética común que provoca ofensa constitucional, lo pueden moldear, buscándole un justificable o aceptable significado según su conveniencia, intereses, principios y prejuicios. Lo que para un liberal puede ser normal y moral, para un radicalista puede ser nocivo o denigrante.

Partiendo de la realidad que el sexo es la exigencia o prioridad natural más emocionante e insaciable en la condición animal, a mi humilde juicio concluyo: la necesidad de romper con la rutina sexual, es una práctica tan antigua como el matrimonio, por lo que la motivación de descubrir, la curiosidad por fantasear, el apetito de experimentar, el deseo insaciable por conocer, concluyen en algo mucho más común que lo que podamos imaginar: «la consumación de la necesidad sexual a través de experiencias extramaritales». Y hoy, debido a la igualdad y a la independencia *no es raro*, todo lo contrario, *es normal* por práctica mayoritaria en ambos sexos. Y esto lo fundamento en las estadísticas de las encuestas realizadas y publicadas por periodistas u otros profesionales que gozan de mucha reputación, los cuales no sé por cual interés o motivos se inmiscuyen en este asunto. Incluso puedo asegurar que la sociedad, regida por tabúes, es hipócrita; censuran y critican lo que ellos les apetece y a escondidas hacen, convirtiendo su aventura y misterio, en reto y traición. Pero si con positivismo aceptamos y absorbemos las desilusiones que, por traiciones, somos sometidos, y de las cuales podemos, con o sin justificación, ser víctimas, sabemos que estas experiencias o decepciones servirán para convertirnos en personas más inteligentes, fuertes y cautelosas, para así con sabiduría, no solo auto corregirnos, sino también poder discernir, si perdonar o aceptar es lo más conveniente acorde cualquier circunstancia que podamos atravesar. No olvidemos que la libertad es un derecho de cada persona; por ende, nadie está facultado a establecer patrones de conducta y mucho menos pretender que sean acatados.

Acorde al desarrollo y desenlace de las relaciones conyugales, explico aquí la impresión que tengo. La felicidad matrimonial, cuando es concebida por ese tipo de dicha que es generada por la euforia del sexo, es breve. Si las conmociones sentimentales desde la profundidad u oscuridad del deseo no emergen, fluyen y se establecen predominando a los placeres emocionales, con el paso de los años las parejas se habitúan a sus prácticas cotidianas y el estímulo o apetito sexual se van limitando y/o desvaneciendo, ya sea por exceso o escasez de práctica, que provocando ansiedad arrastrará a la pareja al aburrimiento, contribuyendo al fracaso matrimonial. Con los matrimonios concebidos bajo las sombras de la afinidad sexual o atracción física, por un sinfín de realidades, a corto o largo plazo, el implacable tiempo acaba con estas endebles uniones; y el más culpable, después del fracaso, ya sea por despecho, egoísmo y/o hipocresía, además de atribuirle a su ex/pareja un sinfín de defectos, afirma haber encontrado el amor en la segunda, tercera o cuarta unión, siempre olvidando esos fascinantes inicios y la incondicional entrega de sus anteriores relaciones que, ya sea por ego o desinterés, inconsciente contribuyeron al fracaso. Aunque es imprescindible señalar que este tipo de personas, al poseer el más bajo concepto sobre el valor e importancia familiar que al cónyuge debe otorgársele, o tal vez como consecuencia de juzgar a otros y concluir acorde su propia mísera condición, jamás llegan a conocer, y mucho menos a poder sostener una relación con alguien que posea algún concepto de integridad, solidaridad y respeto familiar. Estas inestables, volubles y frívolas personas, por no atribuirle el meritorio lugar familiar a un cónyuge, no obstante, de experimentar con un sinfín de turbulentas relaciones, tristemente finalizarán sus vidas solas y abandonadas, porque intentaron formalizar todas sus relaciones con mentiras, condiciones e intereses premeditados, y hasta incluso basada en sexo, vanidad y arrogancia.

Según mi sentir e interpretación, el amor es infinito, eterno y fuera de nuestro control. El amor es el más puro y genuino de los sentimientos; está arraigado y protegido en nuestros «yo» internos y sin la expectativa de a quién elegir o cómo manifestarse, emana espontáneo de forma innata o merecida, no solo para glorificar a quienes se lo entreguemos, sino también para bendecirnos a nosotros mismos. Por eso, cuando bajo cualquier motivo el amor florece en una pareja, ese sentimiento se quedará por siempre sin importar a qué tipo de acción seamos sometidos o compensados. Por ejemplo, podemos tener de hijo a Caín y jamás dejaremos de amarlo, socorrerlo, ni apoyarlo incondicionalmente. Si nuestros hijos al nacer dicen quiénes y cómo son, quizás el amor no nacería si no es correspondido, pero, y aunque este sentimiento no es masoquista, en la adultez, después de que los hijos se identifican con sus verdaderos caracteres y sentimientos, en algunos casos mostrando ingratitud, puede que en los padres cambien muchos aspectos emocionales, pero el amor jamás se disipa ni merma. No digo que los hijos sean los responsables de una pésima relación familiar, pero sí sé que un padre jamás es el culpable de los cambios emocionales que aparecen y hasta prevalecen en una relación después de que los hijos arriban a la adultez e independencia. Desde antes del nacimiento del hijo, el padre deja bien clara su posición, deseos e interés presentes y futuros, así como sus sentimientos y el grado de responsabilidad para con ese hijo. Por eso considero que la llegada de un hijo al mundo solo debe darse cuando ambos padres lo buscaron con deseos y amor. Si no fue planeado, ni considerada en lo más mínimo esa posibilidad, y por cualquier tipo de accidente (causado por inmadurez, irresponsabilidad o del placer sexual) se produjo este imprevisto embarazo, debería ser interrumpido si ambos padres no poseen, además del deseo, alegría y amor que con orgullo y euforia provoca este tipo de advenimiento. Si un padre posee o no el interés de compartir por igual la responsabilidad legal y moral implícita en esa decisión, creo que la ley debería contemplar como agravante o atenuante, la negatividad o positividad de todas las circunstancias involucradas en esa unilateral decisión e intención, que dio lugar a la continuación del embarazo. De contemplarse todas las circunstancia, estoy seguro de que el porcentaje de madres solteras sería muy ínfimo, pues la mujer estaría privada del total y absoluto beneficio de parcialidad que la ley concede; es decir, la capacidad de satisfacer su ego bajo protección jurídica, condición que además de favorecer a todas, algunas aprovechan (en ocasiones hasta con mezquinas intenciones) para esgrimir contra los hombres la deliberada facultad a elegir y decidir por voluntad, sobre los deseos y responsabilidad de otros. La responsabilidad del nacimiento de un hijo debe ser total y absolutamente decisión de ambos padres. Es cierto que ambos estuvieron de acuerdo en la ejecución de una acción sexual con las mismas o diferentes emociones, pero la absoluta y libre elección a decidir cualquier consecuencia de este acto, es 100% de la mujer. Dicho sea de paso, como un ejemplo de confirmación de lo ante expuesto sobre elección y decisión: Si después del mutuo acuerdo sexual, en medio de la función la mujer dice "NO" deseo continuar, aunque sin violencia el hombre continúe, dicha desobediencia es juzgada y castigada por un tribunal criminal como un delito de "violación sexual". Otro ejemplo de decisión y elección: Ningún juez, incluso ante la demanda de un hombre, tiene la potestad o fuerza legal de prohibir u obligar el nacimiento de un hijo. Estoy plenamente de acuerdo y a favor de que la ley debe ser implacable con el hombre que, influenciado por cualquier tipo de sentimiento o deseos, estuvo voluntariamente consciente y conforme con la llegada de ese hijo y después pretende evadir su responsabilidad, pero no con aquellos que sin haber sostenido una relación, aunque sea escasamente formal, se convierten en padres biológicos por la decisión unilateral de la madre, sin tener en cuenta que el acción sexual fue decisión de ambos, por tanto, ambos dentro de un marco de absoluto y mutuo acuerdo de responsabilidad compartida, también deben tomar la decisión en proseguir o interrupción ese embarazo. Para estos hombres que rechazaron la opción de ser padre, creo que la ley debería contemplar algunas o muchas circunstancias antes de emitir un fallo; porque, además, en el momento del coito, la mujer pudo haber tenido más deseos y placer, incluso por parte de la mujer, también pudo haber existido moderada provocación; total seducción, o estando implícito interés o maldad personal solamente en uno de los involucrados. Toda acción para con un hijo debe de estar dotada de la más extrema satisfacción legal, moral y sentimental, no de una tiránica, injusta y egoísta imposición jurídica.

Poseo la firme convicción de que la elaboración de las leyes que dan lugar al Código Penal y Civil están concebidas en función de la seguridad, como del bienestar moral y social de la nación, por consiguiente, deben ser honorables propuestas confeccionadas solo por personas de muy distinguida moral y noble sentido de justicia, pero en el punto en cuestión hay que reconocer que aunque el hombre propone y en las mayorías de las ocasiones siempre actúa por vicio, confusión o en respuesta a la provocación o insinuación de una mujer, y que además de ser la única quien decide la consumación del coito, también por ser ella quien biológicamente está facultada para asumir los riesgos y las consecuencias del placer, sería quien debe velar con más recelo por los requisitos de seguridad para así evitar que la lujuria y el azar altere las intenciones presente y los planes futuros de ambos individuos. Creo que, por injusticia y desbalance legal, esta ley responde a esa hipocresía moral y a la socarrona maldad de esos inicuos y ancestrales preceptos religiosos que se empeña en privar y castigar al hombre que, (involucrado en una relación sexual promiscua) ya sea incitado por su instinto o provocado por una insinuación sexual, solicitan y ejercen el más común y normal derecho al placer sexual.

Soy de la firme opinión que el amor a primera vista no existe, nadie se enamora de un recuerdo, de un momento fugaz, de la imagen de alguien que jamás volverá a ver o que no interactúe en nuestras vidas de forma casual o cotidiana, además, es imposible amar lo desconocido. A primera vista solo pueden cautivar o prevalecer algunas antesalas del amor o lo más probable, de la atracción sexual, porque lo desconocido solo puede ser sinónimo de curiosidad, deseo y aventura. De lo que en una relación seamos capaces de dar y recibir, así será el tipo de sentimiento que nazca y crezca. Por emoción cada evento, cada acción, cada detalle, cada día, solamente estará cubierto por esa banal premeditación, la cual está inducida por satisfacciones mezcladas a sofocar una necesidad fisiológica o un deseo emocional. El amor es un sentimiento desinteresado y consciente que se brinda sin obtener nada a cambio. A mi criterio, el amor es la mezcla de la pasión y la devoción. Por ejemplo, amor es lo que hay entre mi madre y yo, porque sin importar que nuestras acciones sean materiales o espirituales entre y para con nosotros, jamás esperaremos algo a cambio, solo nos complacemos con el regocijo de dar. A nuestras madres no las amamos por lo que nos dan, sino por lo que ellas, desinteresadas y espontáneamente, ya nos dieron: «amor y vida». Pondré otro vivo ejemplo, pero de forma superficial, no quiero que ahora este tema sea asunto de discusión, ya que una barrabasada de algún creyente me obligaría a no poder contenerme y atacaría sin reparo, porque considero al clero el único o principal artífice del código de discriminación que ha humillado por siglo a la mujer. El catolicismo es el grupo más grande a nivel mundial. Los cristianos confunden el «amor» con una mezcla de interés y temor, como algo que debemos dar a cambio para poder recibir una recompensa, ya que ellos en la meticulosa retórica de su paradigmática predicación te prometen que, si incondicionalmente te aferras a una fantasiosa "idea" y con vehemente devoción amas a un Dios desconocido, a cambio *recibirás su eterna misericordia, tendrás acceso al Paraíso, tendrás vida eterna, etc., etc., etc.* De lo contrario, serás condenado y por siempre arderás en el fuego del infierno entre azufre y aceite. No importa que hayas dejado de existir siglos atrás, te resucitarán para que asistas al Juicio Final donde serás condenado o absuelto. Eso me da la sensación de que Dios es comunista y no demócrata, pues... ¿qué significa el libre albedrío? Yo puedo aceptar que no me deje participar de sus privilegios y beneficios, pero que me castigue sin derecho a perdón por no querer aceptarlo. ¡Caramba! Eso más se parece o responde a la conducta vengativa y rencorosa de los Castro; a la de los reaccionarios comunistas o la de implacables dictadores que con alevosa saña han perseguido a sus opositores, castigándolos con máxima crueldad o venganza, acción que no se identifica ni se conjuga con la reprimenda de un amoroso y justo padre.

Curioso pero cierto: Alguien, tal vez por sus conocimientos históricos o afinidad ideológica o simpatía con la política de los Castro, muy insultado por mi insinuación y sarcasmo de igualar al comunismo como el peor y más malvado régimen que haya existido en la historia, me cuestionó y reclamó por la razón de no haber utilizado como ejemplo comparativo al fascismo, el cual, según él ha sido el responsable de los genocidios más inverosímiles y atroces de toda la historia humana. Sin embargo, debo recordar que mi libro está fundamentado en experiencias y no en conocimientos; que mis conclusiones son sobre lo que conozco por vivencias y no por algún estudio. Desafortunadamente, yo solo he vivido bajo un régimen comunista y como ahora vivo dentro de la más grandiosa sociedad demócrata, he ahí mi razón y lógica comparativa.

Sin embargo, apoyado en los derechos y libertad que sin discriminación o censura por ley corresponde a todos, opino que del mismo modo que nos gusta o demandamos respeto, asimismo (aunque sea con moderada tolerancia y razonable balance de paz y armonía o por interactividad y convivencia) todos debemos respetar y aceptar la orientación sexual o preferencia política y religiosa de cada persona sin repudiar, discriminar y sin importar si encaja con nuestras exigencias personales o sociales, porque considerando o valorando que siendo seres humanos, no imperfectos sino diferentes, es imposible establecer un patrón moral e idealista que uniforme rija nuestra conducta a intereses colectivos e individuales, además, en determinadas situaciones ni la voluntad, interés o deseo de alguien, por más esfuerzo que se autoimponga, doblegaría tanto una condición natural, como al fanatismo religioso o al radicalismo político. Profundizando en esa ley de respeto, libertad y derechos que con tan significativo énfasis en el mundo civilizado se proclama, es fácil observar la constante contradicción entre palabras y hechos; entre deseos y realidad porque es tan equivocada y petulante, como ofensiva y humillante la intromisión de cualquier persona, sociedad o partido político que sin respetar el derecho de libre elección, con la intención de imponer sus intereses y criterio, inventa o tergiversa un hecho para boicotear o desmoralizar la integridad de alguien, buscando beneficios, con premeditación atribuye aspectos contraproducentes o negativos al desarrollo, tanto en cualquier preferencia social o moral, como en la formación de una diferente convicción de ideología religiosa o política, y como zancadillas, usan sus influencias y poderes para cerrar puertas y crear obstáculos que puedan precipitar su colapso. Un ejemplo Cuba, donde la mayoría del pueblo con firmeza y convicción opinan que esas acciones y medidas, las cuales una minoría con intenciones confusas se empeñan en solicitar se impongan, no solo fallidamente han intentado doblegar o derrocar la solidez del régimen cubano actual, sino que la ejecución de crueles e irrespetuosas sanciones económicas, cuyo objetivo ha sido dañar a los Castro y a su régimen dictatorial, al parecer solo fueron concebidas y dirigidas a castigar al pueblo por el único hecho de simpatizar y apoyar al gobierno; victimizándolos con sofocante miseria, sin compasión ni distinción que esa población está compuesta por niños, ancianos y adultos, sin querer admitir que, aunque no haya existido ese proceso tradicional de elección, el actual régimen gobernante indiscutiblemente ha sido y es por la total conformidad, aceptación y decisión de la gran mayoría, por tal verdad la legitimidad gubernamental está concebida y fundamentada en el principal y verdadero precepto que identifica a una democracia: Voluntariamente haber reconocido que ese régimen es el gobierno que ellos necesitan y desean, pero aun así parece que se persigue con algún premeditado y mezquino propósito, porque los efectos de miseria que causa el embargo, augurando la intensificación del desespero en la población, resultará que por asfixia y no por ideología, sea el móvil que dé originen al levantamiento y lucha que dará lugar al rechazo y expulsión de los Castro, porque según muchos de los seguidores de Fidel, sanciones y embargo no es más que una diseñada estrategia de venganza concebida por la persecución que esa minoría del exilio cubano sufrió cuando ellos en su momento intentaron buscar la libertad mediante una lucha armada, incluso al sitiar, negándole apoyo y ayuda a Cuba, ha provocado (sin prever una inesperada resistencia ideológica) un desmedido daño, al privar a un pueblo de la posibilidad de adquirir lo más necesario y primordial del fundamental sustento de sus vidas, aunque fuese el más elemental o mínimo sustento, pero que facilitara o garantizara la posibilidad, al menos, de vida medianamente holgada y decente. Algunos de los muchos recién llegados, con los que yo he conversado, (los que, aun simpatizando con los Castro, pero asfixiado por causa de la miseria abandonan sus hábitos y raíces) dicen que mi radical y extremista visión en relación gobierno/pueblo esta varada en los principios de la década del 90, cuando salí de Cuba, porque no viví el periodo especial, porque si yo conociera por experiencias lo que en Cuba se vivió, podría valorar lo que siente el pueblo cubano por su comandante. ¡Qué pena! Por la forma de expresarse, creo que si hubiesen tenido pan para llenar el "buche" hasta fueran integrantes de esas turbas rompe manifestaciones. Con mucha pena y dolor señalo que la mayoría de los que con más fervor se proyectan contra los Castro, entre ellos están los que presentan una conducta social/moral de mayor índice con actividad delictiva y hasta con potencial muy peligroso, por suerte el criterio ideológico de este grupo de elementos no cuenta para ninguno de ambas orillas, porque a mi criterio y respeto, comunista es rival político, no es sinónimo de delincuente. Aprovecho para señalar que como en la religión, también en la política los fanáticos de cada partido con argumentos (que en ocasiones desciende a la obscenidad y otras se empantana con acusaciones infundadas) se empeña en imponerse como los mejores mediante comparaciones ridículas, sin respetar el libre albedrío. Considerando que la base de cualquier doctrina está fundada en creencias, criterios y principios personales, es por lo que opino que cuando se relacione con lo legislativo o gubernamental, si se es íntegro y honesto en esos principios que alguien cree y proyecta, entonces no existen superiores o inferiores; correctos e incorrectos; mejores o peores, solo son doctrinas diferentes y porque sean incompatibles, cualquier comparación, a mi criterio es ilógica, pues sería como buscar comparaciones entre dos ingenieros, uno civil y otro naval; entre un matrimonio conservador y otro liberal; entre un ateo y un cristiano; entre un heterosexual y un homosexual; entre los EE.UU. con un país Tercermundista. Las comparaciones deben ser homogéneas para que sean equivalentes. No estoy diciendo que es imposible buscar comparaciones con algo de carácter heterogéneo, ejemplo más común: un perro con un gato, pero en esta comparación solo es para medir beneficios contra perjuicios y no superioridad contra inferioridad, ya que muchos prefieren gatos y otros perros... ¡Libre albedrío! Equilibrio y respeto.

Superficialmente expongo este tema a modo de reflexión: Hay cosas del exilio que no entiendo muy bien, un grupo de los que están en esta orilla se preocupan e intenta impedir con drásticas medidas que haya algún tipo de comercio que proporciones ganancias financiera a los Castro, sin embargo este país está lleno de agencias que para poder operar tienen que hacer negocio con el gobierno cubano, o ser una empresa cubana radicada en este país, incluso estas agencias de servicios a Cuba, son quienes tienen registradas las tarifas (por los servicios prestados) extremadamente más elevadas que cualquier otra agencia dentro de este tipo o campo operativo, por lo que constituye el enriquecimiento más oportunista, abusivo y rapaz radicado en este país, el cual solo es posible su existencia, producto a las consecuencias de la miseria que genera ese criminal y anti humano embargo impuesto, a criterio de muchas personas, por maldad y venganza contra un pueblo cuya mayoría vive bajo los términos de un gobierno que ellos han elegido por voluntad propia. ¿Qué tipo de moral o ley demócrata es esta en que castiga para resquebrajar el deseo de un pueblo? ¿Quiénes son los que se benefician con estas rapaces agencias? ¿Por qué razón no exigirles a estas agencias que establezcan una tarifa comparable con las otras agencias que brindan servicio igual a otros países? de lo contrario deben obligarle a cesar sus operaciones, y no contra ataquen alegando que operan presionados por arbitrariedades del régimen cubano, porque es nefasto ceder al chantaje para lucrar beneficios. Si con frialdad analizamos la variedad de las fuentes financieras que el socialismo castrista facilita, entonces veremos como los de esta orilla quebrantando la ley del embargo, también sacan jugosas tajadas. En este comentario no solo me limito a las agencias de envíos.

Con el objetivo comparativo mezclaré dos temas cuya milenaria práctica y desarrollo están concebidos para alcanzar a través de oportunismo, mentiras, maldad, confusión, en fin, a cualquier costo moral e incluso criminal el más alto nivel de "poder y finanzas": Religión y Política. Aunque en política la tendencia izquierdista es quien anda en guerra con cualquier tipo de religión, sorprendentemente toda tendencia política de derecha posee un vínculo muy estrecho con toda religión relacionada con el cristianismo, a mi criterio es buscando un matiz hipócrita más sofisticado o camuflado para mostrar algún tipo de moral tanto convincente como oportuna.

Cada vez que escucho a alguien con preferencia por el sistema capitalista y que devengue un salario neto mayor a los $250,000.00 anual, que manifestando su devoción por la creencia cristiana esté haciendo comparaciones políticas, alabando el capitalismo y desacreditando o repudiando al comunismo, no tolero su mal intencionado o premeditado desbalance de hipocresía y falsedad, porque considero que quien crea en Dios y elija continuar con el legado de Cristo debe comprender que la doctrina comunista, como teoría de derecho y convivencia comunales, está fundamentada en los mismos principios morales y sociales del legado que Jesucristo dejó, incluso el modo tan extremo y radical de imponer ambos manifiestos, cristianismo y el comunismo, son idéntico y por igual ambos carecen de sentido o derecho democráticos. Creo además que ambas doctrinas son irrealizable e irracional, y no por fundamentarse en un concepto social de carácter utópico o fantasioso, sino por causa y efecto de su patético concepto de tratar de idealizar la perfección de un sistema político que, además de ser contradictoria con la naturaleza codiciosa que caracteriza al ser humano, también todas sus vías son factibles a la corrupción, fraudes y abusos con la intención de perpetuar las miserias que se desprenden de la ambición de poder económico y gubernamental, la cual satisface la vanidad y especulación tanto de clase social como enriquecimiento personal a través de la explotación, oportunismo, ventajismo, etc. Sin temor a equivocación puedo asegurar que, si medimos beneficios morales y sociales entre un comunista y un religioso, si la honestidad prevalece en el juicio y fallo, indiscutiblemente el comunista supera con honores al religioso. En resultado a esa sistemática evolución que lentamente ha facilitado la corrección y perfección de errores, ha sido posible concebir ese honorable esquema de derecho y respeto que asiste nuestra civilización, el cual me permite interpretar que de no haber existido el cinismo político o que en el pasado, hubiese predominado un integral sistema jurídico con la autoridad y honestidad de imponer justicia, como controlar el método de alcanzar poder y finanzas, estoy seguro que si en el inicio de estas doctrinas de atrayentes y suculentas propuestas, tanto en la doctrina cristiana como comunista, se hubiesen valorizado con racional honestidad, entonces el mundo hubiera estado libre de ambas plagas: comunistas y religiosos.

Yo no soy fidelista y estoy en desacuerdo con el régimen, con su política, con su gobierno, con sus leyes, en fin, con todo lo que venga de los Castro, porque para mí todo culmina en oportunismo y ventajismo. Gracias a mí no perturbado y bien equilibrado nivel de respecto y aceptación, me permite sin conflictos ideológicos no cuestionar la preferencia política de mis compatriotas; no guardar rencor por todo el daño que me causaron con múltiples ofensas que injustamente sufrí; a no dolerme y preocuparme por la miseria que me azotó debido a mi elección ideológica; por las prohibiciones, limitaciones o coacciones que troncharon mis aspiraciones, porque por sobre de todo se impone mi sentir étnico, coterráneo cuando sin politizar el patriotismo, con orgullo y satisfacción comparto el triunfo de un atleta, la gloria de un artista, un profesional, etc.; me ciega la simpatía y la compasión que espontáneamente siento por "mi" pueblo. Tanto su dolor como su degradación me afectan, porque simbólicamente ese pueblo es la familia que mora en mi casa: "La madre patria". Opino que es tiempo de discutir y valorar los resultados de esa estrategia de rencor y represalia, la cual no ha causado ningún efecto positivo o negativo a los Castro durante un poco más de 50 años de intensa maldad, por eso debe cesar la obstinación, y como se supone que los de esta orilla son los que piensa en derechos y respeto; los que abogan por libertad y equilibrio; los que desean el bienestar del pueblo y la nación, por ende resignémonos a que si no podemos sacar a los Castro, entonces busquen como permitir o facilitar la entrada del progreso a nuestra patria, pero sin entrometerse, ni exigirle o imponerle condiciones a los Castro y mucho menos a la población, porque aunque tendremos la oportunidad de educarlos y enseñarles los beneficios y perjuicios de la otra faceta de la política, siempre debemos respetar y apoyar su derecho y libertad de elección, porque no importa si el partido gobernante es de izquierda o derecha, porque aún, si gobiernan bien o mal lo que cuenta y vale son los criterios e intereses de la mayoría y no las razones y verdades de la minoría, tampoco debe importar el tiempo de gobernación si la mayoría del pueblo lo prefiere. Si deseamos el cambio en la isla, primero debemos autoanalizarnos para poder comprender que el valor, orgullo y autoestima del cubano de aquí es igual de terco y orgulloso que el de allá: Aun a sabiendas que no tiene razón, jamás cederá bajo presión o imposición. Además, la posición de apoyo con que un grupo de radicales y oportunistas se solidarizan, apoyan o contribuyen en complacer ese tipo de nostalgia que predomina en una parte del exilio, incluso en algunos o muchos que instigan por enforzar el embargo, no solo es pura hipocresía, sino también su depravado entretenimiento, cuando con intenciones bien aberradas y calculadas viajan a denigrar y prostituir la isla, aprovechándose de esa situación de la cual directa o indirectamente ellos son responsables por abogar la imposición de las sanciones. Reconocer que el cubano que vive en los EE.UU. es quien está promoviendo y contribuyendo a la degradación moral, es civismo, por eso no solo me ofendería, también sobre manera me lastimaría que mis palabras sean mal interpretadas por el liderazgo del exilio, porque con orgullo agradezco y reconozco la impoluta moral y conducta con que ellos han sabido poner en tan alto estima el orgullo de ser cubano, además el patrón que se utiliza para medir la integridad y el valor del disidente cubano, es ese ejemplo con el que ellos se han erguido, no solo en este país, también ante el mundo. No con esto estoy afirmando, negando o poniendo en duda de que haya verdad y razón en lo que incumbe su concepto y elección política, porque al considerar que en materia de ideología política nada es absolutamente real y sólido, lo más valioso e importante es reconocer y admitir el derecho y libertad que todos tenemos de elegir la ideología que estimemos sensata y equitativa para la convivencia en comuna, por ende, en referencia a Cuba, para con armonía y respeto unirnos es aceptar: Seamos honesto con nosotros mismo, el pueblo cubano ya se adaptó y aceptó ese sistema socialista o castrista y pasarán otros 100 años para que empiecen a comprender, no acatar, el funcionamiento de la rueda del sistema capitalista.

Consideremos (sin dimitir de nuestras intenciones e intereses) que es tiempo de rediseñar estrategias buscando como resarcir a ese pueblo que ha sabido con firmeza y honor no sucumbir (sin importar su preferencia ideológica) bajo la presión de un ofensivo e inhumano fallido boicot. Tal vez los de esta orilla se consideren rescatista, pero los de allá lo sienten como invasores que ultrajarían la soberanía de sus ideales. Objetividad y realidad: Aunque reconozco que al cubano residente de la isla es a quien le asiste todo el derecho de determinar, señalo: Creo que ese exilio radical y más conservador, no está compuesto ni por el 10 por ciento del total de cubano radicado en los EE.UU., y aunque la mayoría del cubano se identifique o no con algún extremo sentir anti/castrista, sin inmiscuir aspectos políticos o ideológicos, es consistente la división, porque muy por encima un porcentaje mayor a ese 10% de ultra/conservadores, se destaca con sentimientos e intereses diferentes, ese grupo que se oponen en lo que respecta la imposición y ejecución del embargo económico. Creo que, tanto por patriotismo como humanismo y compasión, debemos ser muy demócratas en lo que a Cuba respecta, por tanto, pongan a votación para que los cubanos elijamos si se debe llevar a cabo la ejecución de esa medida, porque ¿Qué le van a criticar a los Castros si ustedes también arbitrariamente quieren decidir el futuro del pueblo por voluntad propia? Estoy seguro que todo aquel que abogue por la ejecución del embargo económico, no tiene dentro de la población cubana alguien con algún afectivo vínculo familiar y mucho menos hijos, padres, hermanos o cónyuge. Creo que es una falta de respeto que una nación extranjera presione o trate de ponerle condiciones al gobierno de un país para que hagas cambios mediante un inhumano sitio, cuando aparentemente la administración de esa nación sitiada posee el apoyo y la aceptación incondicional de sus súbditos, en el caso de Cuba, con el objetivo de sofocar el dilema de esa controversia acerca del tipo de actitud o relación del pueblo con los Castro, creo que es más honorable sugerir y convencer con habilidad, pacifismo y humildad a los Castro y población, aunque solo sea una vez, la aceptación de un plebiscito o algo similar que demuestre, que por ciento del pueblo es simpatizante, para así, igual a las leyes de este país, por votos electoral o aceptación, reconocer la legitimidad gubernamental que ellos alegan que el pueblo les otorga, lo cual acabaría con ese tirante dilema, dando lugar a los cubanos de ambas orillas la oportunidad de poder trabajar juntos para sacar a la población de la miseria, sin embargo y según mis conocimientos, hasta hoy, la voz de esa nación, que es la mayoría del pueblo, ni lo ha solicitado ni exigido, y no obstantes a los éxodos, señalo que estos eventos no son base de conductas ideológicas, ni de persecución políticas, porque todos sabemos que la inmigración a los EE.UU. proviene de todos los países de América Latina y con excepción de Cuba los demás países poseen gobiernos con régimen demócratas, además en el caso de Cuba, frente a la conducta y sentir en una muy considerable porción de los emigrantes, es frustrante e irracional buscar alguna definición ideológica aceptable para asumir que ellos, los osados que se arriesgan en peligrosas aventuras, sienten o no aversión contra los Castro y su sistema gubernamental, entonces... ¿Cuál es la base lógica que conlleva a suponer que la mayoría de los que viven en la isla son los que prefieren el cambio, si los que vienen hasta les conviene que el régimen no sea derrocado? por tanto, sin una oponente exposición de un debate que exponga lógicas razones que manifiesten, como mínimo que un 50% desean el cambio, el teorema es inconcluso, insustancial y parcial, por consiguiente es sorprendente el entendimiento o la inteligencia de los analistas políticos del exilio, y me quedo perplejo como de situaciones muy complejas o sencillas, con extrema demagogia y sangre fría, descifran una realidad intentando obtener resultados positivos a su causa e intereses, por eso, aun siendo cierto "ese gran descontento" al régimen que muchos o pocos se vanaglorian en pregonar, creo que (discúlpenme por ser víctima del síndrome del apaleado) ninguna parte de ambas orillas, exilio y régimen castrista, puede adjudicarse una victoria antes estar seguros de los resultados, porque por experiencias debemos enfocarnos en lo versátil, impredecible y voluble de como suele habitualmente comportarse una población en cuestión, además quién sabe con exactitud, por cual oscuro y confuso sentir los humanos terminan inclinando la balanza con resultados muy diferente a las manifestaciones de unos, y los pronósticos de otros.

Sopesando todo lo anterior dicho considero que además de respetar su preferencia política, debemos perdonar y olvidar la pugna que nos ha dividido por un poco más de cincos décadas, para, así como familia podernos unir y trabajar juntos para sacar al país del atolladero que la intransigencia lo ha sumido. Además, tenemos que ser consciente que nadie nace deportista, artista, político, religioso, ateo, etc., todos optamos quien ser acorde evolucionamos, influenciados por eventos y experiencia, en consecuencias a nuestra capacidad moral y sentimental de interpretar o asimilar cada situación que nos afecta, por consiguiente, lo importante no es quien sea o hayas sido, sino quién eres o puede ser. Es un mito que las personas pueda quedar etiquetadas por siempre cuando se les lava el cerebro (como popularmente se le llama al adoctrinamiento). El triunfo de Fidel Castro con su generación no consistió en la presión o metodología aplicada de la formación ideológica, sino en su estrategia de aislarnos del mundo, privándonos de la opción del conocimiento y la comparación, por ende, el trabajo de los de esta orilla es mostrarle que existen otras formas de vida, para que, sin condiciones ni presiones, ellos tengan el derecho y libertad de voluntariamente elegir cambiar o continuar siendo fidelistas. La constitución del humano por conveniencia tiende al cambio de conducta por múltiples influencias como: conocimientos, lógica real, por decepción, superación, etc., pero, sobre todo, en lo relacionado con política, por bienestar, comodidad y seguridad que un sistema gubernamental les pueda ofrecer y garantizar, y debido a esta condición que caracteriza al género humano, tal vez haya un poco de lógica en la opinión del Ñángara, un conocido recién llegado, que a pesar de su juventud y su fervor fidelista, posee un elevado valor moral y excelente nivel intelectual. Este joven interpreta que por temor a que la solidaridad entre pueblo y gobierno sea más fuerte, es la razón por la cual, el exilio intensifica su estrategia contra Cuba, para impedir que el gobierno tenga los recursos pertinentes que le permita proveer al pueblo lo que necesita, pero, aunque los maten de hambre, la mayoría del pueblo no le fallarán a su comandante.

Yo creo que no siempre el perdón es para liberal a alguien de su culpa o castigo o para excusarlo de su ofensa o error, para mí (solamente en esas personas sensibles, de selectivo honor y moral que les preocupa su tranquilidad y dicha espiritual) el perdón es un vehículo de paz y alivio a sí mismo; es un acto de auto nobleza porque considero que si con humildad y honor analizamos el motivo, desarrollo y resultado del evento en cuestión, comprenderíamos que en muchas ocasiones nosotros mismo, aunque seamos impulsados sin egoístas intenciones, puede que inconsciente nos comportemos bajos nuestros términos sentimentales, político, religioso o morales ya que por naturaleza siempre pretendemos, (sea adrede o involuntario) interferir o modificar el carácter o ideología de alguien para imponer el nuestro y al no recibir el resultado esperado, tal vez por ingenua frustración, somos quienes inconsciente provocamos situaciones embarazosas o tirantes con consecuencias ofensivas o hirientes que dieron lugar al conflicto y la enemistad, por eso ante los grandiosos derechos y libertad Social que hoy vivimos, es muy importante saber respetar y buscar el equilibrio que debe compensar y complementar cualquier tipo de relación entre nosotros con los demás, porque por mucho que nos identifiquemos con alguien, por naturaleza, somos de constitución totalmente diferente en todos los aspectos y sentidos, y mientras la conducta de alguien con prepotencia o arrogancia, no interfiera con la intención de menospreciar o menoscabar nuestra integridad, debemos ser tolerantes e indulgentes para evitar una confrontación de criterios que nos sumerja en un desafío que se pueda tornar ofensivo, por eso, para contribuir con la emancipación del respeto y la armonía que por obligación nos debemos, es imprescindible saber cuándo y con quien se debe tener ese intercambio de ideas que, aun basadas en teorías opuestas, garantiza la habilidad y la mutua evolución de esos argumentos tan convincentes y honorables que, por un análisis concienzudo y comparativo podrían aportar ideas de perfección y bienestar al desarrollo social de ambas ideologías, porque en cuestiones de conceptos morales, políticos o religiosos, etc., nadie es superior o inferior; nadie está correcto o equivocado, hecho que por sociabilidad debemos reconocer y aceptar para que por respeto mutuo sea ese catalizador que, sin modificar la constitución individual, logre alterar esa acción y reacción capaz, sin distinción, de facilitar la armonía y el respeto entre los humanos. La altanería, el extremismo y el fanatismo son síndrome que además de generar una problemática social, son de tóxica influencia, tanto colectiva como individual.

No entiendo porque razón los líderes, tanto de política como de religión, sin medir consecuencias, con extremismo polarizan las diferencias ideológicas de ellos al punto de convertirlas en rivalidad perjudicial, cuando supuestamente ambas doctrinas han sido concebidas por y para el bienestar, comprensión y armonía de todos los humanos; esta teoría no contradice esa enemistad que solo crea caos. De esta discordia se nutre la acción "vindicativa" con la intención de no practicar ese perdón que ennoblece, sin remordimiento continúa cargado de esa maldad que con satisfacción alberga, la cual desde su interior fluye con el propósito de influenciar y poder destilar ese odio con que perjudica y envenena su entorno. La cínica excusa más empleada por rencorosos y vengativos es: ¡Que Dios lo juzgue y lo perdone! El honesto no delega en un tercero para que juzgue y delibere por las consecuencias de sus acciones y mucho menos deposita esa responsabilidad en un concepto místico, alegórico y sobre todo demasiado inepto como ha demostrado ser el Dios de los cristianos. En mi opinión (la cual está sustentada por el resultado obtenido del sistemático ciclo de exterminio redactado en las historietas bíblicas) a Dios no se le debe conceder ese título de infalibilidad y omnipotencia que erróneamente le adjudican los creyentes, porque... ¿Cuál es la habilidad y sabiduría de un Ser Supremo que además de crear algo malo o imperfecto no ha tenido la capacidad y habilidad para corregirlo o mejorarlo en algunos de sus intentos? Ej.: Si un hombre crea un auto y algunos o todos salen con diferentes o el mismo problema, la responsabilidad proviene de la incapacidad del fabricante, no de los autos, y a causa de corregir errores, buscando calidad, el inepto se convierte en sabio, por lo visto en lo que respecta perfección y superación los humanos no son víctima del síndrome del fracaso. No olvidemos que según los creyentes fuimos creados a forma y semejanza de Dios, por ende, si de Dios nos proviene o heredamos la imperfección, entonces... ¿Por qué solo debemos percibir imparcialidad y justeza de él? Además, todo lo que Dios nos prohíbe, en distintos pasajes bíblicos podemos comprobar que ha sido practicado por él, como también por sus elegidos y la más alta jerarquía de su séquito terrenal, entonces porqué cohibirnos de disfrutar a plenitud de la voluptuosidad pecaminosa cuando el mismo Dios fue quien la permitió, o la implantó en nuestro mundo para disfrute del humano. Todos estamos convencidos que jamás habrá un padre que para satisfacer su ego ponga una trampa mortal o destructiva en el camino de su hijo, para luego, acorde el resultado, clasificar, comprobar o medir la obediencia, respeto y amor de su hijo hacia él. El árbol de la discordia por azar no estuvo en el Paraíso, incluso no solo fue creado y plantado por Dios, también creó y plantó el morbo y la curiosidad en el humano y me pregunto ¿Cuál pudo ser la razón? Por lógica, creo que con propósito de hallar una comparativa y sólida base que nos permita comprender o valorar el nivel de alevosía consustancial de esta acción, debemos apelar a lo establecido por las magnificentes leyes del hombre, que para perseguir y castigar esta punitiva acción: "instigación al delito", no solo lo contempla como un terrible crimen, también un abominable caso cuando la instigación es a un menor de edad, hecho que se torna agravante por abusar de la inocencia infantil. Por el lapso de tiempo entre enseñanza y recién nacimiento, es lógico considerar a Adán y Eva como a dos ingenuos infantes, falta de experiencias y saturado de ignorancia como curiosidad, por consiguiente, a causa de la prohibición insidiosa, muy fáciles de incitar o de volverlos propenso a la desobediencia. A nuestros hijos el libre albedrío les viene por ley natural, no por deseos paternos. Los cristianos afirman que la maldad del humano es consecuencia del castigo de Dios, por la desobediencia de Adán, entonces ¿Acaso Adán también es responsable por la conducta agresiva y temeraria de las demás especies animal?

¿Los otros animales también habrán cometido algún tipo de desobediencia o pecado que justifique el castigo o la ira de Dios para condenarlos con esa conducta social tan similar a la de los humanos? ¿Cuál habrá sido el fallo que quebrantó el encanto o perfección del primer Edén? No obstante ¿Qué garantía podemos tener que la perfección del próximo Paraíso prometido será funcional? Aunque la Iglesia haya vetado a la mayoría de los profetas, todos sabemos que desde mucho antes de Cristo y hasta poco después de su muerte, hubieron muchos profetas que anunciaban lo cercano que estaba el regreso del Reino de Dios a la tierra, al concluir esas etapas de iluminación Celestial o Divina que con mensajes Dios asistía a esos profetas, es lo que me hace pensar que, aun Dios debe de estar muy ocupado buscando esa fórmula que a pesar de Él querer, no sabe ni puede encontrar para, acorde a su promesa, hacer que su proyecto de amor y honor terrenal sea funcional, pero no se desanimen, si algún día Dios logra conseguir la perfección del Edén prometido, entonces, ya sin excusas para ocultarse, Él dará la cara dejándonos saber, con exactitud y claridad, cuáles son sus deseos, y no volverán aparecer profetas con el propósito de retomar la inconclusa labor de sus anteriores voceros, con esos incoherentes o indescifrables mensajes.

No creo que alguien por interés propio sea o desee ser de constitución perversa; que por vocación propia haya elegido motivaciones negativas e infames, que además de generarle una enfermiza satisfacción, también posean tranquilidad de conciencia, incluso que pueda prescindir de la necesidad de buscar un método para drenar ese sádico odio que, aun en estado consciente, permite sea el instrumento que alimenta el resentimiento y frustración, con el propósito de intensificar esa maldad que fluye en él, que incluso sin motivos de venganzas, envidias o rencor fomenta aterradoras excusa para justificar su propósito de envilecer, aún más su retorcido ego. Esto confirma mi teoría que nadie es lo que quiere ser, sino que tanto bien como mal son sentimientos innatos. Todas las personas de nobles sentimientos se sienten orgullosas de su conducta y aún más cuando el resultado siendo congruente a su idiosincrasia les genera felicidad y paz. Los de almas impías y carácter sádicos no sé si pueden alcanzar sosiego para sus perturbados y siniestros actos, pero por sus aceptación o manifestación parecen estar muy satisfechos de sus macabros resultados. No olvidemos que existe un proverbio que categóricamente dice: "Los malos duermen bien", lo que para mí significa es que quien no sienta remordimiento por sus abominables acciones, deberá haber creado alguna especie de tétrico bálsamo, para así poder estar en paz consigo mismo, ej.: El asesino, el pedófilo, el depredador sexual o cualquier otro degenerado criminal que, entre más perverso sea su aberrado acto, más intensa y placentera será su satisfacción.

No existe una ley moral que con absolutismo defina o exprese un significado, o un inquebrantable e irrefutable patrón común, por ende, no existe riesgo o temor de violar una ley moral que dentro de algún formato sea aplicable por igual para creyentes o ateos; liberales o conservadores; monógamos o polígamos; heterosexuales o bisexuales, también tenemos el total y libre derecho de ser tanto comunistas como capitalistas. Dentro de la plataforma política: A mi criterio, en América Latina, producto de la innata corrupción que caracteriza al latino, no existen políticos íntegros y cabales, sino oportunistas y ventajistas que en consecuencias a circunstancias este mal de fondo que nos acongoja, se fundamenta el absoluto fracaso del sistema ideológico y político de los Castro en Cuba y de otros, como en Nicaragua, Bolivia y Venezuela, y no en la responsabilidad o ineficiencia de un sistema político, supuestamente disfuncional por ideologías izquierdistas. Es lógico que, como todo, cualquier doctrina política en sus comienzos haya tenido sus desaciertos, incluso es meritorio destacar que la oposición de ateos y protestantes, indujo a las reformas en la doctrina ideológica de la religión, dando lugar a la «muy» evolucionada Iglesia Católica de hoy en día. También por ese mismo móvil de reformas civiles, países capitalistas presionados por líderes, quienes en el inicio y desarrollo de su revolución, fueron denominados revoltosos y subversivos comunistas, porque sus preceptos morales se oponían radicalmente a esos abusos que violaban y privaban a la clase media de todo tipo de derecho civil, humano y laboral; lucha y triunfo que no solo dio lugar a la ejecución de reformas en las leyes y reglas laborales, sociales y gubernamentales, sino también en pro del progreso y la justicia, eligieron y adaptaron los aspectos positivos de los preceptos de sus opositores, cuyo ingenio de fusionar los más esenciales principios de ambos partidos, resultó en la decorosa democracia que hoy vivimos. El comunismo (como lo ha hecho el capitalismo y la Iglesia) está reconociendo sus errores y mediante la rectificación está evolucionando con reformas positivas en algunos sectores de sus principios y reglas, demostrando que la actual política comunista funciona. La prueba fehaciente está en Asia; sin embargo, por causa de ese ciclo evolutivo que genera la rectificación de los errores, creo que es justo excusar y comprender los desaciertos de líderes y doctrinas. Por tanto, traspasando fronteras morales y de compasión, hasta la maldad de cualquier ser humano debido a su condición imperfecta, podemos perdonar y olvidar los eventos y acciones de cualquier político o militar que reconociendo sus errores, los corrija y resarza, pero confiando y creyendo en la fe que la Iglesia demanda, y por sobre todo atendiendo que esta institución rige todas sus acciones por la interpretación de los acertijos de la Biblia, la cual según ellos (sin el más mínimo lugar a dudas y/o discusión) está inspirada y fundamentada en la voluntad y designios de Dios, posición con que se auto excusa para no pedir perdón, ni públicamente reconocer las abruptas modificaciones realizadas para poder encajar en nuevas y distintas civilizaciones. Por su cinismo y arrogancia es por lo que no deberíamos olvidar, aceptar y mucho menos podríamos perdonar los desatinos y las atrocidades de la Iglesia, porque con vulgar masoquismo y/o cinismo estaríamos admitiendo y disculpando la arbitrariedad, incompetencia e imperfección de ese Dios que todo creyente con infundada y obsesiva insistencia, califica de omnisciente y omnipotente. Si con el objetivo de ir al meollo de la verdad religiosa, nos despojamos de toda filosofía de tendencia creyente, de todas esas historietas bíblicas y doctrinas cristianas que por siglos los grandes pensadores se han propuesto imponernos; influencia que incluso ha llevado por instinto (o por temor, conformismo, enseñanzas o por la ambición al beneficio) a toda la humanidad a captar, no adaptar, todo lo que hemos escuchado, no aprendido, acerca de Dios. Por eso, al llegar a la raíz del fanatismo, estando libres de las influencias de otros, como también que jamás hubiésemos tenido el más mínimo conocimiento sobre la existencia de algún Dios, o incluso ya estar convencidos que Dios es ficción, en la cofia de esa raíz descubriremos de qué está compuesto el lastre que equilibra toda base religiosa, al solo encontrar en ese punto, fantasías, vacío, silencio, motos, oscuridad, ausencia... ¡nada!

Ahora bien, me colocaré entre la dualidad «ateo y creyente» para desde ese intermedio intentar hallar una idea comprensible: Hipotéticamente aceptaré que es cierto que Dios creó a la raza humana, pero al ubicarme en la época, condiciones y posesiones de Adán Y Eva, es lógico que, con esa suposición de creación fantasiosa, también debo asumir que hubo una premeditada maldad en Dios al sembrar cizaña con la plantación del árbol del «saber», porque si él no hubiese querido que se conociera todo lo que concierne con maldad, entonces no hubiese contribuido en poner esa opción en el camino, la cual incluso parece como, si la prohibición de probar de ese fruto, llevase la deliberada intención de sugerir o animar a la desobediencia, con que no solo persuadía con insidiosa tentación de reto, sino que también implantaba por encima de la ingenuidad, la simiente de esa competencia que genera envidia y codicia. No podemos ser acusatorio incriminando Adán y Eva con la excusa que tenían la opción de elegir, eso sería radicalismo y estupidez, porque sería como si nosotros culpáramos y condenáramos a un niño por una acción que por inocencia cometiera, incluso seriamos nocivamente peligrosos y mezquinos, si no tuviéramos la honestidad de reconocer e incluir, en nuestra condena, que nuestra maldad fue quien lo incitó a cometer ese «error». Por edad y experiencias Adán y Eva eran inocentes niños. Por sabiduría del hombre, un evento con la magnitud y consecuencias de este abuso, la responsabilidad y culpa se sabría de donde procede y a quien adjudicar. Si Dios es tan omnisciente, entonces... ¿Por cuál razón a seres inocentes creados a su forma y semejanza los dotó con la capacidad de ambición? ¿Por qué esa tentación que nos seduce al progreso, la superación, al bienestar, a la comodidad, etc.? No debemos olvidar que en el Edén no había vivienda, ningún tipo de utensilios, ni materiales de estudios, ni vestimenta… entonces pregunto… ¿Nada o que había? En aquel o en un nuevo «Paraíso» ¿Que fue o será lo que necesitan los cristianos para vivir? ¿Habrá necesidad de trabajar o estudiar para, dentro de ese orden social, desempeñar una determinada función? ¿Cuál propósito habrá inspirado a Dios en la creación humana? Todos sabemos que antes de la creación humana, ya Dios había creado su séquito de ángeles, por consiguiente, ya habiendo experiencias que le facilitara el conocimiento en corregir los defectos como también a perfeccionar las virtudes, entonces, de continuar o agravar los errores, por lógica solo nos conlleva a dos razonamientos: 1) es un inepto o un sádico; 2) Que tipo de resultado persigue con su experimento. Si en la voluntad de Dios no está la intención o satisfacción de un sádico, la imperfección no hubiese existido en su séquito, la hubiera extirpado de inmediato y con mejores métodos e intenciones hubiese elaborado la creación humana. Estos desatinos ponen de manifiesto que Dios no es infalible, omnipotente, omnisapiente y que no tiene el absoluto saber ni poder en lo que el hace y mucho menos que resultará en el futuro con las cosas que crea, ni que posee control para prevenir o modificar resultados fallidos. Entonces… ¿De que nos sirve o protege Dios? Según la Biblia la manzana simboliza el "conocimiento". Si fuimos condenados o maldecidos por comer de ese fruto, cuya desobediencia consistía en saciar una innata y negativa curiosidad, (heredada o previamente implantada en nuestra constitución) con el objetivo de desear o adquirir esa capacidad o habilidad que genera conocimiento e independencia, entonces, opino que por esa sabiduría que desde siempre nos ha diferenciado y nos ha hecho, por defensa y supervivencia, prevalecer por encima del resto de los animales, la cual nos ha dado la posibilidad, tanto de no sucumbir como dominar, me hace presumir que por «NADA» estamos en deuda, ni debemos agradecerle a Dios, él nos creó ignorante y débiles, porque la inteligencia y sabiduría es lo único que nos evita ser víctima del basto reino animal, por tanto, es por «ESA» divinidad que seduciendo, nos previno y ayudó para evitar que en vez de estar en la «cima» no estuviéramos en la «sima» de la cadena alimenticia. Si hoy, debido a la «inteligencia» es posible llegar a ser médicos, ingenieros, científicos, etc., es demagogia atribuirle a Dios la gracia a donde se ha podido llegar, y la más cuestionable inaudita ingratitud, ya que por «VERDADES» a quien se le debe honrar con el agradecimiento es a Lucifer, porque él fue quien nos gratificó con su poder de Luz y sabiduría, y esta acción es lo que nos ha otorgado: el derecho a cuestionar; la habilidad de superarnos; el poder a desarrollarnos según el nivel de nuestra inteligencia y talento. Si nos proponemos en buscar en el Viejo Testamento la Ley de Dios, para no solo valorarlas, si no también compararlas con la Ley del hombre, entonces podríamos apreciar que las Leyes de seres imperfectos y mortales, son más compasivas, justas y adecuadas que la Ley divina de Dios. Aún más: si Adán y Eva no se hubiesen comido la manzana, hoy día anduviéramos en "desnudos" y teniendo "sexo" como los perros, por ende, opino que hasta debemos dar gracias a Lucifer por instigar a la desobediencia, porque gracias a esta «DEIDAD» que se le atribuyen todo lo malo, perverso y corrupto, por ironía también gracias a «Satán» conocemos y tenemos como virtud de honor el pudor, la vergüenza, la dignidad, etc.

Todavía continúo opinando y sumergido en la hipótesis: Con el propósito de adjudicar a Dios todos los hallazgo, tanto arqueológicos como paleontológicos de fósiles animales, que demuestran la existencias de seres vivientes antes de la vida humana, y aunque esos datos van en contra de la credibilidad bíblica, voy admitir que Dios creó todas las cosas, por consiguiente concederé a Dios la creación de los Dinosaurios, pero que debido a la vergüenza de no soportar el fracaso de su experimento, para evitar que no fuera juzgada su capacidad, o su intención de creación, excluyó de ese conocimiento al hombre, y por tal razón, ese pasaje de su historia no fue incluido en la Biblia, libro que afirma solo 6,000 años de vida, pero por hechos o pruebas contundente, la ciencia demuestra que la evolución humana sobre pasa los 185,000 años de vida, e incluso, tal y como somos en la actualidad, pueda ser mayor de 25,000 años. Si no hubiera tantas contradicciones en las narraciones de la Biblia, incluyendo mensajes entre profetas que predicaron, no solo en diferentes o mismas épocas, sino que hasta siendo asesorados por Jesús, enseñaron junto con él, tal vez hasta hubiese sido un libro más creíble, pero como muchos descubrimientos arqueológicos y paleontólogos no tuvieron lugar hasta después de haber terminado la confección bíblica, es el motivo que la Biblia en muchas ocasiones marcha en contra o paralela a la historia real.

De regreso a los dinosaurios: Creo que no hay dudas que existen pruebas muy fehacientes que los humanos no fueron los primeros animales que habitaron la tierra, lo que sí, no entiendo como los científicos pueden estar tan seguro de la constitución tan agresiva o tan pasivas de las distintas especies, y de eso ser cierto, entonces ¿Por qué la conducta malvada y feroz de los animales? ¿Esa sería como una actividad teatral para entretener o divertir a una audiencia muy perversa? Quizás estos espectadores tuvieron la necesidad de buscar nuevos entretenedores que, además de la brutalidad, también poseyeran alguna inteligencia que, permitiéndole la capacidad de estrategias pudieran hacer más interesantes la función que a ellos divertía. Cada día los humanos son más malos y sofisticados. La continua evolución o algún ciclo de reforma, según Predicadores y la Biblia, en donde la acción estuvo dirigida por Dios, de cómo se han desarrollados esas intervenciones, todas las consecuencias son sangrientas y temerarias, incluso los resultados no solo están exentos de mejoras, ¡Son peores! Algo que aún me tiene confuso: Esa parte de los animales que pertenecen al género de constitución asesina, ¿Comieron también algún fruto prohibido? ¿Es natural su conducta o fueron maldecidos y castigados? Pregunto porque hay que tener un punto de referencia para ubicar la agresividad y criminalidad que caracteriza a muchas especies del reino animal, pero sí podemos estar seguro que si de Dios nos viene todo lo bueno, todo lo moral, también todo lo malo; todo lo amoral.

CAPÍTULO III

Desde mi particular opinión, la belleza seductora solo provoca emociones, deseos, vanidad y lujuria. Nadie se enamora de lo hermoso y esbelto, pero sí de esa especial dedicación que con amor y ternura recibimos; por eso para encontrar amor y felicidad es vital aplicar ese concepto o aforismo popular que muchos pregonan y que además es muy cierto y dice algo así: «Para hallar el amor, es preciso dejar salir de nuestras vidas a las personas que nos subyugan, dominan o que por obsesión nos aferramos sin que nos correspondan, ni nos sientan». Porque siendo libres del espectro de esa trágica frustración que nos abruma, no solo se podrá buscar sin conflictos, sino encontrar a la persona que sin perturbación nos pueda amar y a la cual nosotros sin confusiones podamos corresponder, porque cuando insistimos o nos aferramos en quien no nos ama ni nos siente, todos los resultados, además de menoscabar el amor propio, serán indecorosos y en ocasiones hasta pueden terminar en algún tipo de tragedia o ultraje. Mi opinión, según experiencias y conocimientos adquiridos de las vivencias en otros, cuando el factor es inmadurez, o escasa formación moral, estas mal sanas relaciones son engendradas por la frustración o impotencia de alguien que, pudiendo ser un adulto, puede aún estar en el límite de la adolescencia, y por ser la etapa cuando comenzamos a madurar, a formarse la conciencia y definirse el carácter, recaer en una de esas relaciones que además de ser vibrantes y perturbadoras, también son las más escandalosas y violentas, las cuales por falta de madurez y principios nos hace comportarnos sin pudor y con vulgar excentricidad, y pese que en realidad son las más superfluas e infructuosas, por no profundizar en los sentimientos que distinguen y solidifican una relación de pareja, por estar solamente concebidas por una obsesiva lujuria o afinidad sexual, regularmente y sin importar lo indecorosa o la fugacidad, contradictoriamente no solo es la relación más recordada, sino la que con más vehemencia deseamos hubiesen sido para siempre. En algunos casos otras relaciones nos enseñaron a diferenciar sentimientos, a con objetividad ilusionarnos, seleccionar emociones, pero también amar. Aunque durante la etapa más sana, la adolescencia, no obstante, de ser más ingenuas las relaciones, también puede ser más intensa y educativa porque es donde, sin complejos ni vanidad, se aprende a dialogar, a sufrir, a llorar, a pedir perdón, a buscarse y hasta sin madurar ni dejar de soñar poder amar con candidez. Aunque no existen las excepciones, siempre he creído que las decepciones que dejan cicatrices, no provienen de experiencias adquiridas en la adolescencia, sino que son experiencias de la adultez, concebidas por egoísmo, vanidad y la envidia que, por despecho, con intención vengativa hiere y ofende. Siempre he sentido que el dolor que pueda infringir el amor adolescente tiene un toque de sublimidad, es magia con aroma que perdurará hasta el final, aunque los involucrados en ese romance no se vuelva a ver, por eso opino que los matrimonios más maravillosos, son los que salvando todos los obstáculos, desde su adolescencia llegaron juntos a la vejez con amor y con respeto mutuos, pero el dolor causado por el amor de la adultez, es el reverso, las consecuencias son muy diferentes, porque la mayoría de las veces uno de los cónyuges se aferra con maldad y egoísmo, por ende no hay magia sublime, lo que perdura es un hechizo o pesadilla infernal que, con irracional ira incita a esa venganza destructiva sin prever la familia creada. Unos opinan que el amor de la adultez es el que te cura las heridas, el que por su madurez sabe lo que desea y como tal, es capaz de sorprenderte con el verdadero amor, yo no lo dudo ni lo cuestiono, porque sé cuánto valen y pesan algunas relaciones adquiridas en la adultez, pero aun así no dejo de reconocer que en la adultez no es instinto, sino raciocinio quien rige preferencia, y esto puede depender de conveniencias, sin embargo, todos sabemos que quienes nos premian con más alegrías y confianzas, son esos amigos y amores que, además por lealtad y amor convertirse en familia, son aquellos que desde comenzada la adolescencia nos acompañan, por favor, podremos dar todo el mérito al amigo contraído en la adultez, pero no hay algo más placentero que revivir los recuerdos de la adolescencia

Sin importar la buena o mala ventura que en un presente nos asiste, sé que todos soñamos con un reencuentro con ese romance, tanto el de la adolescencia que nos sacudió, como el de la adultez que nos marcó, sin embargo, por alguna especie de confuso morbo o de insana venganza, el reencuentro que más ansiamos, es con quien nos marcó con esa mezcla de más dolor y placer, pero por lo turbio de ese deseo, creo que es preferible conservar ese momento como lo que es: un hermoso recuerdo o experimental romances, que por su estrepitosa euforia podemos clasificar como un placebo del amor, debido que jamás trascenderán a una dimensión sentimental, además creo que revivir esos nefastos recuerdos, solo servirán para mostrarnos la desvergüenza y el deshonor que en aquel entonces no pudimos ver por estar infestado por esa pasión tóxica y nociva. No debemos esperar milagros, el amor es un sentimiento que no responde ni florece por desinterés o deslealtad; por falta de dedicación o exceso de masoquismo; ni tampoco crece por una compulsiva adicción o atracción sexual.

Por la cantidad y variedad de pleitos y fracasos matrimoniales, muchos se preguntan si es posible odiar a alguien que con vehemencia amaron, y yo categóricamente digo "No" porque la persona que con pureza ha sentido amor por alguien, bajo ningún motivo jamás haría daño al ser que amó. Reconociendo que la influencia del impacto y magnitud de las emociones es lo que define el efecto y desarrollo, tanto del sentir como del deseo, considero como probable que algún tipo de móvil complaciente, causando confusión o perturbación a la razón, hubiese provocado que, por un período de malsano hechizo, el control emocional determinó sobre la habilidad del raciocinio, entonces, al inhabilitar el honor en la capacidad de discernir, todo es tragedia, confusión y locura. Según mi opinión, aun las emociones estando presentes en todo tipo de acción y reacción, por su condición fascinantes y subyugantes, pueden esclavizarnos, pero jamás no nos dominarían si anteponemos el valor de la dignidad.

El amor es la cúspide de la nobleza, la abnegación y el desinterés y quien crea que puede odiar al ser que supuestamente piensa que amó, es porque ha confundido los sentimientos, pero aun habiendo existido alguna gravedad con causa catastróficas para que un auténtico y abnegado amor haya muerto, es probable que por decepción haya mucho dolor e indiferencia, pero jamás venganza u otro sentimiento dañino. Yo creo que (señalo que: en mi opinión el nivel del coeficiente intelectual aunque pueda converger o relacionarse con la "conducta" emocional, no se identifica ni se vincula con la "calidad" sentimental y moral) solo las personas de bajo auto estima, posesivas y subjetivas por no saber respetar la particular percepción que distingue a cada persona, reaccionan con irracionalidad cuando su relación sufre un desenlace que no se corresponde con sus perspectivas, e impulsado por el despecho y el egoísmo, llegan a odiar a niveles estratosféricos, los cuales motivados por la decepción, atacan cegados por la mezquindad de esa rabia, que los conduce concebir hasta la más infundada venganza. Creo que, en personas nobles, la emoción nace del instinto y no de los sentimientos, y por esa razón al ser su fuerza tan vehemente como irracional, es el germen que genera que la intensidad y perturbación del morbo cause la más terrible y mayor depresión humana, incluso puede concluir con resultados extremos. El amor no deja secuelas denigrantes ni turbulentas. Existen muchas facetas del placer y la obsesión que, por egoísmo y chantaje, intencionalmente, confundimos con el "amor", pero podemos estar convencidos que al que odiamos y aborrecemos, jamás lo habíamos amados.

La ambición desmedida crea confusión en la personalidad, en este tema que genera conflictividad entre posibilidades y realidades, sería muy sencilla de erradicar si con cordura nos sobreponemos a la vanidad, la especulación y por méritos sabemos escoger entre lo que dentro de nuestro mundo está en el rango de nuestras posibilidades, porque incursionar en un ambiente que no se ajusta a quienes somos, la desorientación y la inaceptabilidad serán los factores que, no obstantes todo tipo de esfuerzo, siempre conllevarán a ese tipo de fracaso o de humillación que ridiculiza y desacredita el honor de la objetividad de pareja, porque el concepto no es cuestión personal de resignación o conformidad; de comodidad y beneficios; para una relación de especulación y lucros, no es necesario convertir en comedia la institución matrimonial, existen otros convenios personales que, siendo por condición derechos legales rompen, cualquier esquema tradicionalista, nos permite sin disfraz ni conflictos establecer el propósito de esa unión. Entiendo que cuando de valores sentimentales, morales y emocionales nos referimos, desde mi propia convicción y experiencia, en la vida todo es relativo, porque todo fluye en consecuencias de perspectivas, interés y sentimientos individuales, o de una pareja bien unida, pero aun así, únicamente debe fundamentarse en realidad de balance y compensación; en complementación y afinidad; en afinidad y deseos, para así impedir o evitar que los valores que representan y distinguen al matrimonio, transcienda como una mofa circense a nuevas generaciones.

A través del tiempo y las experiencias propias o ajenas, he aprendido que atracción física o seguridad social, siempre será la metodología para seleccionar parejas, pero cuando se trata de valores sentimentales, jamás tendremos el poder de elegir a quién amaremos. De acuerdo con el grado de afecto y ternura que interactúe una pareja, el corazón decide a quién elegirá amar. Existen parejas concebidas por el mezquino propósito del interés, pero con el tiempo y bajo la implacable y estoica presión de ese encantador y puro cariño, de esa abnegada dedicación y las buenas acciones, por estímulo y no por agradecimiento, la magia del amor florece y bendice esa unión. Incluso, muchos han formalizado y llevado dos relaciones a la misma vez, pero al final del camino se han enamorado y casado con la persona que tal vez comenzó con menos interés, lo cual corrobora que el amor es una cosecha espontánea y recíproca. Alguien en tono sarcástico corrigiéndome me recuerda que solo en el cerebro se elaboran y emanan todo tipo de acción y deseos; emociones y sentimiento; que el corazón es un músculo con una función determinada, pero yo digo que más que sangre, el corazón bombea VIDA y vida es traducción, simbolismo y sinónimo de AMOR, además todos no solamente sentimos el eufórico palpitar proveniente de la dicha, también hemos experimentados sensaciones muy extrañas en el pecho a causa de desmedida tristeza, temores, angustia, etc., que incluso en personas con enfermedades del corazón, no soportando la magnitud emocional, han fallecidos.

Es obvio que en la juventud muchos por no desear o no estar preparado para el matrimonio, por satisfacción temporal sostienen o presumen de una trivial relación "amorosa" como diversión sexual o entretenimiento social, incluso por algo positivo como la atracción emocional que puede culminar en compactación sentimental, o por algo negativo como la especulación o la vanidad que puede descender a una malsana obsesión. Todos siempre estaremos involucrados en pasajeras relaciones hasta que llega "la o "él" elegido (a), pero ojo hay que estar muy al acecho para no perder la oportunidad, porque hay que saber reconocer y valorar el regalo de vida, debido que a veces no llega lo que tú quieres, sino el "premio" que te has sabido ganar por tus méritos y eso es lo que cuenta y vale para ser feliz. Debemos recordar que el amor siempre no nace inspirado de esa emoción que nos sacude, también, y con más firmeza, de los valores, la dedicación y el cariño. Yo estoy seguro que las experiencias vividas conceden la suficiente sabiduría y madurez para sostener con equilibrio y respeto la relación que, además de desear, es la que necesitamos para alcanzar la paz, alegría y felicidad con que siempre soñamos.

Algunas personas opinan que, aunque la emoción y los sentimientos sean muy diferentes, también admiten que en algunas circunstancias pueden ser afines o en algún momento convergen. Otros diferimos, porque el placer emocional solo responde a todo tipo de deseos e intereses; es competitivo, comparativo; exige recompensa y estímulo a corto o largo plazo. Yo creo que existe algo superior que, para diferenciar, podemos denominar «pasión sentimental», y esa vibrante pero siempre apacible sensación, es un regalo de nobles oportunidades que no obedece reglas, propósitos, incluso ni al control de nuestras propias decisiones o voluntad. Quizás algunos confunden este sensacional trance con el placer emocional.

Cito dos conclusiones muy populares y que muchos exponen para definir que cuando el amor sorprende y se establece en una pareja, el triunfo absoluto de la vida está basado en el sacrificio y adaptación de dos elementos muy fundamentales:

1. «Tener suficiente fuerza y voluntad para cambiar las cosas que podemos». Muchos consideramos que toda relación no debe estar basada en convenios, ni caprichos, ni límites, ni condiciones, ni adaptaciones. Nadie tiene que sufrir la humillación de dejar de ser su propio yo para adoptar la personalidad de otro, y mucho menos contra su voluntad, que para congraciarse o complacer, actúa fingiendo ser el yo de otro. Debemos ser genuinos y originales para poder sentirnos realizados y felices.

2. «Tener suficiente dignidad y valor para aceptar las cosas que no podemos cambiar». Señalo que esta segunda conclusión es lo más sabia, loable y respetuosa que pueda existir en una pareja que sea honesta, respetuosa y que sobre todo que se ame. Asimismo, expongo que esta reflexión o capacidad de aceptación corrobora que no debemos intervenir ni pretender modificar la personalidad emocional de alguien, ya que hay más dignidad, respeto y amor en una manifestación de total honestidad y sin consecuencias, que en una relación colmada de secretos, mentiras y traiciones. Además, soy de la firme opinión que nadie cambia ni para bien ni para mal; que solo temporalmente por temor, hipocresía o conveniencias las personas modifican y manipulan sus conductas con falsas, premeditadas y hasta con obscenas proyecciones, cuando y acorde al momento que cada circunstancia lo exija. Los de carácter egoístas y dominantes,

por su perfil psicótico y cínico son quienes convierten al mundo en un falaz carnaval de disfraces, porque en la mayoría de los casos, los sometidos son quienes traicionan y ultrajan la innata condición humana.

Yo creo que lo más digno de un ser humano es sentirse orgulloso de su autenticidad, porque no existen dos personas iguales en ningún aspecto o concepto y eso implica sentirse feliz con sus defectos y virtudes, pero creo también que es muy importante que tanto nosotros, como también los que nos rodean, aprendan o sepan respetar la conducta de los demás, por tanto, nadie debe intentar o solicitar que alguien rectifique o modifique sus actitudes, debido que si algo es amoral para alguien, para otro puede ser correcto. Si por mojigatería, crítica o conveniencia de los demás, debemos de buscar un patrón para complacer o encajar en una relación, entonces se pierde la originalidad, ej.: Nuestros padres, que son quienes realmente nos aman, sin condiciones nos aceptan tal y como somos, incluso pelean defendiendo o alcahueteando nuestros desaciertos y costumbres. Si alguien no se ajusta a nosotros, también existen miles que nos rechazan por no ajustarnos a ellos, por consiguiente, para la paz y armonía social, es muy simple la ecuación: RESPETO Y EQUILIBRIO ES LO QUE DEBEMOS PRESUMIR, y eso si es PERFECCION.

Yo estoy seguro que hasta en el matrimonio se pierde la Fe, la confianza, la esperanza, el respeto y esto sucede porque jamás existió el verdadero amor. Señalo que no estoy en conflicto con mi criterio acerca religión y política. Para mí FE en término religioso es <u>fantasía</u>, en política, es extremo <u>cinismo</u>. Soy firmemente ateo y creo que por resultados, un poco apolítico, pero solo por los efectos de actitud y posición fanática que influye en la opinión pública, tomaré como ejemplo de impacto, por consecuencias implícita en la proyección de esa impoluta palabra, remitiéndome a esos dos grupos donde el estereotipo de FE, en consecuencia de la intensidad y fervor en su manifestación, logra trascender a una compleja dimensión: religión y política, porque solo en ambas prácticas podríamos comprender el valor y firmeza de Fe, ya que si por cualquier motivo algún miembro de uno de estos dos grupos perdiera la fe en su líder, si sus valores son genuinos, jamás se quebranta la energía motivadora que enaltece su "FE" en la práctica que profesan y defienden, por ende, debemos idealizar al amor como siempre lo han hecho políticos y religiosos en sus doctrinas, incluso como se honraba en tiempos de nuestros ancestros para que "el amor" fuera venerado y respetado, porque el amor es la consolidación de la confianza, el respeto, la compasión, la esperanza, la abnegación, la pasión, la sinceridad, el cariño, el interés, el deseo, la lealtad, la FE, etc., de faltar uno de estos sentimientos mencionados, entonces ya no hay amor en ese matrimonio.

A mi modo literal de interpretar las palabras: Aunque "esperanza y fe", cuya connotación y significados son muy similar, también son dos palabras abstractas con indefinida variedad de matices simbólicos muy adaptables para la definición de cualquier carácter individual, y estas dos palabras al estar inspiradas y concebidas en la concepción del poder y fuerza de la mente, solo respondiendo al nivel de intereses y creencias particulares, solo poseerá características o definición individual, por consiguiente están sujetas a los cambios del voluble carácter humano. Debido a que todo ciframos nuestras esperanzas en lo que nos gusta y queremos, para mí la esperanza está más relacionada con el deseo, interés o beneficio de alguien, sin embargo (ya sea por bien o para mal) dentro de cualquier contexto, evento o circunstancias, la Fe, aunque puede ser surrealista y subjetiva debido a que responde a las perspectivas, visión o interpretación particular, no deja de poseer un vínculo directo con la absoluta creencia en un suceso o en la convicción de un partido político o religión y esa creencia al convertirse en fanatismo, siempre la objetividad de las palabras será lo que dará realidad, fuerza y sentido a lo que alguien profesa.

Matrimonio: Más allá del concepto legal/jurídico que define esta institución social, yo no creo que exista algo más completo, complejo y problemático; con más responsabilidad y sacrificios;

que requiera de total esfuerzo y que otorgue más felicidad y seguridad a la pareja. Cuando dos personas deciden casarse deben prevalecer los sentimientos que solidifiquen y/o hagan eterna esa sublime unión. De igual modo también debe predominar a igual nivel de la atracción física, la compatibilidad de caracteres, pero sobre todo lo más importante y primordial: la capacidad incondicional de reconocer y aceptarse tal como son, porque el matrimonio no es unión para intentar, en ningún aspecto, modificaciones con el fin de ser iguales o parecidos. La armonía y felicidad solo dependerá del recíproco respeto y el nivel de identificación sentimental y emocional entre ellos, porque el matrimonio es lo único que trae implícito todas las emociones y cada una de ellas debe ser aceptada y superada con la misma pasión e intensidad, pero por encima de algún tipo de orgullo, propósito o complacencia, es muy importante tener el conocimiento que no debemos enfrascarnos en una lucha por alcanzar la perfección matrimonial, debido a que entraríamos en un círculo de competencia y apariencias; de falsedad y egocentrismo; de vanidad y especulación. Además, cualquier materia de índole abstracta, algún tipo de idealización solo puede nacer, crecer y desarrollarse en la mente humana, por ende, el concepto matrimonial al no poseer una existencia física o propia, jamás y bajo ningún contexto alcanzará un nivel de perfección compatible, ni tampoco un mismo grado de definición exacta en relación con la de otro individuo; solo basta que nuestro amor sea genuino, verdadero y sincero para poder alcanzar la real felicidad.

Para gloria de una pareja unida por el amor, el matrimonio es el autobús que lleva consigo todas las emociones y sentimientos implícitos que contribuyen en ahuyentar la monotonía o el hastío, pero tristemente, si en una de las partes involucradas no arde la esplendorosa llama del amor, la incompatibilidad hará que si ese alguien no provoca que el otro se lance con el autobús en plena marcha, entonces en el primer semáforo alguien se apea, por eso, antes de emprender ese maravilloso viaje, es menester discernir entre Pasión y Amor. A mi propio sentir: La pasión es una emoción que con frenesí provoca saciar un deseo, y la insistencia de sofocar esas ansias, por exceso de lujuria, la constancia puede convertirlo no solo en hastío, también hasta en repulsión; La pasión emocional puede desvanecerse por infortunios o emociones no placenteras, por lo contrario, el amor balancea, complementa y supera. Crece ante cualquier tipo de emoción o adversidad, pero ojo, debemos de estar consciente por quien y porqué luchamos; por interés o satisfacción no debemos aferrarnos a alguien, porque si no hay reciprocidad nos expondremos a decepciones y desilusiones, pero, aun así, víctima de cualquier fracaso en que la expectativa de nuestra obsesión nos arrojó, debemos de estar consciente que el "amor", además de existir es puro e infinito. Estoy convencido que la mayoría de este tipo de fracaso, es por consecuencia de eludir señales que gritan a todo pulmón, la realidad y conclusión de esa relación, pero en ocasiones por auto complacencia, surreales expectativas o egoísmo, nos humillamos aferrándonos a alguien que, aunque nos valore o comprenda, no nos siente. Por la naturaleza humana ser perversa, este panorama vuelve más abusador, déspota y engreído al "dominante", que indolente no valora el amor, y con la insistencia caprichosa de alguien que se vuelve sumiso(a) por mantener esa relación, posee un costo muy alto: la "degradación moral", por eso es preferible salvar la honra, aunque eso implique retirarse con dolor. Siempre digo que antes de dejar este mundo, alguien, aunque sea ajeno al daño que causaste; por la ley de culpa que acecha, te hará pagar con creces el mal que tu hiciste o deseaste a otros, y no estoy haciendo alusión al Karma o alguna fuerza Divina, porque yo estoy convencido que somos materia y no espíritu, por ende, el ciclo de nuestras vidas comenzará con el nacimiento y terminará con el deceso.

Creo que no debemos casarnos y mucho menos formar familia hasta no haber alcanzado la suficiente madurez para saber respetar y amar sin que ambos, sentimiento y razón, entren en conflicto. Aprovecho para recordar la sabiduría de los refranes: «hay que estar pendiente y saber interpretar como aprovechar las señales y oportunidades que la vida nos envía». La vida es sabia y justa, la mayoría de las veces no nos complace con lo que deseamos fervientemente, pero si somos pacientes y sabios, tarde o temprano nos premia con lo que realmente merecemos, por consiguiente, vivamos disfrutando a plenitud, pero sin entregarnos hasta ser correspondido.

La vida además de sabia es impredecible, incomprensible por eso, con razón o por injusticia, nos golpeará para enseñarnos o castigarnos, pero siempre he opinado que aquellos que se distinguen por su fuerte autoestima, con humildad sabrán valorarse, respetarse e incluso agradecer por cualquier tipo de enseñanza, por eso con nobleza saben extraer la esencia de cada experiencia para con honor y orgullo estar consciente de como emplear la lección que servirá para forjar su aprendizaje. Quien no se detenga a mirar atrás con el positivo propósito de depurar su mente y alma de las toxinas acumuladas, puede olvidar sus propios errores, como también ignorar la maldad con que otros le han infringido castigo, incluso consciente o inconsciente alimentará y perjudicará su ego impidiéndole drenar el envenenamiento, por ende, si con nobleza extirpamos las secuelas que dejan estas malas vibras, no solo intoxicamos la capacidad funcional de nuestros pensamientos, también por resentimiento podemos traumar, disminuir o parcializar la habilidad de reflexión y corrección, tanto para enmendarnos como para poder con satisfacción perdonar. Si no podemos reconocer que el amor y el perdón es el único vehículo para poder drenar la negatividad de cualquier energía insidiosa que provoque desconfianza y deslealtad, jamás obtendremos ni brindaremos paz y felicidad. No es que vivamos atado u obsesionado con la parte negativa o dolorosa de nuestro pasado, sino que eventualmente hay que hurgar para extraer y aprovechar la esencia de cada enseñanza, porque saber cómo poder analizar con nobleza esas experiencias donde están plasmadas las lecciones recibidas, sería la clave del triunfo que puede hacer genial, no solo nuestras existencias, también la de los demás que con afecto comparten nuestro entorno.

CAPÍTULO IV

Creo lógico y admisible que las personas se hayan equivocado o fracasado una vez, pero esas personas que tienen más de dos matrimonios con familias creadas, la única huella que dejan son hijos; hijos necesitados e infelices. Los hijos necesitan tanto el amor como la preocupación del día a día de ambos padres, que se involucren en sus inquietudes, en su formación, y no en esa migaja de fines de semana alternos, o de una patética mensualidad financiera. El éxito rotundo de los hijos está en la confianza y en el orgullo que sus padres les inspiran, así como en el calor y amor hogareño. Cuando hay varias familias creadas, esas obligaciones implícitas en los parámetros de las nuevas relaciones, contrarrestan los deseos, intereses y objetividad para con los hijos en más de dos familias. En mi opinión, esas personas que provocan que otros los amen sin poseer el interés de corresponder ese amor, son inescrupulosas personas (hombres o mujeres) que sacan ventajas, tanto de su atractivo, como de la inocencia de otros; que se mofan del sentimiento y sufrimiento de alguien; que valoran más su ego y deseos que los valores familiares; que utilizan cada matrimonio para vanagloriarse y ostentar como trofeo sus constantes romances. ¡Qué triste legado! Orgullo y honor no es hablar de múltiples aventuras, sino de la conquista de ese amor que puede superar múltiples obstáculos con el objetivo de salvar y sostener un matrimonio, porque esta unión con resultado de "familia", no se realiza por una opción de conveniencia social, ni de satisfacción emocional, todo lo contrario, por amor, la prioridad. Aun así, creo que el divorcio es la acción más razonable y acertada para disolver esas uniones que, no obstante, a múltiples intentos sentimentales, no han alcanzado concilio debido a su incompatibilidad. Pero opino que en las parejas que, no obstante, sus discrepancias de carácter todavía se identifican con el amor, entonces es meritorio salvar esa relación, no solo por los hijos, sino por el paraíso que obtendrán a cambio. Pues, ¿para qué un hombre querrá casarse con una monja, o una mujer con un cura si no lo aman? ¡Este es el más tétrico de los suplicios emocionales! Debemos tener presente que el amor nos hace sentirnos adolescentes, nos hace inocente y dichosos, nos desborda con las ansias de perdonar, vivir y disfrutar en su total magnitud la vida.

Yo creo en la importancia social, en la seguridad, en los beneficios, en la estabilidad espiritual, financiera y familiar implícita en el matrimonio, pero al igual que muchos, soy de la opinión de que cada pareja, no debe, sino *tiene* la obligación de respetar los derechos de su cónyuge. El cónyuge es la persona más importante para cada ser humano, porque es quien estará a nuestro lado hasta el final del camino; porque es la persona que nos brindará la confianza, seguridad y amor que solo los padres conceden; porque es quien nos devolverá la ternura, el cariño, ese especial placer y amor que nosotros brindamos a nuestros hijos. Sin importar quiénes nos rodeen, una persona sin un buen cónyuge, estará sola en su vejez y, un buen cónyuge es con quien debemos formar un hogar, con quien debemos crear una familia sin imponerle condiciones. Quien llega a la vejez sin un matrimonio concebido por sentimientos, no conocerá ni será bendecido por el verdadero amor. Cuando observo la devoción de esos matrimonios que, superando todas las etapas y contratiempos, llegaron victoriosos y juntos a la tercera edad, quedo perplejo, no al ver, sino al sentir la incomparable pureza, ingenuidad y sublimidad del amor que se profesan; lo que ellos emanan es tan radiante, que con su magia pueden embelesar a todo aquel que está a su alrededor y que los contemplan.

Creo que no es necesario, pero recordaré lo que por ley natural todos sabemos: a nuestros padres e hijos no los rechazamos, no los remplazamos, no los botamos, no les imponemos cambios ni condiciones, como son los aceptamos, amamos y respetamos con todas sus virtudes y defectos. Atendiendo que el sexo en la mayoría de los casos no es el vehículo necesario que establece una relación y que tampoco es el elemento imprescindible para formar un matrimonio, es por lo que fundamento que antes de proceder, debemos poner en una balanza y sopesar, hecho vs acción, porque por vanidad ni orgullo, no debemos castigar ni apartarnos de la persona con más valor en nuestra vida, por haber consumado o tratado de materializar sus deseos sexuales fuera del matrimonio. Quien nos priva de los divinos resultados de amor, quien acaba con un matrimonio, es el egoísmo, la hipocresía y la equivocación de uno o ambos cónyuges; estoy plenamente convencido que si se evaden los factores que motivan el desenlace, los cuales se derivan por orgullo, egoísmo, vergüenza y con escudriño se hubiesen buscados esa compacta interacción mutua, que solo existe en la energía sentimental y la compatibilidad moral que une e identifica a dos personas, entonces no existieran los matrimonio disfuncionales, un real ejemplo de ese inteligente, regocijante y sistemático rigor selectivo: Religiosos y políticos no seleccionan parejas fuera de su círculo social, por ende, la fidelidad de estos matrimonios, aunque un tanto planificada por afinidad ideológicas, el método es muy acertado; acción que solo puede ser definida como una estoica opción que, por moral y conveniencia muy personal, el "hombre" opta y con rotundo desprendimiento sacrifica, o se impone a todas las emociones de sus instintos naturales. Esta metódica elección (excluyendo a corruptos y desleales) donde con más frecuencia se practica, es entre parejas concebidas por consagrados religiosos e íntegros políticos, porque en consecuencias a intereses y propósitos, son las únicas personas que buscan parejas afines con sus ideologías, para evitar conflictos o tragedias que vayan en detrimento de su prestigio moral; que denigren sus carreras o vocación. Como no podemos dudar de la hábil y sofisticada inteligencia de estos caballeros, por eso estudios de algunos profesionales concluyen y afirman que, (opino: por prudencia o decencia) la imagen de fidelidad varonil está más asociada con el coeficiente intelectual, confirmando que la tentación solo idealiza la voluntad del educado y victimiza al vulgar machista, incluso que la promiscuidad con consecuencias, trágicas o de fertilidad, es generada con mayor nivel, por la chabacanería y prepotencia machista. ¡Qué horror! Parece que más que insinuar, corroboran que la desfachatez promiscua es una inherente condición que atañe solo a personas ignorantes y de limitada capacidad intelectual, sin embargo de ser cierto eso, queda demostrado que no hay regla sin excepción: Muchos creemos que las relaciones más honestas y los amores más incondicionales, solo se hayan dentro de la clase humilde y pobre, aunque muchos mal intencionados alegan que estas parejas se han mantenidos puras, porque la fortuna no tocó a sus puertas. Para muchos, el 90% la fidelidad sexual del varón está cubierta de cinismo, auto egoísmo y solapada restricción motivada por algún tipo de lucro o conveniencia personal.

Es preciso y saludable para el honor no quebrantar o conciliar temperamentos y prejuicios, porque la llave del éxito consiste en tres virtudes que deben distinguir cualquier clase de matrimonio: *honestidad, bondad* y *equidad.* Dos condiciones: *confianza* y *aceptación.* Un sentimiento: *amor.* En todo matrimonio funciona, porque permite que por espontánea voluntad y satisfacción propia se acepten y respeten las reglas.

¿Qué es?... o ¿En qué se diferencian los sentimientos de las emociones? Me conmueven las personas que se hacen esta pregunta, porque demuestran que jamás han conocido el amor, y por consiguiente no pueden tener la capacidad que les permita distinguir entre dos cosas tan diferentes. Creo que la confusión puede provenir, porque estoy convencido que tantos sentimientos como emociones se desprenden del instinto natural inherente en el género animal, pero también creo que ambas condiciones se desarrollan por canales diferentes, por ende, la evolución siempre será congruente con la capacidad diáfana o sórdida de cada individuo. Aunque en los actos más sublimes, tanto en los más perversos como morbosos, hay en ambos pasión y satisfacción, opino: no hay similitud emocional. Cuando los actos son motivados por el amor, la pasión es noble, la emoción es sublime y siempre estará identificada con los sentimientos. Cuando el placer está definido a saciar un deseo, un gusto, creo que esas ansias estarán vinculadas a las emociones, y aunque en correspondencia de la constitución sentimental (no emocional) de cualquier individuo, puede variar su interpretación, en ninguna ecuación jamás seremos iguales. En mi opinión, la acción para distinguir o definir el «sentir» en todos los sentidos humanos, es la emoción, y esta capacidad, aunque con otras intenciones también responde a la materialización de nuestros gustos y deseos, es lo que hace complejo una explicación absoluta, por eso... ¡Emoción es vibrar de placer y también de pasión!

La emoción que puede ser afín a los sentimientos es esa que, cada paso que avanza es para sublimar una acción, por ej.: besar a tu hijo, abrazar a tu mamá, tener sexo con el amor de tu vida. La otra faceta de las emociones es, esa cuando está impulsada por el placer. Por ejemplo: tener sexo con esa vecina despampanante, comer tu pastel favorito, ver ganar a tu equipo favorito de fútbol. ¿Pudieron captar la idea? Entonces podrán valorar y diferenciar que entre sentimientos y emoción existe una gran y muy loable definición: el honorable y sublime legado del amor. Una vez más: yo no he estudiado filosofía, psicología, sexología, en fin, ninguna carrera universitaria, pero sin una pizca de petulancia puedo garantizar que aunque en mi conducta, en teoría haya analogía o disimilitud con algún patrón ya establecido, no hay profesional en el mundo que pueda conocer y definir mis sentimientos, emociones, necesidades y deseos mejor que yo, ni alguien que pueda contradecirme o decirme que mi sentir y forma de interpretar la vida es un error, porque todo lo relacionado con el desarrollo y configuración de emociones y sentimiento, es un estado de conciencia puramente abstracto y de criterio particular, con el que cada individuo se identifica satisfactoriamente. Para mí, el grado de moral de un ser humano, es el producto de la mezcla de su concepto sobre el bien y mal, combinado con sus sentimientos y emociones.

Los sentimientos se encuentran en ese vehemente y apacible amor que, con ternura y cordura existe y están en constante tránsito en una relación, yendo desde lo más humilde hasta lo más excelso, con la noble acción de dignificarnos, y a su vez glorificar a alguien, y esta devota pasión no tiene la necesidad de elaborar meticulosamente una estrategia para garantizar resultados o recompensas, debido que, por reconocimiento de puras y nobles acciones, brota espontáneamente. Algunos definen el enamoramiento en una relación como la meta para poder consumar el matrimonio, pero considerando que una meta es el final de algo que nosotros nos proponemos, yo creo que el amor ni es una meta ni se vincula con el destino. Aunque este innato sentimiento, es el principal y el más relacionado elemento que con orgullo y confianza eleva a otra dimensión la relación de pareja, para así poder garantizar la perpetuidad, el triunfo y la solidez en un matrimonio. Para mí, por su carácter instintivo y no racional, al valorar autenticidad, consecuencias y características, como lo indómito y rebelde, concluyo que el amor es una trayectoria independiente que, en ocasiones, emprende un curso diferente al que planeamos o anhelamos, pero que nos regocija.

Mi teoría de manifestación indómita y autónoma del amor se basa: Al observar conducta en mascotas o ver documentales de animales salvajes, me inclino a creer que el instinto puede relacionarse con sentimientos y no con emociones, por eso creo que, aunque los sentimientos no posean un cuerpo físico que podamos ver o palpar, por «sentir», es su irrefutable existencia, por eso no hay nada más real, permanente y poderoso que el amor. Las emociones, además de ser efímeras y circunstanciales en los humanos, y por no ser parte en la instintiva acción sexual en el resto del género animal, solo por lógica se puede asociar con el raciocinio, incluso la magnitud de satisfacción en cualquier acción, estará acorde al morbo y nivel de ansias de determinado individuo, por ende, las emociones son elementos que sacian la ejecución de una acción, contrario a sentimientos, no requieren de presencia o eventos para sentirlo o sublimarse, incluso, solo se extingue con nuestro deceso.

A como yo lo siento: emoción es un cúmulo de pasiones que nos hace vibrar o nos ciega en diferentes momentos de nuestras vidas, con consecuencias de disfrute o hasta con escenas denigrantes, y lo que nos degrada por muy fascinante que sea, siempre estará ajeno al amor. En la mayoría de las ocasiones, por ejemplo, llamamos enamoramiento a esa pasión sexual que nos ciega, que nos enloquece, que nos hace perder el juicio, la dignidad; sin embargo, estos arrebatos de locura suelen ser los más vibrantes, los que más placer nos provocan, los que más anhelamos sin medir consecuencias, los que siempre recordaremos con más fervor. Cuando se trate de sexo, esto debe ser instintivo, no manipulado. No debe existir esa fachada mezclada de hipocresía y prejuicios, con que la mujer forja un escenario erótico con una estela de provocaciones y coqueteos, para que con motivación inducida el hombre (en el 99% de los casos) tome la iniciativa. El sexo, en función instintiva de la verdadera condición humana, debe ser buscado y solicitado por hombres y mujeres con el mismo entusiasmo y libertad, para que, respondiendo a los deseos y necesidad de ambos, sea disfrutado con placer, sin límites ni obstáculos. No debemos complicarnos la vida con matrimonios ni embarazos, hasta que la euforia de la atracción física se disipe, y nos permita con madurez y responsabilidad descubrir lo que realmente sentimos y deseamos. Resultados de esta conducta objetiva: triunfo y prosperidad en la vida; hogar e hijos felices; dicha y durabilidad matrimonial. En ocasiones muchos, hombres y mujeres, se refieren a una mujer señalándola con déspota o mojigatos comentarios del tipo: «Esa en su juventud era una *cualquiera* y ahora se quiere hacer la *santa*». Yo creo que lo que en su juventud hizo fue educarse y prepararse gozando su vida hasta que llegase el «elegido». ¡¿Prepararse y educarse?! No seamos hipócritas, sabemos que, por interés o por curiosidad, en nuestra adolescencia y también en la adultez, hombres y mujeres, cuchicheamos en nuestro círculo de amigos sobres nuestras experiencias, para intercambiar conocimientos y luego poner en práctica lo que aprendimos. En conclusión, el triunfo de un médico u otro profesional es el producto de sus estudios y prácticas; el éxito emocional que contrarresta la monotonía y el tedio en un matrimonio, oscila y depende de la habilidad y preparación sexual en ambos cónyuges.

Algunos profesionales afirman que, en la formación de los sentimientos, estos pueden estar influenciados o ser el producto del medio ambiente donde nos desarrollamos y educamos. Sin poner en duda su criterio ni la teoría que manejan, pienso que, aunque quizás influya, no determina, todos sabemos que, por codicia, beneficios o hasta por temor, el hombre al estar en constante evolución, cambiará y se adaptará acorde circunstancias, aunque tenga que fingir y resquebrajar su integridad. No sé si será una excepción de la regla, pero hay casos registrados de personas muy nobles que han salido de ambientes muy hostiles, sádicos y mezquinos, y sin embargo han desarrollado un carácter de desmesurada bondad y nobleza o incluso viceversa. ¿En qué sustento que cada persona nace y muere sin sufrir alteraciones en su etiqueta original? Yo estoy seguro que ningún padre desearía tener de hijo a un gay o lesbiana, incluso creo que a ningún varón le gustaría por deseo propio ser gay. Me remito al proverbio: Árbol que nace torcido jamás, ni con ayuda su tronco endereza. Por eso con más firmeza opino: Los sentimientos son algo que nadie te puede dar o quitar; algo que, aunque personas hipócritas puedan educar, camuflar a su interés o propósito, no pueden orientar ni formar, ni tampoco alguien ajeno a nosotros e incluso nosotros mismos los podemos manipular con el fin de modificarlos para convertirnos en una persona diferente a la que por naturaleza realmente somos. Además de ser algo innato, es el principal elemento que forma y distingue nuestras emociones, nuestros principios, la capacidad del bien y el mal, nuestros conceptos de la moral. Los sentimientos son el principal elemento que honra y distingue nuestra personalidad. En mi avidez por conocer o descifrar la complejidad del carácter humano, ha sido con el noble propósito de poder distinguir y valorar a mis amigos acorde sus méritos, y la diversidad de diferentes caracteres dentro del mismo núcleo familiar y amistades, me ha llevado a la conclusión de que cada individuo nace con sus propios sentimientos, que no se aprenden ni se heredan, y que de forma autónoma se desarrollan, fortalecen y establecen sin modificar su peculiar identidad. Por esa razón, el tiempo o ambiente, aunque perfecciona, jamás radicalmente cambiará para bien o para mal la originalidad de alguien, pero a modo de reforma o adaptación, si puede modificar la idiosincrasia sin la esencia ser alterada, además es sabido que las personas con el tiempo, drásticamente solo cambian su exterior. A mi criterio, los sentimientos pueden tornarse más intensos, cautelosos y hasta más sabios producto de las experiencias vividas, pero sin perder su verdadera esencia. Creo que del mismo modo que nosotros no podemos decidir a quién amar, tampoco podemos elegir ser buenos o malos, y el conjunto de estos resultados será la base de datos que cada individuo utilizará para formar y definir su destino. Muchas personas a modo de queja o halagos expresan: ¡Ese es mi destino! La vida está llena de diferentes caminos, pero no te obliga ni te asigna uno, si no por libre albedrío cada ser elige "qué" y "quién" será. Todos los caminos están ahí a disposición de todos, pero es un mito que existen caminos fáciles o difíciles; buenos o malos. También es cierto que inconsciente o involuntario el camino puede ser personalizado, situación que acorde honor y moral; premeditación e intención, determinará el uso que daremos a conocimientos y habilidades, y esta condición si será quien defina la calidad del recorrido, como la integridad de quienes somos, por tal, para mí el destino, no es ninguna fuerza sobrenatural preconcebida con designación exclusiva, o propia para cada humano, sino es el estilo de concebir la oportunidad en relación a propósitos y circunstancias, que acode carisma y habilidades, e influenciado por su integridad moral, como por los resultado de sus éxitos y fracasos, cada cual formulará el método de alcanzar sus metas, pero al final, el tipo de consecuencias acaecidas de nuestras acciones y actitudes, será lo que defina quienes somos. Opino: El destino no es autónomo, porque es causa y consecuencia de quién o qué elijamos ser; obedecerá a la influencia ejercida por el tipo de conmoción que provocan las emociones en nuestro temperamento, que dependiendo al tipo experiencia adquirida en nuestros triunfos o reveses acumulados; nuestro destino será el resultado de nuestras acciones y ambiciones; nuestro destino estará definido por las metas propuesta, por el propósito y la integridad de nuestro carácter moral, como nuestro concepto del bien y el mal, por consiguiente el éxito de nuestro destino, no consiste en evadir las lecciones de los obstáculos más negativos, o contra producente con que la desdicha nos han marcados, por lo contrario, es saber extraer y elegir, no solo lo positivo, sino lo más productivo de todas las experiencias vividas, porque en ocasiones para alcanzar el triunfo de nuestras metas necesitamos, sin mancillarnos, aunque sea un ápice de esos aspectos negativos que nos flagelaron, para así, bien armado, poder luchar y vencer cualquier elemento por muy oscuro y poderoso que sea.

Con el transcurso del tiempo las personas a causa de la madurez alcanzada por la edad, experimentan distintos ciclos morales que, atrevidamente los conllevan a evaluar el estilo de conducta que otros proyectan. Esa capacidad de diferenciar, mirando que hay delante, detrás o en el centro de algunas dualidades como: bien y mal; decencia y perjuicios, aunque socialmente los coloque en el correcto escaño de valores éticos, no le establece razón. Existe una ley lógica de viajar en el tiempo: El pasado, que, mediante recuerdos, aunque solo los adultos son quienes poseen ese privilegio comparativo, pero basándose en algún código convencional o tradicional critican con o sin razón de causa moral, pero en la mayoría de los casos es con pérfida hipocresía, con el afán de causar algún tipo de daño moral o psicológico a la conducta de un adolescente. No sé si por envidia, frustración, nostalgia, impotencia, deseos reprimidos, etc., estos solapados jueces no viajan a su pasado para valorar o comprobar que, en relación a restricciones de esa etapa de sus vidas, la conducta de ellos, casi seguro, fue igual o peor que la del adolescente que ellos intentan mancillar.

Un extremo ejemplo de similitud y contrariedad: los hombres no critican ni se ofenden y hasta anhelan la posición del actor porno por la oportunidad de practicar sexo con múltiples mujeres. Las mujeres (motivadas por algún oscuro escudo de hipócrita sentido protector, de pudor o selector) con dramatismo critican, rechazan con actitud de desprecio, vergüenza y hasta con asco la vida profesional de la actriz porno. Mi mensaje no es pro sexo, es contra lo que equivocadamente condena y enmarca la acción sexual en la moral y psiquis de la mujer. Si una mujer prefiere no reprimir sus deseos y otra prefiere una vida recatada, eso es la libre elección de cada una y nadie, sociedad o personas, tiene el derecho de sentirse o creerse superior a otra mujer producto de su elección, manifestación o libertad sexual, y mucho menos referirse a otra mujer con expresiones típicas y gestos despectivos y/o socarrones con la intención de socavar su integridad.

CAPÍTULO V

Muchas parejas sobreviven a la crisis del aburrimiento matrimonial por amor, pero otras, la gran mayoría, por egoísmo, por tabú, por preceptos religiosos, por dependencia o conformidad sentimental, incluso por la más denigrantes de las opciones, por cuestión financiera han prescindido de lo que realmente nutre la felicidad: las emociones, y eso es el sexo... ¡emoción y placer! No es un secreto, todos sabemos que la acción sexual no es promovida ni ejecutada por sentimientos, sino que es impulsada por el natural instinto más primitivo, salvaje e incontrolable del género animal, y gracias a que el ser humano es el único animal que se masturba, posee esta condición u opción que no solo sirve para imaginar una fantasía sexual con quien y como desee, incluso también, positiva y oportunamente sirve para por medio de la autosatisfacción, principalmente para el varón, poder controlar la innata e insaciable agresividad sexual propia del reino animal, permitiéndole sin pugna ni conflicto, respetar las leyes que han sido establecidas para facilitar con decencia la convivencia en comunidad, bajo normas sociales, morales y de paz.

Considerando que el sexo está conceptuado por muchos profesionales de distintos sectores, como una natural necesidad fisiológica, es por lo que pido que, por favor alguien me explique lo amoral del sexo concebido por mutuo deseo, ya sea por placer o por necesidad. No siempre las decepciones nos asfixian con tristeza; también, y con más intensidad, nos deprime la falta de emociones. No sé si de los extremos liberales o de sexólogos, psicólogos o médicos proviene la conclusión de que, la necesidad sexual no difiere de otros menesteres físicos; por eso, al igual que muchos, creo que el placer sexual debe satisfacerse con la misma intensidad y consecuencias, con que manejamos la necesidad de deleitarnos con todo lo que nos provoca placer, por ejemplo: las ganas y derechos de consumir ese excelente manjar que sacia, tanto el deseo, como una necesidad física; la recreación de ese hermoso atardecer primaveral cuyo éxtasis, además del disfrute y paz espiritual, elimina ese dañino estrés para así beneficiar mental y físicamente. Y como tal y sin censura, todos debemos expresar, y a su vez aceptar de igual modo sin prejuicios cuando alguien, en público o privado, manifiesta su deleite, ya sea sexual o de cualquiera otra índole de satisfacción emocional y/o físico, porque el sexo además de ser una necesidad fisiológica, es la parte más esencial para satisfacer y equilibrar nuestro estado emocional durante el mayor tiempo de nuestra existencia. Cuando la emoción se convierte en ansias, y tanto sexo como nutrición quebrantan las reglas o normas, lo que ejecutamos puede ser tan voluptuoso, como asqueroso en ambos menesteres y estos breves pasajes quedan indelebles en nuestros recuerdos. El sexo es para gozarlo sin inhibición, sin límites, para que ambos practicantes puedan alcanzar absoluto éxtasis, por eso debemos respetar, y hasta admirar a los que sin prejuicios se desvinculan de ese déspota yugo, inicuamente impuesto por nuestros ancestros. Estos liberales, sin violar el marco legal, jurídico y moral que nos rige, ha demostrado que, con pudor, respeto social y con absoluta libertad, si existe decencia tanto en manifestación como en conducta, entonces hay concilio con el derecho de vivir según la condición natural.

A diferencia del amor, la emoción puede ser positiva o negativa, constructiva o destructiva en dependencia la satisfacción por interpretación o manifestación. El sexo puede estar vinculado con la moral a través del pudor, pero por ley social o religiosa jamás estará vinculado a la moral. No se dejen engañar, el sexo es tanto un derecho como una necesidad para hombres y mujeres, y el amor es solo «sentimiento» y por esa razón es vital que las parejas sepan definir y discernir sentimientos de emociones. Ejemplo: la persona que intensamente amo es mi esposa, pero en especiales ocasiones deseo frenéticamente en mi cama a la esposa de mi vecino y a esta despampanante vecina no la siento, ni la pienso, ni la sueño. ¡Solo eventualmente la puedo desear!

Desde un punto de vista no liberal, sino como ley natural y fisiológica, es preciso tener conciencia que, si ingerir alimentos es la principal acción nutricional, que obligadamente debemos realizarla para mantener eficiente nuestra salud corporal, también por igual condición genética y natural, el sexo es la principal acción emocional que nutre y fortalece la parte más fundamental de nuestro equilibrio espiritual, y de ambas prioridades, no debemos cohibirnos ni sentir vergüenza; al contrario, debemos exigir respeto y libertad, porque el sexo no es ni será jamás un crimen social ni una ofensa moral.

En tiempos muy remotos la Iglesia instituyó el matrimonio bajo leyes del cristianismo católico, aunque en un principio solo fue un privilegio para la clase social distinguida, siempre esa ley procedió para satisfacer al interés y decisión del hombre de, no solo elegir sin oposición, sino hasta por las fuerzas, tomar quien sería su esposa. Aunque tal vez nunca tuvo autoridad legal sobre el derecho de vida y muerte de su esposa si, apoyado y autorizado por la iglesia, sociedad y gobierno judicial, tuvo la facultad absoluta para disciplinarla con el método (hasta de brutalidad y salvajismo) que él estimara adecuado para corregir y castigar, sin importar ofensa o simple descuido, no lo limitaba en saciar su despreciable abuso y crueldad. No crean que en la actualidad la docilidad, magnificencia y grado de compasión del hombre es natural y espontánea, no, ha sido consecuencia de contantes y múltiples evoluciones que por siglos han venido modificando distintas civilizaciones, las cuales, con leyes y reformas jurídicas ha impuesto este raciocinio de conducta y tolerancia. En la actualidad el sentir machista, animal y prepotente del hombre continúa presente, pero por la evolución de los derechos legales, civiles y humanos que ha contemplado como un crimen este ancestral abuso, provoca el temor al castigo judicial, obligándolo a controlar sus instintos salvajes como también a dominar los deseos de educar a su esposa con un régimen de conducta sumisa. Partiendo de este logro civil y humano que liberó a la mujer de ese falaz y medieval concepto social, creo que, si nos empeñamos en demostrar que el sexo es una inherente y natural necesidad fisiológica, y se logra establecer la actividad sexual como derecho fundamental, que sin injerencia sentimental solo obedece a la satisfacción emocional, automáticamente se erradicaría la negativa connotación moral que (bajo un contexto de ética/social) solamente discrimina y margina a la mujer. Si con una connotación positiva se logra establecer que con iguales consecuencias y privilegios, tanto morales como sociales la actividad sexual sea considerada por igual en ambos sexo, estoy seguro que dentro de una sociedad civilizada, serían abolidos los estatutos que contemplan el divorcio por sexo extramarital, resultando esa acción legal que, ya sea por voluntad o conveniencia, significativamente elevaría el índice de matrimonios monógamos, debido a que el adulterio jamás volvería ser presentado como un crimen judicial u ofensa moral. Considero una burda discriminación que un Juez, condene a una mujer por ella haber satisfecho un derecho genético, que categóricamente responde a la ley instintiva de su naturaleza humana: Sexo. Esto sería igual de inverosímil que admitir y juzgar a una mujer porque un retrógrado, egoísta o vanidoso esposo la acuse por haberse puesto gorda, vieja, fea o por algo que de igual manera constituya en discriminación, como si esa condición natural fuese pecaminosa o criminal. Enfáticamente vuelvo a señalar que la exclusividad sexual, siempre deberá manejarse como un sagrado convenio de pareja, y por cuestión de honor y confianza ese acuerdo, jamás debe ser quebrantado por ambos cónyuges, de ser violado, el cónyuge ofensor estará abierto a tolerar sin prejuicios. Todos tenemos el derecho de divorciarnos cuando se nos plazca, pero no por despecho, intentando perjudicar la integridad de alguien, exponiendo como Ley la excusa de radicales, cínicos y superfluos argumentos ancestrales que provienen de rituales falócratas, los cuales fueron inventados y procesados con consecuencias pecaminosas, amorales y criminales. La acción sexual considerarla adulterio, para como móvil de ofensa juzgarla, es un proceso tan ridículo y ofensivo, como igual al disparate: La gula, también y dentro del mismo contexto, contemplada en la Biblia, en un tiempo la Gula fue castigada con igual rigor y ultraje que el adulterio o fornicación. Ahora bien: ¿Quién y por qué fue erradicado este delito o pecado? Para evitar la perpetuidad de alguna discriminación o ilegal marginación, si retrospectivamente, con honestidad y voluntad hacen un consciente y minucioso análisis, se encontrarán un sinfín de conflictos religiosos, raciales y políticos con aspectos sociales e individuales, que fueron acciones de repudio, desprecios, abusos e injusticias promovidas por reaccionarios y déspotas religiosos, reformas que dieron lugar a ilógicas e inhumanas prohibiciones, delitos, ofensas, etc., las cuales que hoy día, por reformas no divinas ni clerical sino por demandas civiles, han sido erradicadas y toleradas por su condición natural.

También la iglesia inventó (no sé con qué objetivo ético) un sinfín de pecados, de los cuales solo mencionaré los dos relacionados con el tema que abordo en mi libro: La discriminación y como ejemplo de comparación citaré estos dos, adulterio y gula. Bueno, la gula ya la Iglesia y las sociedades lo descontinuaron porque solo afecta el orgullo y las apariencias de cada individuo en particular. El ingerir alimentos y tener sexo no solo es la ley más natural y necesaria del ser humano, sino además de ser lo que con más placer y mayor necesidad se ejecuta, también son las únicas necesidades que por instinto el género animal, pelea y mata sin medir consecuencias ni riesgos, por fortuna para la convivencia en comunidad, ya el humano dejó atrás esa conducta salvaje y deshonrosa. Somos seres civilizados y con leyes honorables, pero al igual que muchas personas se privan de deleitarse con los manjares más deliciosos por una cuestión de estética, atendiendo al comportamiento de esta época vs el desequilibrio de como se ha manejado la ley desde el comienzo de los tiempos, creo que en relación al sexo las mujeres se reprimen o lo camuflan más por tabú que por pudor, que ironía, en relación a la gula las mujeres por una cuestión de vanidad relacionada con la estética, son las que se reprimen en disfrutar los mejores manjares alimenticios privándose de su absoluto derecho.

Aunque el sexo no es más que una acción, por experiencia sé que podemos catalogarlo en dos tipos: *sexo sublime* y *sexo salvaje*. No existe el *sexo malo*, el sexo siempre es fascinante cuando se hace con la persona que deseamos y sublime cuando se hace con la persona que amamos; sin embargo, debo admitir que existe como una regla exclusivamente «condicional», aunque en un porcentaje extremadamente ínfimo, el *sexo matrimonial* de las parejas puritanas y mojigatas, y este tipo de sexo que es una opción propia de ellos, si es pésimo y en ocasiones hasta repulsivo, pero esta definición o consecuencia sexual, solo es concebida cuando es analizada o imaginada por otros, y (los que disfrutan sin límites el sexo) desde afuera y no entre ellos, (los mojigatos) ya que no tienen la capacidad de valorar, por no tener las experiencias para comparar. La vida es muy corta y hay infinidad de cosas malas que debemos esquivar, como el sufrimiento, el tedio, etc., etc., que hacen la vida muy larga e insoportable. Pensando en el sexo aburrido de estas personas, prefiero la abstinencia.

Hay matrimonios que tal vez solo hayan tenido experiencias sexuales entre ellos, pero muchos poseen una capacidad imaginativa o creativa sorprendente, que para no involucrarse directamente la actividad del estilo Swinger, con ayuda de una atmósfera erótica, crean un escenario de lujuria que induce a una pareja a fantasear con alguna realidad deseada, que uno o ambos comparten, de tal forma bajo esta sub realidad, algunos al poder sofocar sus deseos en saciar su apetito reprimido, sin quebrantar la barrera del tabú, prefieren por reputación moral, esquivar su explosión sexual y subyacen en esa turbulencia que denomina fantasía sexual, que en realidad y en dependencia de la salud de su imaginación, no es más que la necesidad natural del deseo sexual. Otros menos moderados, buscan ampliar sus horizontes con las películas, o con experiencias obtenidas en conversaciones con sus amistades, o para variar la diversión erótica, introducen juguetes sexuales en sus actividades, pero de forma muy suya gozan a plenitud el momento con genuina satisfacción; estas parejas son felices porque no son agobiadas por el tedio. El sexo de los mojigatos no se debe a una condición mental o de malformación genética propia de ellos, tampoco es una limitación erótica o física, sino es el resultado de la desgracia o del infortunio de vivir marcados por ese conflicto ancestral, incluso por ser víctimas de sus creencias, costumbres y tabúes es por lo cual han estado auto marginados para incursionar en ese subyugante mundo sexual, que más allá del simple o normal orgasmo, provoca el éxtasis más elevado y placentero de la vida emocional.

En su significado gramatical fantasía es mentira, bagatela, por tanto fantasía sexual (y solo en la mujer quien por imposición y humillación es la única que padece de este síndrome, ya que el hombre sin prejuicios materializa sus deseos) no puede ser más que basura imaginativa, compuesta por la idealización de alegóricos elementos concebidos por la necesidad de vivir, o de liberar esos deseos reprimidos, causados por los prejuicios, la discriminación y el temor, cuyo único propósito es la auto satisfacción o recreación que el ocio facilita. A como yo interpreto: El término fantasía sexual, no es más que una excusa femenina o matrimonial, en justificar la materialización del más natural e inherente derecho fisiológico o biológico de la innata condición humana: la poligamia, lo cual y bajo este argumento, facilita la tolerancia varonil que impide conflicto morales o sentimentales en la relación de pareja. Para mí el deleite imaginativo o real de una escena sexual entre adultos del mismo u opuesto sexo, es "deseo, necesidad"; con menores es "perversión"; con animales es "aberración"; pero con un extraterrestre eso si es "fantasía", por tanto, creo que no hay que avergonzarse con exteriorizar o materializar el derecho natural, y mucho menos complicarse justificándolo con hipócritas excusas, los gais triunfaron, porque con orgullo vulneraron la implacabilidad de reaccionarios conservadores. Significo que los hombres no tienen fantasías sexuales ni padecen de ningún síntoma de culpabilidad o arrepentimiento, porque la limitación o facilidad sexual en el género masculino no está fundamentada en amor, honor, lealtad, preceptos sociales o morales, sino por la abundancia o escasez de oportunidades requeridas según demande la ocasión, o selectividad femenina, y no por el interés o deseos del hombre. Esta real verdad pone de manifiesto que la moral sexual no es más que una burda ofensa que, arbitrariamente fue impuesta al honor moral por nuestros falócratas ancestros, con el objetivo de humillar y discriminar a la mujer. Creo firmemente en el excesivo honor cuando, tanto hombres como mujeres, se mantengan íntegros por amor, por convicción, pero no por prejuicios, coacción o temor, porque la verdadera libertad y felicidad existe cuando, admitiendo sin censura la condición humana, reconocemos que la acción sexual no limita nuestros derechos civiles y legales; que no afecta nuestro principios sociales o personales, y tampoco degrada nuestro orgullo y valores, entonces siendo capaces de respetar y aceptar por voluntad, libertad y decisión espontánea, elegimos conciliarnos por amor y lealtad genuina, tanto con nuestro sentimientos como con el convenio de honor y moral que ambos cónyuges se deben sin reserva.

Aunque respeto lo que cada cual elija ser, siempre he creído que hay más nocividad en un conservador, debido a la radical intransigencia con quien no se ajusta a su realidad tradicional. Los liberales tienen la sabiduría de aceptar y la cortesía de respetar. Alguien que opte por la más estoica conducta conservadora, si con civismo posee un admirable equilibrio entre, la capacidad de aceptar y la decencia de respetar, entonces es liberal, porque no importa lo que alguien sea como individuo, sino lo grandioso está en que somos, representamos y como nos comportamos con una comunidad, por eso, siempre me he mantenido al margen de los consejeros, porque estoy convencido que, en la mayoría son personas de condiciones conservadoras, por no aceptar que todos tenemos el libre derecho de elegir, quien ser, acorde nuestro interés, y sin el más mínimo respeto nos abordan pretendiendo corregir a otros con comentarios, que aun esforzándose a que parezcan positivos, no dejan de ser una irrespetuosa insidia. Por experiencias he comprendido que, la magia de no estar envuelto en algún conflicto, no estriba en lo que dices o en cuanto callas, el secreto no solo está en no permitir que alguien nos comente algo, sino también en jamás acceder a escuchar insidias relacionadas con personas ajenas a nuestro interés. Si nos alejamos, como tampoco admitimos que lleguen a nosotros rumores y comentarios sobre personas que no nos incumben, esto resultaría que, debido al desconocimiento de cualquier asunto, con o sin intenciones; consientes o inconsciente, en ningún momento podríamos emitir alguna opinión o comentario sobre algo en cuestión que esté bajo juicio.

No debemos asumir que la dualidad de consecuencias acaecidas para bien o mal; para triunfo o fracaso; para gloria o infierno es ajeno a nuestra responsabilidad, y mucho menos que es un espectro que el azar designa para privar o premiar de la buena fortuna a una persona. Acorde a mis experiencias y creencias personal, todo evento o situación será resuelto o desarrollado dependiendo circunstancias e intereses, incluso las coincidencias podrían ser manipuladas a que concuerden con algún propósito; el azar es fortuito, no una disposición divina. Si queremos crecer y triunfar debemos reconocer que, sin importar la procedencia del problema siempre, directa o indirecta, estará involucrada nuestra responsabilidad, para así con consciencia de causa poder o saber corregir con imparcialidad nuestra conducta, debido que (si no es hoy será mañana; si no es uno será otro) estamos, ya sea por ambición o necesidad, imposibilitado a eludir esa ley natural de transitar hacia futuro y metas, porque siempre habrá algo o alguien que (ya sea por emoción o sentimientos) nos inspire o motive a evolucionar, crecer y cambiar, por ende, si entramos en conflicto con lo que creemos merecer y con lo que tenemos, es preciso no buscar excusas o culpabilidad en ese designado destino que asumimos como parte de nuestra hipotética aura mística, esotérica, metafísica, astrológica o como prefieran llamar a esa fantasía. Nuestra trayectoria no está predeterminada por suerte o designio divino, sino por acciones y reacciones, por eso con honestidad hay que aceptar la responsabilidad que en nosotros y por nosotros está el problema y solución de la negatividad que obstaculiza el camino que necesitamos recorrer, y así de ese civismo, brotará la humildad que sin conflictos nos permitirá buscar y obtener de nuestra conciencia, esa sabiduría que nos auto induzca ser mejor persona. Creo que aunque diseñada para ascender, acorde la individual necesidad y posibilidad, la vida posee una infinita variedad de facetas que, en consecuencia al libre albedrío, las opciones siempre serán de elección personal, pero por variedad de caracteres, muchos, por codicia y vanidad, al convertirla en mezquina competencia, la vida en su misericordiosa sabiduría de imparcialidad, benevolencia y generosidad pone a disposición de todos, y con iguales requisitos, todas sus sendas, pero los resultados solo dependerán de la capacidad de afrontar esa dualidad, entre la integridad de nuestra voluntad al aceptar, como la nobleza de nuestra actitud al rechazar. De la equidad entre el positivismo y serenidad emocional, como de la firmeza y compatibilidad moral, nacerá el congruente balance que pondrá el universo en armonía, con la vida que en correspondencia de posibilidades y oportunidades elegimos recorrer, no confundamos con el objetivo de excusar, podemos tener muchas o pocas opciones, la grandeza del honor consiste en la intención y agradecimiento de aceptar. Todos los caminos están ahí a disposición de todos, pero si es un mito que existen caminos fáciles o difíciles; buenos o malos, también es cierto que inconsciente o involuntario el camino puede ser personalizado, situación que acorde honor y moral; premeditación e intención determinará el uso que daremos a conocimientos y habilidades y esta condición si será quien defina la calidad del recorrido.

CAPÍTULO VI

La generación de hoy está creciendo sin inhibiciones, sin límites, sin perjuicios; bajo la influencia de una civilización que progresa demandando derechos y respeto con equidad; de una época que favorece a los distintos movimientos que luchan en pro de una moral con absoluta libertad e igualdad. El concepto de moral que nuestros hijos transmitirán a nuestros nietos, será totalmente contrario al de nuestros abuelos, por eso en comparación con la de nuestros ancestros, en la sociedad actual es notorio el cívico y audaz método de evolución para superar tabúes y discriminación. Por mencionar uno de los múltiples movimientos, (aun todavía siendo prematuro) a pesar que en la esfera política aún le queda esta pujante batalla por ganar, ya podemos asegurar que los homosexuales triunfaron social y legalmente. Esto significa que la excesiva idealización de reglas, leyes y límites matrimoniales en relación con todos esos conceptos aberrados o contraproducentes de nuestros antepasados, caducarán o desaparecerán porque discriminan y privan del libre derecho de la elección. Por siglos el grupo más marginado, perseguido y despreciado fue el gay. La comunidad gay es el grupo más pequeño, más discriminado y con menos autoridad, y no obstante a su tenacidad y sus logros, su preferencia sexual todavía no es muy aceptada universalmente, pero creo que sí muy respetada, y hasta en algunas circunstancias yo diría que temida, por la acción de cómo ellos hacen valer su posición. El éxito de los gais consiste en que no sienten vergüenza de su elección, derechos, deseos y libertad sexual. Aunque muchos expresen que no es biológicamente aceptable, ellos han hecho reconocer por su auténtico sentir, que su preferencia sexual es tan natural como incuestionable. Con su actitud y/o posición esta comunidad ha demostrado que la orientación sexual de alguien no afecta ni se vincula con la moral social ni individual, incluso, para estar al nivel de la época actual, a modo de demanda resarcibles, exponen que ha sido un grave error y ofensa el ensañado y criminal método con que, tanto gobiernos como la iglesia, han perseguido y castigado en épocas pasadas a estas personas.

Es sabido que con el progreso o desarrollo de cada generación también viene implícita la temprana libertad y experiencia sexual de nuestros hijos, y por la mojigatería, tabúes o prejuicios de la mayoría de los padres, hasta sea han auto vetado de interactuar con sus hijos en el importante tema de la responsabilidad y las consecuencias del sexo, orientándoles sobre el responsable y objetivo de riesgos y prevención de enfermedades y embarazos prematuros; todos los pros y contras de las relaciones sexuales en las cuales sus hijos puedan involucrarse. No sé cómo definir o calificar el modo tan hipócrita y mojigato con que la mayoría de los padres se parapetan y cohíben esquivando abordar con sus hijas el trivial tema relacionado con el sexo, dando a demostrar que su niña, que ya es una adolescente, al ser diferentes a las otras, no necesita de esas instrucciones. Por esta razón los educadores, los amigos y hasta incluso los vecinos están más cerca y conocen mejor a los hijos que muchos padres. La ley o el instinto más natural e inherente en todas las especies vivientes es la necesidad sexual y en la adolescencia es cuando dicha actividad está en estado de ebullición hormonal. Hablar y aconsejar a un hijo o hija es obligación de ambos padres: papá e hija, mamá e hijo, además de ser correcto es un vínculo de plena confianza. Del modo tan civilizado y rápido con que hoy día progresa la humanidad, visualizo lo grandioso que será la generación de mis nietos y bisnietos en relación con la comunicación y educación sexual entre ellos con sus hijos.

En ocasiones pienso cuán brillante es esa propuesta o idea que he escuchado acerca de que los padres deben de asistir a las clases de orientación sexual con sus hijos, para que aprendan cómo educarlos y ayudarlos. Yo imagino a mis nietos educando a sus hijos libres de esa mojigatería, vergüenza y prejuicios. Por eso, y por el bienestar de esta y de futuras generaciones, todos debemos conceptuar como el logro más grandioso esa inteligente propuesta, como también la sabia aprobación (podemos garantizar que esto es un triunfo de los liberales) que ni es obscena ni nociva la posición que ha optado hoy en día la sociedad y el sistema escolar: En vez de taparles los ojos y los oídos a los «niños», ha creado aulas, clases, programas donde se dan conferencias sobre sexo para educar a niños que saliendo de la pubertad entran en la etapa adolescente. No obstante, a la agresiva guerra contra los prejuicios y al gran avance en la educación sexual, todavía todo lo relacionado con sexo está acorralado por tabúes, y esa reacción es tan sorprendente como inexplicable en la forma tan contradictoria que se identifica con esta civilización, cómo también las personas se sienten ofendidas y reaccionan ante la palabra «sexo». Es sabido por todos que fuera de estos espacios o lugares educativos, cuando alguien habla de sexo a un grupo de personas adultas, el tema es considerado ofensivo, obsceno, grosero; o de lo contrario, restándole importancia o seriedad, es manipulado en forma de comedia, burla o chiste. Si la audiencia es un público de personas adolescentes menores de dieciocho años, el emisor, atrapado en un conflicto de moral arcaica la cual no se conjuga con el comportamiento ni valores o demandas de esta época, puede incurrir hasta en un delito penado.

Con permiso de los profesionales en este sector, tocaré un tema del cual no poseo un acertado conocimiento ni autoridad, pero como padre de cuatros varones, por experiencias fundamento mi opinión en ese sentir. La autoridad me la otorga mi responsabilidad e instinto paterno, el cual me induce a creer que un menor de doce años solo está biológica y emocionalmente capacitado para estudios y los pertinentes juegos para su entretenimiento acorde a su inmadurez y entorno.

Bajo un contexto de sabiduría algunos afirman que lo mejor y peor con que la naturaleza premió al ser humano es la lengua.

Yo creo que de igual modo y no bajo alusión de placer y necesidad, el sexo puede ser mucho más nocivo que placentero si no es bien orientado cuando aparece prematuramente en niños menores de doce años; todo en la vida tiene su lugar y momento. Digo esto porque yo he conocido padres y madres que, unos con moderación, otros hasta con cinismo, celebran como un don de extrema virilidad el temprano despertar del instinto sexual en sus hijos varones, pero cuando se presentan estas manifestaciones en las hembras, se intentan reprimir con drásticos castigos y en ocasiones hasta con golpes. ¿Qué tipo de psicología es esta? ¿Cuál es el nivel de honestidad en este comportamiento? ¿Esta represión moralmente estará vinculada al honor o a la discriminación? Entonces ¿A qué educamos y obligamos a la hembra desde que nace? ¿Realmente eso es pudor? Para mí eso es la más cruel discriminación porque egoístamente incita a satisfacer el cinismo, la vanidad y aberrado ego de sus padres. Considerando que la prohibición es la madre de la curiosidad y los retos, creo que es mejor optar por ignorar para que ese niño olvide o desista de algo que ni biológica ni psíquicamente está apto. De insistir su precocidad, entonces es meritoria y necesaria la intervención del profesional indicado para evitar o corregir a tiempo una adicción al sexo, porque sabiendo que el sexo es la cúspide del placer, esta conducta no solo tronchará la posibilidad de un futuro brillante, sino puede hasta degenerar en una formación moral deshonrosa e incluso criminal.

Al igual que a muchas personas, me sorprende la aceptación y el uso explícito de temas de drogas, violencia y la significativa censura de temas sexuales en la televisión y en el cine. A un ser humano menor de veintiún años se le prohíbe ver una película «X»; sin embargo, desde muy niño tiene acceso a temas explícitos sobre violencia, drogas, conocimientos sobre los beneficios y poder implícitos en la vida corrupta de un mafioso, etc., no obstante, las relaciones sexuales son inherentes a nuestras vidas y evolución; son legales, normales, saludables, necesarias y hasta obligatorias física y socialmente. Incluso en la actualidad hasta una manifestación de sexo homosexual no es considerada inmoral ni ilegal. Por el contrario, creo que todo tema con un contexto de drogas y violencias sí es inmoral, nocivo y altamente peligroso para la educación y desarrollo social y emocional de niños y adolescentes; por consiguiente, considero que este tema debe ser mucho más censurado y prohibido para menores de veintiún años por la influencia negativa y criminal que puede afectar en sus ambiciones y formación tanto moral como social. Todo aquel que valore la dedicación y preocupación de nuestros ancestros de buscar y establecer un honorable patrón de conducta mediante a una ley o un código moral y social, sabrá que si este tipo de corrupción, violencia y maldad que generan las drogas, si se hubiese conocido la influencia tóxica de este cáncer social, desde tiempos de Moisés o de los distintos profetas y apóstoles que Dios escogió para traernos su sagrado mensaje, incluso en el principio o final cuando la iglesia a través de esos eruditos teólogos católicos trillaban las escrituras para confeccionar la Biblia, del mismo modo que inventaron ridiculeces como: la fornicación, la holgazanería, la gula, etc., para cometer horrendos crímenes, podrían haberse inventado una disposición divina que hiciera referencia directa a las drogas. Acorde a una posible opinión y teoría pastoral, hubiese sido lógica la existencia del onceavo «mandamiento» con el propósito de perseguir y condenar esta actividad criminal. De lo contrario, (asumiendo el probable sarcasmo de los no creyentes) de haberse mantenido solo la opción de diez mandamientos, entonces no hubiese existido el mandamiento «No fornicarás», ya que estos apóstoles o profetas en nombre de su Dios, antes de ir tras de fornicadores, se habrían preocupado mucho más por perseguir, cazar y castigar a estos «cánceres sociales», debido que la distribución de sustancias alucinógenas es cometer crímenes contra la humanidad, porque esa adicción destruye la integridad moral de nuestros hijos. No olvidemos que, hasta un pasado muy reciente, los Gobiernos y las iglesias con alevosa cacería fueron detrás de personas inofensivas por el simple hecho de ser promiscuos heterosexuales, homosexuales, prostitutas, bígamos y/o adúlteros para castigarlos con siniestra saña, sin embargo hoy día está erradicada esa insana persecución por conceptuarse discriminatoria y que no afecta ni altera la moral social ni personal, pero creo que esa energía de castigar al pecado o el mal, no debe desecharse, sino usarla para combatir las drogas.

Lo más destructivo y peligroso en la vida de un ser humano es no saber controlar las emociones, porque cuando se ha elegido a la persona incorrecta y además existe una inapropiada y total entrega, en la mayoría de las ocasiones la imprudencia conduce, en aquellos de carácter débil, sin medir consecuencias a establecer turbulentas e infructuosas relaciones con quienes sin escrúpulos les arrebatan todo el amor y la dignidad; con esas que acaparando todo el amor para sí, no dejan que otros puedan separar espacios sentimental para amar a terceros, incluso absorben la sagrada porción de amor que a padres e hijos se le deben por ley natural. El amor jamás dejará de fluir, pero si puede ser monopolizado por algún perverso calculador, por eso en la juventud muchos hombres y mujeres que sucumben ante la belleza humana, intensamente se aferran a malsanas relaciones involucrándose con la misma tenacidad y lujuria como si fuese la primera o la última, hasta que grotescamente el deseo es saciado y agotado por el abuso. Metafóricamente, en nombre de un novelesco y falso amor, con la misma chabacana e inmunda dramatización cohabitan en un bajareque como si fuese una mansión de lujo, proyectándose con una conducta desvergonzada, ridícula e irrespetuosa. En la mayoría de estos casos, la rebeldía y el desafío en estos adolescentes, quizás obedece a la falta de ayuda o asesoramiento o por la ausencia de uno o ambos padres. Estos jóvenes están tan absortos con sus conductas excéntricas, escandalosas y hasta obscenas que no se percatan de que están desaprovechando o malgastando los mejores momentos de sus vidas: la etapa donde se crean las bases para el futuro. La juventud acaba y con ella los atributos y oportunidades propios de esa etapa. A mi criterio, la mayoría de estos jóvenes viven y mueren sin encontrar el amor. Unos, porque la desvergüenza, las enfermedades, el vicio, la destrucción físico y moral los ha marginado de la sociedad y hasta incluso de la vida; para este grupo el amor es una alucinación, un espejismo. Otros, un segundo grupo, por vanidad, prejuicios o por estimar que todavía no era el momento indicado; por su conducta lasciva y su exacerbada rebeldía ahuyentaron al que pudo haber sido «el elegido». La mayoría o todos los de este segundo grupo logran establecerse con dignidad y respeto en la sociedad, y crean una familia, en algunas ocasiones, con mucha unión y amor, sin embargo, alegan que el amor conyugal, como un sentimiento puro y absoluto, no existe; que es una unión cuyo afecto y cariño tiene, con el más bello y noble sentido, una base de sexo y dinero. También conceptúan al amor como una ilusión relativa cuyo valor comercial fluctúa entre recompensas o gratitud; como si el matrimonio respondiera a un diagrama emocional o de carácter social que solo trasciende en una relación de intercambio de intereses y beneficios mutuos; como una pasión que evoluciona con efímeras y distintas características temporales que aparecen y se esfuman de acuerdo con la edad y con cada etapa de la vida humana. Para estas personas todo se mueve y se logra basándose en expectativas, y miden la vida y su entorno con precisos y fríos cálculos. Para ellos, (sin alterar el resultado visualizado para alcanzar sus metas) debido a la necesitad de sosegar sus distintos intereses y apetitos, sí puede ser lógica o aceptable la definición que existen varios y diferentes tipos de amor, y en esta variedad y diferencia se encuentra esa relación que conforma la unión de pareja, denominada por ellos como: ilusión, sensación y atracción. Atendiendo el valor y la consagración que inspira y se le debe a la mujer, lo cual para este tipo de persona es algo relativo y trivial, es la razón por la que opino que estas personas que conciben todas las relaciones (amistad o matrimonio) bajo un contexto mercantil, ante una situación (tanto adversa como desfavorable) que afecte o cambie la rutina de sus vidas, no solo pueden desprenderse con facilidad y satisfacción de un matrimonio, sino, producto de su conducta egoísta y ventajista, creo que son capaces de lograr sin algún remordimiento, desvincularse de sus sentimientos filiales y paternos, si llegasen a ser víctima de cualquier situación de presión emocional y financiera.

Ahora recuerdo, no sé por qué, una entrevista que se le hizo al cantante José Luis Rodríguez, «El Puma», refiriéndose a los dones del hombre que le garantizan una eminente conquista. Él dijo algo así, si mal no recuerdo: «Cartera mata galán, fama mata a cartera», yo creo que cartera mata todo por el poder, respeto implícito, pero para este hombre que con significada connotación la vida ha dotado de galantería, dinero y fama, para muchos debe saber con exactitud de lo que habla, pero después de muchas meditaciones yo he llegado a la conclusión que sus múltiples experiencias solo pueden fundamentarse en una razón relativa, lo cual no quebranta ni resta prestigio a mi teoría. Estos tres factores con los que él fue bendecido, influyen y, cegados por las distintas emociones, hasta determinan en la competencia y en la conquista; sin embargo, estas emociones no garantizan el amor. La mujer solamente cederá por vanidad, poder, fama e interés. Lo que fluya de este tipo de relación solo dependerá de lo que el privilegiado por la vida (él o ella) sea capaz de obsequiar. Yo creo en el amor y se cuán solidaria, íntegra y especial es la pareja que se forma y goza de los privilegios que se desprenden del amor.

También recuerdo otro experimento que El Puma en su juventud, estando en la cúspide de su carrera realizó: En cierta ocasión, tal vez con el propósito de demostrar que la apariencia y la fama; el dinero y una posición poderosa es lo que lo establece todo en la vida, disfrazado de indigente, pero acompañado de su talento y una guitarra, se paseó tocando y cantando por una muy concurrida plaza en Venezuela, y no obstante de su esfuerzo por brillar, pasó inadvertido a pesar que su disfraz no ocultó su físico y grandiosa voz. Limpio o sucio; rico o pobre era el mismo galán. Moraleja, no importa si alguien hace excelente algo, lo que importa más que la fama, es el dinero que acompaña esa acción, aunque el resultado de lo que se esté haciendo sea pésimo.

CAPÍTULO VII

Antaño la esposa estaba para servir en el hogar, criar a los hijos y atender al esposo, incluso estaba obligada a soportar todo tipo de abuso físico, emocional y psicológico; aceptar que su esposo tuviera sexo fuera del hogar, y hasta incluso otra familia. Hubo una época en que la mujer estuvo privada hasta del derecho de estudiar, pero creo estar seguro que, debido al desarrollo, a las exigencias de la evolución y el costo de la vida, se logró la emancipación e igualdad social y laboral de la mujer, con el propósito de ayudar y apoyar al cónyuge en el sostén del hogar, pero para mantenerla esclavizada al mismo patrón sexual que siempre se le había subyugado, entonces al hombre se le privó (con un simbolismo legal, no moral) de la prebenda sexual que orgullosa y deliberadamente ostentaba: «Sexo libre y sin límites». Aunque sabemos que, si hoy en día la promiscuidad o el adulterio son sancionados por un Tribunal Civil, moralmente en nada afecta la dignidad de los hombres. He aquí donde no entiendo a la mujer, pues al igual que los hombres, son capaces de reconocer como mérito varonil al adúltero, y recriminan con alevosa saña a la adúltera. ¡Mujeres! No, no se ataquen, sean solidarias y busquen equilibrar social y moralmente el estatus sexual, y así cada cónyuge sabrá lo que recibirá acorde a sus actos. No es necesario por despecho (para los padres) ni justo (por los hijos) el divorcio por sexo extramarital. Por fortuna para los que se aman (amor es perdón, perdón es el resultado más sabio, y con las consecuencias más nobles) incluso, solicitada por Cristo existe la ley del Talión: «Castigo idéntico al delito» y si esta ley se convierte en una condición matrimonial, no habrá algo parecido o comparable que posea más honor, equilibrio y justeza. No teman, estudios exponen que, aun el hombre mostrándose más arrogante y seguro, además de ser quien más pierde en un divorcio, por ser más vanidoso, es más vulnerable. Además de reconocer y aceptar que la libertad y acción sexual es de condición natural, también aseveran que cuando hay amor, con una sofisticada terapia, el hombre puede convertirse más complaciente y tolerante que la mujer, aunque ceder y asumir esta conducta, no significa resignación o vulnerabilidad, sino es equivalente a la paz que sucede por la liberación del egoísmo y perjurio; del desprendimiento de los celos y la vanidad; de la espontánea y regocijante satisfacción que obedece a esa reciprocidad que solo puede ser inspirada y ejecutada por amor y el respeto.

Es preciso finalizar esta etapa de sexo vs conflictos legales y comenzar, aunque sea experimental, un ciclo de sexo vs. sexo, para que por igual ambos cónyuges puedan tener la libertad de decidir (por la versatilidad del raciocinio) si serán monógamos o polígamos sin censura, digo esto porque en el resto de los animales, la actividad sexual es instintiva y oscila dependiendo de la especie, como: casuales, promiscua y permanente, en humano también están las tres categorías, pero son opcionales y en correspondencia a deseos y a la integridad de valores. Considero reaccionaria esa ley que castiga por tener sexo fuera del matrimonio, debido a que alguien no debe ser copropietario de las emociones y deseos de otros, y mucho menos tener poder judicial, para limitar o privar a un ser de materializar sus gustos y deseos naturales. Además, el 95% de estos juicios son demandas oportunistas, mezquinas y de ultrajes financieros, en donde las ofensas sentimentales o morales son compensadas con dinero. ¡Qué vileza! Incluso es imposible afirmar que el cónyuge demandado, condenado y despojado de sus bienes por haber sido sorprendido infraganti cometiendo cualquier faceta de la infidelidad, sea el único o el primero que cometió adulterio en ese disfuncional matrimonio. Es más, estoy convencido por pruebas fehacientes, en eventos similares, pero en parejas consagradas por el amor, que a diferencia de ellos, cuando por causa de la ofensa se antepone el despecho, por una mal denominada y promovida "venganza por traición", se llega al extremo con esos mezquinos conflictos de litigios legales, incluso tomando con fundamento la realidad del desarrollo y desenlace de estos casos, es lógico que podamos presumir la posibilidad de premeditación en que el 80% de estos casos, uno de los cónyuges, en alerta, ya estaba como buitre carroñero al acecho de una oportunidad para sacar ventaja financiera, sin embargo, significo que frente a estos eventos relacionado con la ruptura matrimonial, sin importar porqué, cómo o quién lo provocó, podemos nuevamente valorar, no como un síntoma, sino un código o la verdadera naturaleza de la conducta enfermiza y corrupta del hombre que, en ocasiones sin importar que sea liberal o conservador, inconscientemente la excesiva valoración a sí mismo, lo impulsa sin fundamentos a socavar los derechos de la mujer, cuando cegado por la soberbia, venganza y el egoísmo, como también absorto por esa cultura retrógrada; por esa absurda y mal atribuida ley o idea de supremacía falócrata, con todo tipo de ilógicos y discriminatorios argumentos intenta despojar de todos los derechos y bienes materiales que legal y moralmente les pertenecen a su exesposa y madre de sus hijos. Estoy convencido de los positivos beneficios del oportuno divorcio pero, apoyándome en esa absoluta transición de igualdad, respeto y derechos que esta época, por equidad del equilibrio moral y legal está imponiendo, es necesaria la desinhibición de ese desbalance y tabú sexual que causa conflicto, y atendiendo el comportamiento en general, creo que la desintegración de la familia, solo debe tener lugar cuando la motivación es por desamor e incompatibilidad de caracteres o de principios, porque la ley del adulterio solo es justificable si el cónyuge ofendido es cabalmente íntegro, o si en el ofensor, la acción está en contubernio con algún plan de malsana intención. Estoy muy seguro que no existe tolerancia ni humillación en mi modo de observar y concebir los derechos morales y legales de ambos géneros, todo lo contrario, con estricto orgullo significo que en mi manifiesto hay más honestidad que imparcialidad; más justicia que derechos. Mi fuente de inspiración es en consecuencia del honor, respeto y amor que, por su espontánea abnegación, por igual les debo tanto a mi madre como a mi amada esposa, y si ahora, en el ocaso de mi vida, por experiencias he adquirido este estado de conciencia, la divulgación de mi sentir ha sido provocado por comprender la infundada discriminación ética y social que, sin la menor pizca de vínculo en algún aspecto moral, desde la cuna se inculca a menospreciar y menoscabar la libertad sexual. No con esto sugiero que se debe educar en sentido contrario o tolerante, porque estoy consciente que si no hay vínculo entre moral y sexo, la monogamia si está muy relacionada con la lealtad con que cada cónyuge debe honrar su convenio marital, y esta lealtad es ajena a preceptos sociales, judiciales o de cualquier índole de patrones comunales y personales, por ende se debe extirpar desde la raíz, el control, la influencia perjudicial que envilece la libertad del derecho sexual, tanto social como judicial, aunque, por derechos o elección personal, se dejen los tabúes a la libre opción que cada pareja los aplique en sus contratos, acorde particular conveniencias.

Creo que, por el bienestar y la solidez familiar, el matrimonio debe ser para siempre; disfrutar tanto en la juventud como en la vejez de esa maravillosa y hasta sagrada unión. Creo que no existe nada más sublime y hermoso en una pareja que esa espontánea lealtad que con satisfacción genuina conlleva que ambos sean monógamos, pero, en esas parejas que mora el amor, si se corre el riesgo de pasar por algún momento difícil, perturbador, peligroso, es preciso buscar nuevas alternativas, aunque sea innovar alguna fantasía. Existen múltiples terapias que no violan la privacidad ni la integridad del matrimonio tradicional, incluso, muchas diversiones, aunque pueden considerarse de un contexto público, no están dentro del convenio *swinger*. Cuando y sin importar la complejidad en los problemas matrimoniales, si aún hay reciprocidad sentimental, la primera consulta debe ser con un sexólogo y luego después, si es necesario, el psicólogo. Una vez agotados intentos y recursos, si no existe la posibilidad del reconcilio sentimental, entonces la consulta es obligatoria con el abogado.

La integridad convencional o reglas del matrimonio están concebidas bajo preceptos religiosos y arcaicos, apoyados en leyes cuya ética es obsoleta y egoísta, que violan los derechos del libre albedrío y la verdadera constitución humana. Debido a que la mayoría han sido enfocadas por las normas de épocas radicales con fundamentos falócratas, las cuales (para fortuna de los devotos creyentes, producto a la constante modificación social, las iglesias para no colapsar, presionada a recapitular su original doctrina y leyes, resultó en esta nueva política para el beneficio cristiano) bajo todo tipo de consecuencias por aplicación, conmoción e interpretación están fuera, hasta de un razonable contexto de la original Ley y mensaje bíblico, porque en relación al lugar social de la mujer y la concepción del matrimonio, la dinámica de la intención y ejecución no es ni 50 porciento congruente en ninguno en los evangelios, ni tampoco compatible con los derechos civiles y humanos que por naturaleza son inherentes. La religión y la sociedad se identificaban en el pasado de un modo muy diferente a como actualmente se manifiestan cada una, pues a medida que la ciencia progresa en bien de la humanidad, a la religión se le hace más imposible sostener o convencer con sus argumentos falaces, por eso, la religión casi en sus estertores y sin autoridad, el progreso de cada civilización la obliga a estar en constante evolución y modificación a modo de subsistir. Al valorar la postura y ética de las Iglesias, creo firmemente que a través de los tiempos, el idealismo o fanatismo religioso o cristiano, ha sido la causa más negativa y destructiva vinculada con el progreso en la historia humana, porque aún incluso, sin necesidad de profundizar en un análisis sobre los aspectos más éticos, sugestivos y refinados de la doctrina que ellos, desde antaño han promulgado hasta nuestros días, notamos que la mezquindad de su conducta converge en inmoralidad, cuando escrupulosamente emplean métodos criminales que promueve la ambición más vil de las miserias humana: el enriquecimiento a expensa de cualquier costo.

La Iglesia apoyada en la desorientación y conflictividad de un irracional libro: La Biblia, además de haber frenado el progreso científico y la libertad social, acorde la supuesta ley de Dios, con más ahínco se ha empeñado en estructurar un nivel social que, más que victimizar ultraja los valores y derechos del humano, principalmente de la mujer, cuando por siglos la han sometido a injustificables limitaciones y prohibiciones que, en ocasiones para socavar o disciplinar al género femenino, como escarmiento purificador y experimental era sometida a torturas por pervertidos y fundamentalistas sacerdotes. De ser cierto la existencia de Dios y que la Biblia es el código de leyes que todos debemos cumplir, entonces la mujer, no será digna de su reino, por no asumir con obediencia y placer la conducta que sabiamente él, en su infinita misericordia, dispuso para ella, porque la conducta y postura de la mujer actual, no solo es de total desobediencia, incluso puede interpretarse como un reto o insulto a la Ley de Dios. Recordemos que la reforma no proviene de la benevolencia de Dios, si no fue conformada por la fusión entre la equidad y justicia de honorable hombres que, aunque poco a poco y a conveniencia de hombres corruptos, se logró reformar la ley católica, por eso debido al costo y olvido de las consecuencias en alcanzar las libertades y derechos que social y legalmente hoy asisten a la mujer, me pregunto ¿Por qué no se rebela contra el machismo y la iglesia? Considero esa solidaridad y simpatía de ellas con la religión, como una descompensada hipocresía e ironía, la cual acepta y justifica el machismo y al crimen religioso como un adoctrinamiento que la induce a negar su condición y real valor, porque cuando un pueblo se levanta contra la injusticia y arbitrariedad de un dictador, sus colaborante son castigados y su ideología es extirpada, pero mi condición de ateo me inclina a creer que: A pesar de la saña, conocida por todos, de cómo la mujer por siglo ha sido maltratada, discriminada y repudiada por distintas instituciones y civilizaciones falócratas, a mi criterio, solo puede traducirse, con que argumento ese arrogante machismo ha podido triunfar en la psiquis, logrando imponerse y tratando de dominar, para encontrar fuerza y base que le facilite ocultar a esa ancestral fobia que muchos hombres pueden sentir, ante la posibilidad de un equilibrio social, legal y moral que pudiese proyectar o legitimar la fuerza, grandeza e inteligencia natural que intelectual y virtuosamente a la mujer asiste.

Para la Iglesia, el pecado no difiere entre acción y deseo, sin embargo, en lo que respecta limitación y moral sexual en el pasado, presente y quizás hasta en un futuro muy cercano, sin excepción de escenarios, solo esta ley atañe a la mujer. Antaño se castigaba con torturas hasta la muerte, a la mujer que fuese acusada por desear al hombre ajeno, y esto ha sido el ultraje más vil a que la mujer ha sido sometida, pues considerando que hasta hoy, a pesar del sofisticado avance científico, es imposible conocer lo que alberga la mente humana, entonces más que ilógico, es indigno suponer que en el pasado alguien se hubiese atribuido la facultad de poder saber o adivinar lo que deseaba, imaginaba o pensaba una mujer, para con razón de causa, castigarla o torturarla hasta morir, y peor aún, como si hubiese ejecutado dicha acción.

Para que los hombres, incluso mujeres, puedan comprender mi mensaje, los exhorto a que, despojándose de hipocresías, tabúes y perjuicios, con la más excelsa honestidad, no por compasión, sino por empatía, aunque sea un breve momento asuman y viajen en la historia a través de su imaginación, y citando o visualizando un ejemplo de adulterio (definición para con discriminación convertir el derecho sexual femenil en ofensa punible) se trasladen solo hasta el siglo XVII, para con razón de causa puedan valorar y experimentar, (sin importar que la mujer en cuestión fuera o no fuera culpable) poniéndose en el lugar de ese desesperado hombre puedan sentir la angustia cuando, bajo la más desquiciante impotencia, observaba, aún viva, ardiendo en fuego a su hija, a su mamá, a su hermana, a su nieta o a hasta una inocente esposa, porque considerando lo extremadamente radical, austera, estricta y supersticiosa que fue y cómo se regían esas épocas, sin temor a equivocarnos podemos asegurar que el 99% eran mujeres inocentes, víctimas de infames calumnias, venganzas o incluso para por medio del terror, un grupo de criminales alcanzar poder gubernamental. Aun no entiendo cómo es posible que la Iglesia continúe predicando amor y compasión, cuando aún se siente el calor y olor de la sangre en sus manos, y la cruel ignominia con que victimaron en nombre de Dios a la dignidad de la mujer.

A través de la historia, la privación más bochornosa, déspota y lacerante concebida, ha sido impuesta por culturas falócratas que, apoyadas por metodologías bárbaras, principalmente esa de inconcebibles reglas redactadas en el manual de la religión Judea-cristianas, las cuales sirvieron para someter y victimizar la mujer que privándola de todos sus derechos humanos, incluso emocionales y sentimentales, la sumieron en la más degradante ignorancia y la inferioridad social, hasta con brutales maltratos físicos y morales en el pasado se le vetó de la posibilidad de integrar todo círculo social de carácter educativo, político y religioso, incluso el hecho más ofensivo e importante de discriminación a la mujer, ha sido el significativo y abierto menosprecio con que la iglesia la marginó de decisión y hasta la más mínima autoridad en su propio seno familiar.

La iglesia en su afán de absoluto poder no solo cometió crimen, también sacrilegio cultural contra el patrimonio universal, al destruir todo lo que pudiese representar oposición a su ideología, tal vez, a causa de su enfermiza ambición de poder, para dar credibilidad y autenticidad a la fantasiosa religión judeo-cristiana, y a su vez intentando evitar el conocimiento que la Biblia fue conformada fragmentaria y convenientemente, que incluso, para trillar los textos y evangelios en beneficios del poder clérigo, se desencadenó una feroz y sangrienta cacería que perduró siglos buscando y destruyendo todo tipo de prueba y documentos que contradijera su base. Este conocimiento de la verdad sobre la selección evangélica, pone muy en duda el origen y autenticidad de divinidad, credibilidad e integridad del libro sagrado, porque ponen en duda la sabiduría y autoridad de Dios, cuando criminales sacerdotes son capaces de decidir o elegir en lo dispuesto por Ley de Dios, que es bueno o malo para los humanos. Gracias a que muchos evangelistas, antes de entregar sus documentos prefirieron esconderlos y ser quemados vivos o morir bajo de las más terribles torturas, es que hoy tenemos conocimiento de lo distinto que hubiesen sido las reglas, leyes y predicación de la doctrina cristiana si su libro guía se hubiese conformado acorde la original predicación, incluso de cuan grandioso seria el estandarte que simbolizaría a la mujer dentro de la iglesia Católica, porque muchos eruditos intuyen que María Magdalena no solo fue en el gabinete de Cristo su lugar teniente, sino por voluntad, interés de Cristo o de Dios era la persona quien debía liderar y presidir en la continuación del cristianismo. Yo creo que la mujer con el solo derecho de haber tenido acceso a la educación, a desarrollar su potencial intelectual y ostentar con autoridad su lugar social, el mundo hubiese sido muy distinto.

En el transcurso de mi vida, las personas, hombres y mujeres con la conducta lasciva más inmunda, los oportunistas más abusadores, circunstanciales, falsos, volubles, mentirosos, ventajistas, posesivos, criticones, socarrones, etc., etc., que yo he conocido, ya por trato directo o por anécdotas, han sido los autollamados cristianos o religiosos; en este punto por favor SILENCIO, no soy yo desacreditando con suposiciones, la historia está al alcance de todos, y la facilidad de obtener este conocimiento, nos promueve a impugnar a esta saga cristiana, para que no continúe intentando perpetuar su deshonesta e inmoral fantasía religiosa, (como al igual que corruptos políticos) que con reformas y argumentos ladinos pretenden encubrir o justificar sus desatinados crímenes del pasado. Aunque no generalizo, pero en un porcentaje menor, también he tenido el regocijo de relacionarme con religiosos de una moral, prestigio e integridad inquebrantable, con esos que hacen honor a lo que predican. Después de preguntarme muchas veces por qué razón estas personas de poca fe y voluble moral frecuentan y permanecen en esos círculos donde se promueve ese legado de honor, bondad y respeto que Cristo nos dejó, llegué a la conclusión de que los responsables son los pastores, que con su ambición del diezmo necesitan llenar sus salones con cualquier tipo de mal denominado feligreses, para así poder garantizar su opulenta vida. No olvidemos que los Gobiernos tienen conceptuadas a las iglesias como un funcional negocio y como tal el pastor debe tener una licencia gubernamental y no divina para ejercer.

Nos han hecho creer que la Biblia fue escrita por personas muy sabias que, según ellos y los practicantes de dicho libro, fueron los escogidos de Dios para traernos el mensaje, por lo que me sorprende, cómo hoy en día todos esos conceptos de antaño son manipulados, modificados y adaptado a la época que se vive. Para no entrar a analizar los brutales crímenes cometidos por la religión expondré solo un ejemplo: adúlteros, mafiosos, homosexuales activos y quién sabe qué otro tipo de pecadores y criminales ya están reconciliados con la Iglesia. Bueno, debido a los escándalos, la reconciliación con los gais, la puedo entender debido a la razón que científicos en etología han demostrado que esa conducta sexual no es una anomalía ni está solamente manifestada en los humanos, sino es una conducta bien establecida en varias especies del reino animal, incluyendo aves y peces, además en la Biblia existen textos muy confusos, que se prestan a una abierta interpretación, no de un liberal, sino de alguien medianamente inteligente, también por hechos se puede asumir que, como cliché, por lo recurrente es casi licito de esta actividad sexual, que ha dado lugar a la cadena de los abusos cometidos por las iglesias en múltiples eventos relacionados con la homosexualidad, los cuales ha generado alevosos crímenes, inescrupulosamente ejecutados por distintos servidores de esa institución, políticas y religiosas, hasta casi después de la segunda mitad del siglo XX, incluso, es razonable presumir el actual concilio entre la iglesia con los gais: si se hubiese tomado la acción requerida para establecer el orden acorde la posición inicial, entonces hubieran pocos, desde simples curas hasta altos funcionarios eclesiásticos ejerciendo dentro de la Iglesia, además, (a favor de esos curas que por temor a violar el código genético, sumido en la oscuridad cometen abominables crímenes) existen varios hechos que como prueba infalible demuestran o comprueban que la condición homosexual no es de elección o preferencia personal, si no de composición natural. Lejos de la morbosidad y perversidad implícitas en la corrupción y las costumbres degradantes de cada civilización, hombres de ciencia con el afán de descubrir y estudiar culturas salvajes o aborígenes, se han internado en los lugares más inhóspitos de alguna selva, inverosímilmente han sido testigos que personas salvajes, sin ningún tipo de perjuicios de identidad; sin censura social ni discriminación de conducta, como una manifestación común y normal, practican la homosexualidad y hasta de carácter social o colectivo.

Aunque el adulterio todavía continúa conceptuado como un pecado y en menor escala un delito, ya no es un crimen capital; al estar por siglos este hecho comprendido como un crimen en la Ley Cristiana, por honrar la voluntad de Dios se cometieron crímenes abominables en su nombre, llegando a castigar a la "ofensora" con torturas hasta con una muerte muy dolorosa y lenta. Producto de obligadas reformas y cambios que ha demandado cada época, hoy la manifestación de tolerancia e impunidad de este delito que fue Capital, me induce pensar: ¿acaso los reyes o ministros de las iglesias son Dios o están facultados para adulterar la palabra de Dios? ¿La ley de Dios fue escrita para ser modificada y aplicada acorde evolución o criterio? ¿A Dios le complace la crueldad de sus emisarios? O lo que es más aterrador: ¿ante la inmunidad en los actos del clero y la indiferencia divina debemos suponer que jamás ha existido alguna ley o manifiesto de un Dios? Considero que, por el bienestar de las futuras generaciones, es el momento oportuno para debatir la dualidad de: hechos y fe; ciencia y religión. No olvidemos que, con el nacimiento del cristianismo y la confección de la Biblia, los reyes y príncipes de la Iglesia obraron con absoluta sabiduría y potestad para corregir los designios y voluntad de Dios; de forma arbitraria y selectiva, trillaron los evangelios que debían regir a la Iglesia y a sus seguidores. Existen relatos históricos que, la iglesia católica persiguió y aniquiló otras denominaciones o grupos cristianos, por interpretar la ley de otra forma o tener un mensaje diferente. Que destruyeron y quemaron muchos o algunos evangelios de otros profetas, por no ser convenientes a los intereses de la iglesia Romana, pero gracias a que otros profetas escondieron sus evangelios, esos escritos pudieron llegar a nuestros días, unos para dar mejor comprensión, otros para confundir más. Esta situación de esconder y encontrar es un entretenimiento infantil; si no es inverosímil, entonces cual es la lógica del juego, porque si por voluntad de Dios ese conocimiento fue para generaciones más avanzada, entonces… ¿Por qué no enviarlas al tiempo que correspondía? Considerando que el mensaje no llegó hasta que el azar lo determinara demuestra que el poder de los Romanos era más significativo que la voluntad de Dios, incluso a la cantidad de evangelios o manifiesto escritos que aún continúan hallándose, me inclino a pensar que hay elementos, si la iglesia entrase en un trance critico que pudiese precipitar un colapso, si la amenaza lo amerita, entonces hay suficiente material para una nueva revisión y versión a la Biblia actual y por consiguiente, un cambio a su política. A principios de la Era Cristiana todos los seguidores o discípulos que predicaron junto a Cristo, según ellos, fueron iluminados y agraciados por Dios con un mensaje para nosotros, que dicho sea de paso, al valorar el disparate y contradicción escrita solo es posible imaginar que Dios está loco o es sádico; sin embargo, estos inquisidores y hombres mortales que rigen la Iglesia, después del Siglo III comenzaron con la restauración bíblica (época en que Roma adoptó el cristianismo como su religión) y hasta el siglo XV continuaron las reformas o modificaciones, para según sus intereses y beneficios, catalogar los evangelios como canónicos o apócrifos, ley y doctrina que no se difundió e impuso al mundo con amor y sabiduría; ni con razonamiento ni elección, si no avasallando, con crímenes y con mucha sangre.

En diferentes épocas y civilizaciones, creo que han existido varios concilios religiosos entre paganos y católicos, entre católicos y cristianos, entre católicos y protestantes, y jamás estos teólogos conocedores de las escrituras bíblicas, han llegado a un acuerdo común, o reconocimiento justo sobre los deseos y voluntad de Dios, ni tampoco han logrado alguna mejora en ningún aspecto, aunque sea, para sus feligreses. Debemos preguntarnos porqué estos intermediarios entre Dios y los humanos no han podido llegar a un acuerdo en sus debates, también debemos detenernos a examinar con sabiduría y conciencia la Biblia, para así poder buscar y hallar la coherencia del mensaje o extraer lo mejor que hay en los textos redactados de este libro, bueno en realidad no sé qué alegar al respecto, porque creo que no existe otro libro con un mensaje o enseñanza de tan desmedida maldad, venganza, crímenes, ira, horror, lujuria, fantasía, etc.

pero olvidemos este macabro razonamiento y aleguemos, si la solución de los problemas y tribulaciones que victimizan a los humanos provendrá de algo divino, entonces, en referencia al objetivo de los concilios, yo creo que la verdad no es cosa ni búsqueda de seres humanos débiles y pecadores, sino algo que Dios con uso de su presencia debe imponer sin la intervención de terceros, de lo contrario que sea a través de un medio que no deje lugar a dudas o adivinaciones acerca cuál es su voluntad, pues considerando que aquí en la tierra nadie sabe con certeza lo que Dios realmente quiere, muchos se preguntan, ¿de qué tipo o cuáles son las cosas por las que debemos rendir cuentas a Dios en el Juicio Final? Todos alaban y atribuyen a Dios todas las cosas buenas y, considerando que antes de Dios no hubo nada, que la «nada engendra nada» y que nosotros fuimos creados a su imagen y semejanza, entonces, ¿a quién debemos maldecir por las cosas malas? ¿De qué fuente nos proviene, heredamos o copiamos lo malo, indigno y amoral? Desde el principio de los tiempos, para evitar confusión con la interpretación o controversia con los designios y los eventos acaecidos por la naturaleza, o de la condición humana, las distintas religiones paganas, o de cualquier cultura politeísta, para la objetividad de su entretenimiento, como para evitar conflicto entre la culpa y la alabanza, se inventaron o poseían un gabinete integrado con varios Dioses con diferentes poderes, para así justificar el origen y el porqué, tanto de cada hecho o suceso ocurrido, como de todas las cosas buenas y malas, los cuales provenían de la voluntad o del poder de una específica Deidad, facilitando a los sacerdotes a dirigir, sin controversias, cada oráculo, incluso fue igual con todas las culturas de las diferentes tribus durante la etapa precristiana, incluso en el continente americano, hasta la llegada de los colonizadores y la intervención del catolicismo.

Me gustaría aclarar que yo no estoy educando, ni espero que alguien pretenda educarme sobre este tema, porque sé que este tema, solo trata de una cuestión de fe e interpretación de acertijos; además, no existe ningún texto o cita mencionada por Cristo o sus discípulos en referencia a evangelios apócrifos o canónicos, antes y durante la vida y enseñanzas entre Moisés y Cristo, como tampoco en los inicios de la religión cristiana, incluyendo el peregrinaje de Pablo de Tarso, que como todos sabemos que este, además de no pertenecer al séquito de Cristo, antes de ser cristiano, fue un fariseo muy conocido e inflexible, además existe una característica muy llamativa: quizás es el más famoso y venerado entre todos los apóstoles, incluso, fue quien, o el único que había sido instruido con una educación superior, los demás apóstoles eran de muy limitada instrucción académica. La información que origina la veracidad o autenticidad que da lugar a la clasificación de los evangelios en canónicos y apócrifos, la veo un poco confusa, debido a que cada cual, acorde su punto de vista teológico, en pro o en contra del cristianismo, formula interpretaciones que van desde antes y hasta después de la vida de Cristo, pero por algunos datos históricos asumo que, hasta el Concilio de Trento en el Siglo XVI, fue que se oficializó la aceptación y clasificación de los evangelios en canónicos y apócrifos. Y es ahí mi asombro: ¿por qué corregir la sabiduría del hijo de Dios? ¿Por qué interferir o vetar lo que Cristo y los apóstoles, jamás censuraron cuando fomentaban la doctrina cristiana?

Creo que por esa forma de acertijos en que fueron escritos los evangelios, solo da lugar a que oportunistas hagan conclusiones buscando ventajas. Hay una Biblia y miles de religiones y cada una en pugna a causa de diferente versión por su interpretación. Mi criterio sobre el propósito de la iglesia en clasificar los evangelios en apócrifos y canónicos, fue para control y dominio, pues debido a la amplia gama de opiniones e ideas progresistas que surgen, o evolucionan con cada civilización, esa confusión o conflictividad interpretativa es lo que le permite a la Iglesia la posibilidad de revisar y corregir la doctrina Cristiana, cada vez que precise evolucionar para encajar en una nueva civilización, incluso sus alegóricos acertijos al sincronizarse con la imaginación de cada estafador, minimiza o erradica las opciones, o necesidad de buscar un nuevo Dios, evitando la amenaza o posibilidad del nacimiento de una nueva competencia con ideas que pudiesen entrar en conflicto con los intereses y base del catolicismo, porque una nueva religión, aunque difirieran en interpretación, al poseer la misma raíz de fe y propósito, solo daría posibilidades de sostener la hegemonía de su imperio tiránico, y la potestad en crear leyes y reglas que le dieran la absoluta autoridad de acusar y condenar por herejía, yendo de extremo a extremo, desde la crueldad de quemar a un ser humano vivo, hasta la ridiculez de la excomulgación; también era preciso establecer leyes y reglas que les permitiera eliminar o mantener bajo control a esos nuevos líderes políticos y religiosos que surgían con nueva visión en cada civilización, para así poner freno, control a cualquier orden que amenazara el colapso de los beneficios que sostenía su propia tiranía. Mi conclusión está fundamentada en dos aspectos: Uno, la estela de abusos que hay en la trayectoria de la iglesia. Dos, la mezclada con mi imaginación, la cual puede ser ingenua o maliciosa; lógica o irracional. Esta confección no debe restar ni sumar credibilidad a mis argumentos, porque la base que originó los eventos y acciones, contra los que abiertamente me manifiesto, va dirigido a ese grupo de extremistas que obedecieron y obedecen esa sugestiva y subyugante doctrina de un libro donde todos sus eventos y narraciones, al carecer de algún hallazgo o fuente con legitimidad científica, histórica, real o lógica. La Biblia es 100% ficción.

Del mismo modo que nuevas civilizaciones han buscado respuestas y soluciones para luchar y erradicar regímenes reaccionarios y totalitarios, como el fascismo y el comunismo, también se deben buscar y presentar pruebas que demuestren ilegitimidad y arbitrariedad en las acciones ejecutadas por la iglesia, para que esté obligada a resarcir. Asimismo, creo que, si el comunismo no ha desaparecido totalmente, ha sido porque en los países que aún se practica, esta política está tan modificada que, al ser tan adversa a como se manifestaba hace 25 años atrás, podemos conceptuarla como un nuevo movimiento, o una nueva rama de ese tipo de capitalismo o democracia que, aun con connotación izquierdista, es aceptada por la derecha. No olvidemos que la democracia que hoy predomina en los EE.UU. no es ni parecida a la de los años 1950, incluso en la actual democracia estadunidense, por la cantidad de reformas y ayuda sociales, tal parece haber aceptado argumentos o normas de tendencias socialistas, escalofriante pero cierto. Debido a que la Iglesia jamás volverá a gobernar y dirigir al mundo, como tampoco impondrá sus designios y leyes, en un futuro, lejano o cercano, el cristianismo si no desaparece, al igual que el comunismo, sufrirá cambios muy drásticos para poder subsistir. Cada civilización posterior a la nuestra, demandará y vivirá con más respeto, derechos y libertad.

En referencia a mi intransigencia o flexibilidad con mis ataques contra las doctrinas religiosas o comunistas, no está en que yo soy ateo, o alguien con intención de humillarme pueda erróneamente opinar que soy apolítico o comunista. Mi opinión consiste que, cualquier doctrina política me inspira un profundo respeto, porque todo ideal político o social, aunque la práctica pueda ser irrealizable o hasta por realidad disfuncional, es digno reconocer cuando la intención es humanitaria o posee una honorable causa, por ende, la corrupción no está en el manifiesto, está en la perversidad de los líderes, contrario a los manifiestos de orígenes religiosos: La corrupción y falsedad está en los manuscritos, y estos errores son esgrimidos por sus líderes, para cometer perjurio y crímenes, porque una cosa es suponer por "FE" y otra muy diferente es mentir por fanatismo.

Aunque muchos me tilden de estúpido, inmoral y aberrado por mi postura en relación a la iglesia, al comunismo y a la moral sexual, señalaré que producto a que los más poderosos, tanto gobiernos como personas empresariales, por depender del pueblo, por interés o beneficio apañan o alcahuetean a la iglesia, y esta causa de favoritismo mutuo ha sido por lo que jamás será cuestionada. También debo recordar que acerca de la doctrina y los eventos relacionados con la religión, existe un incalculable grupo de personas muy brillantes que, con años de intensos estudios, son quienes han logrado traernos la verdad sobre este tema; incluso, no creo que la necesidad de impugnar, demandar y rebelarse, haya sido exclusiva de esta generación. Estoy seguro de que en todas las épocas han existido personas muy inteligentes y sabias, para retar dogmas y hechos, pero lo que no hubo en épocas anteriores fue la libertad y el respeto que caracteriza la sociedad actual. La combinación de esos dos factores, arroja valentía y otorga derechos.

Pero volvamos a nuestro tema: el sexo fuera del matrimonio. Los pasajes sobre religión de los cuales he hecho referencia son aquellos que están muy vinculados con el aspecto social que tiene como base este libro. En mi próximo libro expondré mi opinión sobre los resultados y las consecuencias de la religión en los humanos, ahora yo tendría que hacer un recuento de muchos de los pasajes históricos que solidifican mi conclusión sobre la autoridad y credibilidad religiosa. Además, no me gustaría mezclar mi criterio sobre la religión en este tipo de manifiesto, porque la acción sexual es ajena a los dominios de alguien o algo. El sexo por sus características privadas es algo maravilloso que solo compete a los que se involucran en ese momento, y por ser de absoluta propiedad y decisión, de quienes ejecutan esa exquisita acción, sería una blasfemia mezclar ambos temas, y más, contemplando que en algún momento de la historia, ambos temas fueron casi enemigos por la concepción pecaminosa, con que algunos pervertidos con sus alucinaciones, enmarcaron la acción sexual bajo un estatus de exclusividad moral, además, mi controversia con ese tipo de radicales y conservadores religiosos es feroz, soy liberal y un materialista consumado.

Significo: En párrafos anteriores trato de imponer con énfasis las razones y derechos que por naturaleza me asisten con el tema relacionado con las emociones y sentimientos. Sin embargo, la teología, al igual que la historia, la literatura y otras ciencias, ningunas son materias inherentes a la conducta ni a personalidad del ser humano; tampoco son materias cuya estructura y significado sean concepción de la mente humana. Dado que este prolífico y polémico tema no es de mi interés, ni tampoco poseo esos sofisticados conocimientos teológicos que logran sugestionar y confundir a una audiencia, ni tampoco poseo esa habilidad que premia a ese narrador con una magia que le permite introducirse y profundizar con dominio en esa fantasía, mi conclusión o escepticismo acerca de la religión es pura lógica y opinión, fundamentada en eventos de realidad contundente. Gracias a algunos datos o pasajes que he leído, ya sea libros de historia, en la Biblia o en panfletos que contienen propaganda un poco confusa e insidiosa; gracias también a lo que he escuchado, tanto en la televisión como por múltiples, diferentes, penosos y contradictorios relatos vehemente narrados por creyentes de las distintas religiones, es la realidad que, por razón de causa fundamental, clasifica mi conclusión con este tipo de confianza, respeto y fe que Dios me inspira. Sin embargo y separando lo que está comprendido dentro de la historia, subrayo con énfasis que al valorar la raíz que sustenta el fundamento religioso, considero absurda la teología, por ser el estudio de una fantasía creada por la imaginación de alguien, para mi es totalmente idéntico encontrar aceptación verídica tanto en la Biblia como en el conjunto de las distintas historietas de Walt Disney. Al igual que yo, nadie puede hacer juicio sobre si en el inicio de esta premeditada intención de la creación de dioses, hubo nobleza o mezquindad, pero según cómo ha llegado a nuestros días, sí podemos asegurar que desde su inicio no se hizo con la intención de entretenimiento, sino con premeditados objetivos personales muy bien diseñados para embaucar y estafar mediante una estrategia de terror y no de amor. No he vivido tanto tiempo, y tampoco he conseguido algún manifiesto que me permita conocer la estrategia empleada por los predicadores bíblicos, que vaticinando el fin del mundo, o la llegada del reino de Dios a la tierra, pero ante la secuencias y consecuencias de distintas pandemias o pestes naturales que devastaron al mundo primitivo y civilizado, las cuales por fanáticos religiosos han sido atribuidas como señales y castigo de Dios contra la humanidad, debemos recordar que la naturaleza continúa azolando al mundo con más devastación, intensidad y mortalidad, pero gracias al actual avance y poder científico, cualquier fenómeno natural ocurridos y combatidos en el Siglo XX, los estragos han sido menores, incluso desde antes de Cristo por citar algunas: "Peste de Atenas y Siracusa" (pandemias conocidas como la Cólera Divina) y después de Cristo, cualquier Peste conocida desde el Siglo I al Siglo XIX superó y algunas triplicaron el total de muertos en la Segunda Guerra Mundial. Por la gradual disminución de calamidades, daños y pérdidas en que se fundamenta: ¿Acaso Dios estará más complacido con la actual conducta humana? o ¿Los humanos con su sofisticado desarrollo científico han podido contrarrestar los efectos de la ira de Dios? ¡Ah! Al igual que los eventos de pestes, ¿Cuántos anticristos han sido señalados antes de Adolf Hitler? En el mundo no acabarán las epidemias y tampoco dictadores con poderío militar que pongan en riesgo la estabilidad y seguridad humana, por ende, no hay que ser sabio ni divino para prever eventos similares a los escritos en la Biblia y siendo esta la base de la retórica con que las iglesias engatusan, entonces es lógico agregar que hay tanta o más falsedad en el Vaticano que en la promesa de un régimen comunista, porque si profundizamos en nuestra reflexión, notaremos que los únicos que amparados o protegidos por la ley, legalmente llevan una opulenta vida, la cual es proveída por fraude y estafa, son los príncipes, ministros y pastores religiosos que, persistiendo con una fantasía bastante desgastada, viven explotando y estafando sin escrúpulos, a una gran o mayor parte de esos feligreses que pertenecen a la clase más humilde y pobre, y que por ignorancia son presa fácil de victimizar, que por estar muy esperanzados a una mejor vida son demasiados vulnerables. El crimen consiste en que este grupo de feligreses, sin escrúpulos ni compasión, por la ambición de estos desalmados son aún mucho más sumergidos a su pobreza e ignorancia.

El convencimiento con que categóricamente un teólogo debe iniciar alguna exposición que corrobore el objetivo de sus años de estudios, debe ser con una prueba contundente de la existencia de Dios. Mi libro podrán catalogarlo de un sinfín de errores, pero en referencia al tema religioso, yo preguntaría: ¿cuáles? Según la opinión de las demás denominaciones religiosas y también los ateos: Los del Vaticano están perdidos, entonces en quién confiar. Por falta de pruebas fehacientes, por las iniquidades, la sangre y el desmedido abuso con que se impuso la religión al mundo, es mi elección ser ateo y materialista.

Un dato curioso: de las tres grandes tendencias monoteístas, la más antigua, la que en su trayectoria y prácticas no tiene, o tiene menos sangre, abusos, deshonor y crímenes en nombre de Dios, es el judaísmo. Incluso es la única que no reconoce a Cristo como Mesías, ni como profeta, ni como hijo y mucho menos como un Dios.

Basándose en pruebas que la naturaleza nos ha reservado o guardado para poder corregir las malas interpretaciones provocadas por la ignorancia; apoyándose en instrumentos sofisticados y de infalible precisión, como en los resultados avalados por minuciosos y exhaustivos estudios de sabias personas que con argumento muy convincentes, los cuales disipan cualquier duda, el mundo científico ha buscado una teoría razonable a nuestro origen, pero creo que por naturaleza al humano ser tan creyente, jamás aceptará la idea que no provenimos de algo divino para así aferrase (por costumbre, temor, obediencia o fe) a la esperanza de la salvación por ese premio imaginario de vida eterna con que un ser divino y superior compensará a todo aquel que, eligiendo ser bueno, haya podido superar ese innato mal que nace con nosotros y que todos llevamos dentro; mal que algunos, los que por naturaleza poseen respeto y compasión, pueden educar sus instintos y deseos; mal que otros, lejos del alcance de sus deseos y voluntad, sin motivos ni explicación, no pueden controlar debido a sus instintos. Mi razonamiento sobre la opción del bien y el mal, se basa en que no encuentro lógica ni satisfacción para que alguien medianamente inteligente y cuerdo elija ser malo, sabiendo que, por esa equivocada decisión, solo recibirá todo el peso y rigor de la ley, según la ofensa o delito provocado por su dañina y perversa conducta. Por eso, en mi opinión, todos somos buenos o malos por naturaleza propia, no por elección ni decisión. Casi todos aseveran que la naturaleza humana es muy compleja, pero en mi opinión, más sencilla y fácil de interpretar no puede ser, porque si la iglesia cristiana no nos hubiera saturado con tantos tabúes y reglas, hoy entenderíamos el concepto «respeto», que de forma diferente, equitativa o empática es menos complejo. También considero que lo complicado está en el ego o en el carácter humano, que por egoísmo y ambición; por prepotencia y cinismo no logramos percibir con humildad y espontaneidad la importancia de ese respeto que todos precisamos para poder convivir con una saludable y equilibrada armonía.

Desde los inicios, según la cultura y región, estuvieron implícitas diferentes y múltiples raíces religiosas, las cuales, con el nacimiento de las distintas civilizaciones regionales, existieron por siglos hasta que sucumbieron bajo la imposición sanguinaria de una cultura, no superior, sino militarmente más poderosa. Hoy en día la religión más grande en el mundo es la católica y esto fue solo posible a que el gran y poderoso Imperio romano la adoptó como su religión en el siglo IV y, debido al gran poderío bélico, no solo se impuso y perduró como la principal religión del ser humano, sino que exterminó diferentes culturas, tergiversó costumbres sociales y quebrantó principios religiosos, extinguiendo valiosos legados. Por tanto, y de ser cierto que procedemos de un Dios, ¿cómo podemos estar seguros de que es del Dios cristiano y no del Dios de los aztecas, incas o egipcios?, culturas mucho más milenarias. Los cristianos, en su afán de poder y supremacía, con los crímenes más atroces de la historia aniquilaron toda competencia. No obstante, al legado y a las inolvidables pruebas, tanto en acciones como en palabras de amor, justicia y compasión con que Cristo se destacó en sus enseñanzas y predicaciones, puede y debe ser el único personaje bíblico con esa virtud de inmaculada nobleza. Quizás muchos o todos consideremos a Jesucristo como el «hombre» más trascendental de la historia de todos los tiempos, pero no sabemos si ese mérito es propio del prestigio de Cristo, de la influencia divina de Dios, o del interés perseguido por el Imperio romano, por tanto si al considerar ambas posibilidades, sopesamos la realidad de cómo era y fue considerado Cristo antes y después del Concilio de Nicea I, deberíamos saber que la iglesia, ante la presencia de tantos hallazgos podría estar al borde de una crisis. Algunos historiadores y teólogos concluyen que el cristianismo aprobado en el primer Concilio de Nicea, fue más afín con el particular cristianismo de Constantino I, y estos eruditos en la materia han declarado que esos principios son totalmente adversos con las enseñanzas de Cristo, no obstante, señalo que desde ese tiempo, ya existían varias denominaciones cristianas, lo cual considero que, obligatoriamente no fue por causa a una errónea o pésima interpretación bíblica, sino lo más probable, fue que obedeciera a otro tipo de intereses o influencias de Roma o la diversidad de Profetas que además de haber compartido tiempo y espacio con su maestro, el hijo de Dios, vislumbraron la posible adquisición que podía ofrecerle la influencia cristiana que estaba floreciendo, la cual los beneficiaba por ser parte de ese grupo de profetas que recibió directamente la aprobación y las enseñanzas de Cristo, que fundamentando la base del mensaje que ellos habían recibido directamente de Dios, predicaban sus propios evangelios, los cuales en aquel entonces no estaba prohibido predicar inspirado en el propio mensaje que Dios te reveló. Ante la ausencia de argumentos dialécticos que justifiquen la sabiduría de Dios, lo que más me intriga es: ¿Cuál fue el propósito que dentro del mismo período o época hubiera tantos profetas alegando ser emisarios de Dios? incluso todos con evangelios tan contradictorios y diferentes, como también cargados de aterradoras amenazas y abominables venganzas, entonces... ¿Por qué Dios no repartió estos mensajeros en posteriores y diferentes etapas? (bueno asumamos que esto no responde a un síndrome de moda en esa época, como también lo fue el siglo XIX-XX pero con esa ola de grandes escritores de ciencia ficción) Suponiendo que somos el fruto de su creación, nuestra perfección o imperfección solo puede ser producto de su habilidad o capacidad, por tal razón, nuestra más valida excusa es que debido a su incompetencia, no podemos ser culpables ni responsables de nuestras acciones o decisiones, entonces ¿Por qué condenarnos con su sádico y constante ciclo de destrucción y creación? ¿Por qué ser víctima de su iracunda ira cuando somos la causa de su incompetencia o maldad? Ya hemos sido por siglos muy martirizados y acorralados por los ministros de las iglesias con leyes, reglas y prohibiciones, a pesar de no aparecer en ningún evangelio, incluyendo en los apócrifos. Enfatizo que, hasta el evangelio de Pedro, quien tal vez fue, acorde Cristo, entre los apóstoles la figura más importante del cristianismo, incluso también el primer Papa y hasta por voluntad de Cristo su sucesor, por eso es sorprendente que su evangelio también haya sido condenado. Esto se puede con sarcasmo ejemplarizar: Tal vez igual que Pedro sucedió algo parecido con Fidel Castro, era capitalista y opinando que esa política era basura, contra sus principios y por amor al pueblo impartió la doctrina socialista, acción que dio lugar a que su legado será vituperado al igual que del Apóstol Pedro. Además de las contradicciones entre los evangelios, como dentro de la Biblia actual y las distintas religiones cristianas, lo que más desacredita o resta prestigio, es que estas leyes y textos cristianos fueron establecidos en épocas inquisidoras, por la voluntad e intereses de tiranos paganos y de corruptos sacerdotes, quienes, debido a su alta jerarquía política, militar o religiosa, hasta llegaron a auto investirse de extremo poder y sabiduría. Conociendo que el emperador Constantino fue un extremo creyente y fanático practicante del paganismo, como también un sanguinario verdugo del cristianismo, a quien Dios (según él) le prometió que por convertirse al cristianismo sería premiado con más victorias y conquista, yo pregunto: ¿con cuál don de integridad cristiana o de nobleza moral podemos honrar a Constantino El Grande?

A diferencia a la incertidumbre que caracterizaba al pasado, hoy día, debido al progreso científico, la «verdad», puede ser algo muy complicado, porque en las personas que, sus sentir y creer, han sido secuestradas por el adoctrinamiento o el fanatismo de algún dogma, sin diferenciar la ideología, políticas o religiosas, padecen de algún tipo de trastornos disociativos que, en esa dualidad entre realidad y fantasía, la pugna, en maratónica competencia mantiene al mundo divididos, solo puede trascender al más inaudito «surrealismo» que difiriendo de toda lógica razonable e incluso aun siendo desacreditada o desmentida por irrefutables pruebas de la ciencia, es muy voluble o relativa, porque de la magnitud de la sugestión siempre dependerá lo que su mente y sentir quiera «creer» por eso he llegado a pensar, en un acto de honor, que de ser ciertos que algunas personas realmente están convencidas de poder ver y hablar con espíritus, son personas enfermas con algún tipo de disociación psíquica que le causa confusión o pérdida del contacto con la realidad, por eso, sin conflicto significo que, apoyado en mi comprensión, estoy seguro que solo una minoría de esos brujos y espiritistas, por ser personas honradas y bien intencionadas que no perjudican ni dañan a otros, y que sus actos son a causa por padecer de algunos trastorno y enfermedades, no solo creen que tienen poderes, sino hasta están convencidas que son asistidas por espíritus en sus oráculos, por eso con premura deben ser atendidas por un psiquiatra, pero el profesional que debe atender la mayoría de estos psíquicos, es un «juez», por inescrupulosos estafadores.

Hoy en día existe un movimiento en pro del descubrimiento de nuestro origen: el de las teorías y conversaciones con extraterrestres: Los cazadores de OVNIS. Gracias a que existe una bien fomentada civilización, no corremos el riesgo de sanguinarias guerras de supremacía religiosa, y garantizo que si hoy día no existiera la infalible prueba del ADN, estuviéramos reviviendo otro ciclo histórico de fábulas por un nuevo y diferente evento que estaría protagonizado por otra súper dotada y privilegiada mujer, que trayendo al mundo por alumbramiento natural un nuevo Mesías, estoy seguro que este nuevo movimiento de creencias extraterrestres, ya hubiesen escogido al más sabio y hábil de sus seguidores como su vocero, y dicho brillante comunicador, con su más perfecta retórica, ya hubiesen presentado al mundo a ese recién nacido, como el genuino y único hijo del Dios o Rey de la galaxia Andrómeda, con quién sabe qué retorcido mensaje para nuestra civilización. No es burla, es creíble y aceptable, ya los judíos lo hicieron con Cristo y funcionó.

Para información de todos: yo jamás blasfemaría de Cristo, lo considero la más excelsa integridad de la raza humana, porque sin valorar si es verdad o mentira todo lo que dicen de él, existe una impactante realidad que avala su historia, que por encima a lo contrario que muchos opinen o aseguren de la Divinidad de Cristo, «NADIE» lo agrede con insultos ni osan atribuirle defectos, incluso cuando leo sobre el tipo de sociedad o gobierno que Jesucristo quería para la humanidad, me convenzo que en teoría es lo más justo y honorable, porque partiendo, no de la Biblia, sino de la realidad que quienes más lo predican, ya sean políticos o religiosos, eso solo sirve para ellos, o al menos es como lo utilizan, para engañar y estafar a personas humildes que, por algún motivo han depositado su confianza en ellos. En la sección ridícula que Cristo es Dios o un Ser Divino, yo al igual que muchísimos, aun pudiendo, no lo hago porque quizás él no tiene la culpa de cargar de esa "burla tan circense o fantasiosa" que la iglesia le ha adjudicado, aunque siendo honesto, también soy uno más de los que cree que, todos los eventos pudieron ser preparados a detalles, con resultados y desenlace acordes a las predicciones Bíblicas, Algunos ejemplos: 1:- Su entrada a Jerusalén; 2:- La trama de traición y entrega en relación con Jesús y Judas; 3:- La desaparición del cuerpo, debido que con la existencia de un cuerpo hubiese sido menos creíble la resucitación; 4:- Por la conversación entre Cristo y Pilato, tal parece que, aunque Pilato se negaba a ejecutar un inocente, prácticamente presionado por Jesús, Pilato dejó esa opción a quienes necesitaban o querían su ejecución.

CAPÍTULO VIII

El progresivo y ascendente comportamiento de la juventud de cada generación, es cada vez mucho más liberal, pero tal vez algo traumatizada, por consecuencia del pesado lastre de esa influencia ancestral que, arbitrariamente relaciona al sexo con el pecado y la moral, sea lo que al arribar a la adultez cause algún rechazo, pero aunque su perspectiva pueda proyectarse un poco más conservadora, podemos estar seguro que siempre será razonablemente tolerante, no radical, a ese aspecto tan ofensivo o pecaminoso de cómo fue idealizada por nuestros abuelos, por ende, aunque en el aspecto sexual/moral el proceso evolutivo haya sido muy lento, creo que al habernos liberados del yugo de ignorancias impuesto por la iglesia, muy pronto juventud y adultos, libre de cualquier concepto y aspecto de cínica y parcializada moral, sin perjuicios y con igual consecuencias, estarán viviendo al mismo nivel de derechos de igualdad, tolerancia y libertad. Estoy convencido que todo lo relacionado con el sexo, que aun siendo una acción natural de orden fisiológico, la cual, exclusiva y directamente responde a la satisfacción emocional, por ende, la libertad sexual solo puede ser susceptible al concepto de fidelidad y confianza, por estar estrechamente vinculado a la lealtad con que debemos honrar la «fe» que alguien deposita y espera sea cumplida, e incluso, en dependencia del tipo de manifestación y postura, creo que solo por desfachatez o excentricismo pudiese vincularse con el pudor, e incluso hasta con el prestigio y la dignidad individual, pero mientras no degenere en delito, en ningún aspecto va en detrimento de la moral social. Aun así y sin importar el grado de imprudencia o recato con que cada cual elija con su postura ostentar quien «es», estamos obligado a respetar la elección personal. Opino que una manifestación sin vulgaridad, no debe ser privada a tener lugar, por solo evitar el agravio, o ser complaciente con la susceptibilidad de una comunidad conservadora o mojigata que nos rodea, sino, creo que la decencia en cualquier postura, además de elevar el respeto y valor a sí mismo, también impondrá la aceptación y respeto que nos debemos, por sin disfraz pero con dignidad, y aun dentro de un marco de privacidad personal, exponer el derecho y libertad de complacer nuestros instintos sexuales, porque una conducta con respeto, a nadie atañe ni afecta, en pro ni en contra de cualquier estatus moral, y mucho menos interferirá o mancillará algún precepto social y ninguna susceptibilidad personal. Si alguien contradice o pone en duda que moral (ley social) y sexo (ley natural) son paralelos, entonces al observar, principalmente esas escandalosas conductas en la mayoría de los artistas que, resquebrajando cualquier esquema moral, su liberal e indiscreta compostura rebasan toda frontera de ética sexual, no solo temblaríamos de espanto por la irracional tolerancia; la ilógica popularidad; la incondicional aceptación y aprobación de sus «fans», sino que frente a semejante fenómeno, en un análisis, desde un punto radicalmente conservador, debemos concluir que esta generación va directo a la degradación, cuando cediendo bajo la presión de la fama, el dinero y el poder, no solo tolera, sino hasta consiente se quebrantan esos "honorables" y medievales preceptos éticos impuesto por el absolutismo de la iglesia y los gobiernos, los cuales fueron aceptados o aprobados por la jerarquía patriarcal de nuestros radicales ancestros; sistema que formó el código legal e incluso jurídico, siendo hasta ayer las leyes que distinguían y regían las normas o reglas morales, tanto en un ámbito social como individual. Moraleja: Las leyes morales de una nación siempre estarán dirigidas en correspondencia de los intereses del gobernante en turno y no a la tolerancia, igualdad y los derechos que demande la generación en curso, por tal razón, al no existir tregua entre la pugna y el conflicto, la discriminación ha encontrado el soporte que le ha permitido perdurar por tanto tiempo.

Durante siglos los conservadores han pretendido incluir o definir el «sexo» como un sentimiento y hasta se inventaron, con el propósito de confundir y privarnos de libertad y derechos, la frase «Hacer el amor». Pamplinas, el amor no se hace, el amor es un sentimiento que nace puro y espontáneo. Además, el amor no florece en ninguna relación de pareja por afinidad o práctica sexual, sino nace y crece acorde la integridad de la compatibilidad y reciprocidad sentimental; El amor es conquistado por intensidad en la entrega; por la abnegación y espontaneidad entre acciones y reacciones; se nutre de la sublimidad mutualista del cariño, de lo contrario, en esos matrimonios que, por alguna tragedia o enfermedad, si un cónyuge queda incapacitado de practicar o hacer el sexo, entonces, ¿qué sucede sentimentalmente con esas parejas que se mantienen unidas a pesar que no pueden alimentar al amor copulando? Esa definición tan banal de que el amor se hace teniendo sexo me causa pavor y asco, porque entonces qué es lo que existe y siento por mi madre y mis hijas, con las cuales no les he hecho ni me inspiran ningún tipo de inclinación sexual, incluso cada día que pasa me inspiran más amor. Considerando la especulación acerca de que sociedad y época actual propician la facilidad de esta acción, o la opinión de que, la mayoría o minoría de hembras y varones (incluso hasta extraños por poseer escasa o ninguna relación afectiva) cada vez que la oportunidad y el deseo convergen se deleitan con fascinante práctica sexual, ¿Esta interacción también es hacer el "amor"? Vale subrayar: que no siempre en ambos cónyuges el amor es lo que determinó en esa unión, también sabemos que en todas partes del mundo (en unas regiones más que en otras) existen matrimonios donde el amor no es el elemento de unión, entonces en relación con los casados (incluyendo en esos que en ambos hay amor) que se deleitan con sexo extra marital me pregunto: ¿Estas personas que por lujuria o atracción fornican están haciendo el amor? o ¿Cómo clasificamos este tipo de actividad sexual? ¿Cómo debemos llamar a la copulación de parejas no formales, de novios eventuales o a las relaciones liberales y al azar? Además... ¿Cuál es la diferencia del objetivo, motivo y significado de la acción sexual entre casuales y formales; casados y solteros; conservadores y liberales? La palabra "Emoción", que significa literal y gramaticalmente... en un contexto sentimental, la considero y comparo: Para mi emoción es lo que siempre calificará o modificará cualquier sentir, deseo o acción ejecutada, un vivo ejemplo de emoción: el sexo y el hambre sí están mezclados por necesidad y deseo, y a diferencia del amor que es netamente espiritual; existen múltiples y diferentes manifestaciones de satisfacer deseos y/o necesidades. Para satisfacer tanto el hambre como el sexo, cada una de ellas, según su manifestación y motivación, requieren de una específica y particular atención o solución para sofocar esa necesidad. Cuando una relación está netamente concebida por emociones, termina por aburrimiento, porque el excesivo consumo o práctica por saciar un deseo, al convertirse en monotonía por repetición, concluye disipando el interés, al grado que el exceso de saturación mataría la magia del placer. El amor jamás hastía ni se desvanece.

Es importante señalar que, en ambos géneros, en relación con esa reserva del deseo o instinto sexual que asciende a honrar, es una virtud que, si no es un genoma único de la mujer, entonces es una exclusiva característica de dignidad propia en ellas. Estoy convencido de que por su autoestima, tal vez unas por honor y las otras por costumbres, apariencias o prejuicios, en lo que respecta conducta moral, respeto propio e integridad matrimonial, sin importar lo que se diga, en un porcentaje muy elevado la mujer supera al hombre con creces, por esta razón considero que si nos detenemos en buscar el mensaje de mi libro, sabremos que es para alagar la férrea voluntad del matrimonio conservador, que optando por ese austero estilo de vida marital, en un porcentaje mayor, con especial orgullo la mujer se auto margina de su condición natural, incluso mi mensaje, también es exhortar que si podemos ser justos, por alabanza y gratitud a la mujer, nos reencontremos con esa base (no moral sino social) monógama con honor y amor, asimismo, cuando me refiero a la opción del mundo liberal, (pensando en las personas que no pudiendo o queriendo controlar la verdadera genética sexual, ya sea por apariencia o temor viven reprimidos y sobresaltados) es porque catalogo esa opción, como el mayor honor al significado y valor que encierran las palabras, "equidad y honestidad", por favor, no se escandalicen con mojigaterías; sabemos por reacción convencional, o tradicional realidad, que la monogamia es una opción o estilo de vida social, a diferencia, la poligamia, es la real condición humana. Estoy seguro que del equilibrio moral/sexual solo se desprenderá honor y respeto. Cuando señalo que la base y realidad que fundamenta y se identifican con el matrimonio monógamo, solo es congruente con normas de conveniencias e interés de carácter social, las cuales, al ser impuestas por personas tan arbitrarias como moralmente equivocadas, carecen de absoluto valor moral. Considero que la moral consiste y se mide por todo lo que podamos hacer, incluso, este independentismo es el motor de la evolución, porque sin importar que sea o no permitido por la ley que establezca el gobierno en turno, lo que cuenta es la libertad y satisfacción al derecho de realización individual, obvio, siempre que dicha acción, (con razones incuestionable del opositor) no ofenda a otros, ni que una posible propagación de esa conducta, contribuya o influya al detrimento personal o social. Varones, no se empantanen con comparaciones de moralidad ridículas, ni muchos menos buscando adjetivos para denigrar, tanto mi opinión como mi integridad, los comentarios o criterios ponzoñosos de alguien o todos, no cambiará o empañará quien soy, y tampoco afectará la realidad de lo que expongo, ¿Por qué? Muy sencillo: Las leyes y normas sociales referentes a genética y moral, drásticamente han cambiado bajo presión de realidades más conflictivas y cuestionable.

Aunque yo no sé cómo se comportan las mujeres dentro de su círculo de amistades, dado que creo que las mujeres tienen los mismos apetitos, deseos y necesidades que los hombres, por esa lógica opino que los que conceptúan o denominan la acción de tener sexo como «hacer el amor», hipócritamente lo clasifican como el sentimiento más superfluo, voluble y obsceno. Incluso, con el objetivo de confundir, hasta han clasificado distintos géneros de amor, otra vil patraña. Yo amo con vehemencia a mis hijas y no tengo deseo de tener sexo con ellas, a como yo lo interpreto, el hecho que yo ame con más intensidad y pureza a una persona, no significa que existan distintos tipos de sentimientos o amores, porque como yo lo siento, bajo ningún dilema, el amor jamás inducirá ni justificará en alguien sobre el resultado de una elección tomada entre la madre y un hijo, por ende, al sopesar la fuerza y variedad sentimental que fluye, aun pudiendo distinguir por simpatía, jamás se divide ni fragmenta, pero debido a la intensidad que puede reflejar diferencia, puedo admitir que el amor si pudiese ser clasificado en sub géneros, incluso, igual que en las relaciones familiares, la amistad, ambas, en las cuales no se involucra la actividad sexual, además de ser un principio de lealtad, por simpatía o estímulo, también es un sentimiento que el amor clasifica por intensidad.

Los humanos por ser la única especie del género animal con raciocinio, está dotada con la capacidad o beneficio de la opción, elemento que gloriosamente facilita la virtud del pudor y por consecuencia a esta excusa o causa social, no solo por conveniencia o apariencia nos sentimos obligado a obrar, incluso (por extremismo en algunos parámetros) buscando algún tipo de aceptación. También bajo un austero control debemos educar y manipular nuestros instintos para satisfacer demandas comunes o condiciones de otros, pero, aun así, esta elección puede ser contraproducente y hasta con consecuencias insanas, si desafiando, contradiciendo o negando la naturaleza de la condición humana reprimimos nuestras emociones y deseos naturales. Somos seres de constitución emocional cien por ciento predominante, por ende, vivimos de y por emociones, incluyendo las positivas y negativas; las benignas y malignas; las constructivas y destructivas, etc. La emoción no es una especulación del romanticismo popular ni tampoco un simbolismo abstracto en la estructura biológica animal, de hecho, clínicamente comprobado, son denominadas como glándulas hormonales suprarrenales que en dependencia de la intensidad en cada tipo de evento será la magnitud de su manifestación, ejemplo: La adrenalina es pura emoción. Sin emoción no hay vibra ni sublimidad sentimental en ninguna faceta del amor; en ningún aspecto de la vida cotidiana, en lo formal, en la aventura, etc. y aunque quizás los sentimientos posean un vínculo muy estrecho; dependan o sean la cúspide de las emociones, si podemos estar seguros que, no siempre las emociones obedecerán o se identificarán (aun incluso en muchas acciones dentro de una relación de parejas) con ese tipo de sublimidad sentimental llamada amor. El tránsito del humano por el mundo es breve e irrepetible, por eso haciendo gala del respeto y la vergüenza, sin complicaciones debemos vivir con intensidad y naturalidad la vida del modo más honorable, pero por prejuicios o complacencia no podemos ahogarnos en nuestros propios derechos, deseos o necesidades y mucho menos en convencionalismos.

Los egoístas, hipócritas, ilusionistas, extremistas, puritanos, etc., se han aferrado por siglos en querer imponer la idea de que el ser humano solo tiene la capacidad para poder amar a una sola persona, que aquel, sea hombre o mujer, que sostenga más de una relación que involucre sexo, en ninguna de esas relaciones hay amor o algún tipo de identificación sentimental. Esta conclusión, además de ser ofensiva, también es aberrada, porque todo tipo de satisfacción emocional, de acuerdo con la comunicación o el tipo de dedicación, es equivalentemente concedida a la satisfacción que demande cada relación en particular, incluso sin entrar en conflicto (involucrando dos o varias relaciones por atracción física al mismo tiempo) también puede generar una variedad de afectos y sosiegos que, aunque algo diferentes en cada relación, pueden ser muy atrayentes o estimulante y hasta concluir en sentimientos. Además, aunque sabemos que el sexo es una acción directamente vinculada con la emoción, el deseo y la necesidad, considero esa conclusión de exclusividad sexual que se pretende anexar como una ley insoluble del matrimonio, dentro de un contexto totalitario, es posesivo egoísmo, propio del manipulador, porque es inaudito que alguien pretenda controlar, administrar o dirigir la necesidad emocional de otro como si fuese el dueño absoluto de una propiedad material.

Si nos desprendemos de lo banal, egoísta y posesivo que identifica al ser humano y con nobleza e imparcialidad nos detenemos a valorar la capacidad y alcance del amor, observaremos que existen varias situaciones sentimentales de una verdad tan cotidiana como irrefutable, incuestionable y que descartan cualquier suposición que, induzca a una posible limitación o incapacidad de amar, o que la relacione con ese patético concepto de exclusividad o propiedad sentimental. Un ejemplo de lo prolífero y compartible que «es» el amor, sería el siguiente ej.: podemos tener dos o más hijos y aunque haya un favorito, a todos los amamos con la misma intensidad y devoción; si por casualidad, debido al carisma particular de una persona, cada uno recibiera una atención sentimental personalizada, aunque parezca diferente la porción de amor en ciertas características o detalles, siempre todos los hermanos, padres, hijos, etc., estarían en el mismo nivel de amor por igual. Por favor, no traten de confundirse o justificarse con el alegato convencional que obedece a situaciones diferentes, porque entonces inconscientemente estarían elevando al cónyuge a un estatus superior, tanto en amor como al innato instinto natural implícito en los hijos y en los padres. Cada vez que analizo o trato de buscar comparaciones, me convenzo cada vez más, que el ser más completo y superior que existe es la mujer, porque dentro del contexto marital es el único ser (sin la más significante o insignificante excepción) capaz de otorgar y transmitir todas las emociones y sentimientos que, sin dilemas, ni controversias y mucho menos sin entrar en conflictos morales satisface al máximo emociones y sentimientos. En su rol de cónyuge la mujer te da lo que tú concedes y obtienes de tus padres e hijos, más incluso lo que ellos no te pueden conceder. Yo interpreto que el cónyuge es la oportunidad de beneficio más importante, con que la vida nos compensa por: nuestro sacrificio familiar; por la integridad sentimental y moral con que nos distinguimos, incluso con los amigos. Los hijos son el regalo más preciado que la vida nos otorga y nos premia. El cónyuge puede entrar y quedarse formando la parte más importante de nuestras vidas, los hijos no llegan ni se van, simplemente son la parte más vibrante de nuestra existencia.

Acorde como los swinger enfocan el concepto atípico de su estilo de vida, la libertad sexual es, tanto una motivación como un beneficio que dista mucho en relacionarse con el preludio de la prostitución o de la desfachatez; tampoco se vincula con la intención de buscar sustituto, simplemente es la compensación de libertad con que las personas honestas, dentro de un consenso que se conjuga, tanto con la realidad como con la época. Estilo que reformando el código tradicional, sin entrar en conflicto, hace gala de ese respeto e igualdad que satisface sin censura el instinto sexual inherente en su condición natural, por tanto a como los oportunista y puritanos deseen calificar: La promiscuidad, libertad, necesidad o derecho sexual es condición genética, por tanto, no están adheridos a la moral social o personal, y creo que esa absurdez de monopolizar de forma posesiva o exclusiva el sexo con el amor y con el matrimonio, esto una filosofía muy nociva y sin fundamento sustancial, incluso, cuando analizamos cuánta negatividad se desprende, entre una de ellas podemos encontrar esa aterradora excusa que todo cónyuge expone, cuando víctima de alguna trágica situación, sus emociones dominando su capacidad racional, o su mente secuestrada por una crisis de celos, egoísmo o ambición, comete homicidio. En la consciencia y subconsciente del ofensor se mezclarán, sin causa justificable, una mezcla de emociones con esa arcaica cultura de exclusividad o superioridad, que por tradición ancestral considera le asiste, e irracionalmente, bloqueando lógica, moral y realidad, mutilará la habilidad de cordura e intentará justificar su aberrado crimen con estúpidas excusas, esperanzado en que la sociedad, un jurado o juez pudiesen aceptar ese móvil como un atenuante para minimizar su culpa y condena. Del mismo modo que nadie está autorizado para segar la vida de alguien, tampoco está facultado para personalizar, a su propio gusto y conveniencia, las emociones, decisiones y deseos de otros.

La mayoría de los seres humanos, incluso en ambos géneros, conceptúa el matrimonio como un monumento a la exclusividad y fidelidad sexual, como una manifestación de amor diferente porque involucra sexo. Por eso creo que mientras continuemos obstinados y obsesionados con la imaginación de que ese tipo de amor, el cual distingue al matrimonio, existe como si fuese un híbrido concebido a través de la fusión o copulación entre las emociones y los sentimientos, la felicidad matrimonial siempre estará amenazada por fantasmas infundados, y los seres humanos continuarán sucumbiendo por la frustración que genera prohibir o reprimir deseos y necesidades. Atendiendo al deseo natural y a la necesidad sexual del género animal, más la habilidad del humano de revestir sus actos con hipocresía y maldad, sabemos que es imposible continuar perpetuando al matrimonio como ese ícono de moral y amor, el cual con máscara y sin equilibrio, nuestros ancestros, la Iglesia y sociedades retrógradas pretenden imponer. Matizando en un mismo contexto la dualidad: Verdad y moral, además de ser sinónimos, son el equivalente de equilibrio y respeto.

En mis reflexiones, buscando un objetivo en la sabiduría de la madre naturaleza, asumo que en función de cada roll por naturaleza diseñado, el hombre fue dotado con la fortaleza física y la mujer con la habilidad de la intuición que le permite, con un grado de aceptación razonable, la destreza de poder calar la mente de su cónyuge, pudiendo así hurgar en sus pensamientos; en inferencia de mi suposición, tengo la opinión que la hembra en su transición, tanto de mujer a madre como de mujer a esposa, es el único ser humano capaz de desarrollar todos sus sentidos e instinto, con la misma agudeza de un verdadero animal salvaje y receloso, virtud que, tanto por amor y egoísmo, le permite la capacidad de intuir o adivinar temores, mentiras, preocupaciones; refinar la sutileza para percibir y diferenciar olores, hábitos, por eso soy de la firme opinión que el hombre que se vanaglorie de haber podido engañar a una mujer, más que engreído vanidoso, es un estúpido consciente, y esta realidad de innatos Dones que magistralmente asiste a la mujer, es una de las tantas razones que induce optar por la honestidad. Quizás por alguna payasada o conducta errática de un hombre, la esposa por error puede intuir deslealtad y por venganza pagar acorde a su sospecha, por tanto, opino que, si existiera sin perjuicio ese tipo de equilibrio de respeto y libertad, se evitaría una infundada represalia. Intuición y venganza: si esto dos elementos combinados, los comparamos con el defecto que tiene el ser humano de juzgar a otros por su propia condición, es fácil deducir el alto grado de tormento y masoquismo, que se auto infringirían esos promiscuos machistas, los cuales rigen sus vidas y costumbres por ese código ancestral, y por el pánico de ser castigado con sus mismas deslealtad, deben de vivir torturados por el fantasma de los celos, la incertidumbre; acechados por temor que el adulterio insulte su falócrata ego, por ende... ¿Cuál es la lógica de no ser honestos? además, cuando la mujer asume una actitud de indiferencia y calma, puede ser influenciadas por varias causas, unas nobles y otras no. En esas causas inducidas por el amor, la culpa autocastiga sin piedad a la conciencia de esos hombres que el honor distingue; otra causa, en esas motivadas por la venganza, es aplicable ese proverbio que, incluso su mensaje es compatible con lo que dispone la ley del Talión: Donde hay alguna causa que justifique un buen desquite, no puede pernotar la razón para el más mínimo agravio.

Atendiendo que, a diferencia de la mayoría de las demás especies animal, el ser humano es tal vez el único que no tiene etiquetado la copulación, como un exclusivo medio genético para la reproducción, sino que la interactuación sexual es principalmente por placer y necesidad, incluso hasta como una conducta sociable en muchos. Esto, al clasificar la procreación en el humano como una acción paralela al instinto, necesidad o deseo sexual, automáticamente desvinculando sexo y amor, define o establece la acción sexual como absoluta satisfacción emocional, incluso en muchos, por no decir mayoría, se puede calificar como vicio, y en otros, hasta de proceder enfermizo, por consiguiente, la definición de la infidelidad por el grupo más feliz y extremo de los liberales, los *swingers*, es acertada por saber diferenciar entre emoción y sentimientos; por distinguir cuando una acción es ofensa, burla o traición. Los swingers desafiando e imponiéndose a esas costumbres inquisitivas, no solo han hecho realidad que no hay conflicto entre la felicidad matrimonial y la libertad del derecho sexual; que el concepto de monogamia como ley, es una imposición impuesta que, además de cohibir o mutilar un instinto y derecho de libertad, solo sirve para saciar ese rapaz oportunismo y chantaje, incluso no aplica en el género humano, porque aunque por ferra voluntad opte una conducta de abstinencia sexual, consciente o inconsciente, se es promiscuo. Tampoco existen elemento para que el sexo, bajo ninguna circunstancia sea catalogado como un "delito o una ofensa moral", pues para que el resultado de una acción se defina como "delito o culpa denigrante", no puede ser abstracto ni cuestionable, y mucho menos de carácter parcial, si no categóricamente, dentro de los parámetros éticos de ley convencional que establece todo tipo de sociedad, debe afectar a la moral de conservadores y liberales por igual, aunque sin ser un hecho criminal, debe ser denigrante o perjudicial para una sociedad y como tal, de oficio ser perseguido y punible, aun sin que la víctima haya formulado denuncia, un ejemplo: Robar es una acción que bajo todo precepto legal y moral, de oficio se persigue y castiga como un delito, y a su vez por si solo se establece, individual y social, como una causa que denigra y envilece la condición humana, afectando sin distinción las costumbres y el funcionamiento en cualquier sociedad. El sexo por ser la ley más natural e inherente del género animal, esta eximida en la contemplación para una sanción jurídica o discriminatoria, ejemplo: Si los perros ejecutan el sexo frente a los humano, sin importar el tipo (menores o adultos) o la cantidad de espectadores que componen esa audiencia presente, dicho acto es tolerado con normalidad, siendo esta solidaridad de tolerancia (más allá del raciocinio) entre animal y humano, la diferencia solo es pudor y moral; pero si la acción de un perro es de agresión o robo, entonces ese animal es perseguido y castigado en dependencia de la magnitud del acto, por eso, después que los swingers han logrado consolidar una verdadera relación familiar, que facilita vivir sin fronteras, sin horizontes, donde no hay lugar en ningún aspecto para dudas, desconfianzas, secretos y mentiras. Los swingers por tabúes ni apariencias sociales, no reprimen la natural y verdadera condición humana, y respetando la esencia de las reglas de pudor y moral, han desarrollado "otro" estilo de vida alternativo y seguro para parejas selectas que aún se respetan y se aman; para aquellos que solo acondicionan y fundamentan sus relaciones a los sentimientos y respetan las emociones; para aquellos que se miden o se dejan medir con la misma vara que miden a los demás, porque la ley más justa y recíproca de la vida es: «Ojo por ojo y no ofensas por sumisión». Alguien me dijo con despotismo: ¿Cuál es tu reclamo si ya todos hacen lo que más le guste? Mentira, aunque sin temor, pero actúan a escondidas porque no existe el pleno derecho y la absoluta libertad, prueba la vigente ley de adulterio.

Cuando observo, analizo y sopeso el afecto y la gratitud, tanto instintivo como sentimental del género animal, la similitud es sorprendente. El humano incluso con los de su círculo social más afectivo (ya sea de amistad o familiar) pelean, y en ocasiones hasta la muerte rompen vínculos con sus más allegados, sin embargo el amor a sus mascotas es incalculable, y esto mismo o tal vez con mayor índice de lealtad y cariño sucede con animales salvajes que viven en comuna, por citar un solo ejemplo: El león pelea por supremacía, hasta con los individuos de su propia manada, pero si poseen una relación con un humano, el grado de afecto de ese león hacia el humano es conmovedor, y yo pienso y me pregunto ¿Acaso el león en medio de su mente salvaje también asume que el humano es su mascota? ¿Por qué no se distinguen los humanos entre sí mismo con ese vínculo de compasión, amor y respeto?

Sin importar el porciento, solo la valoración de un ejemplo muy real: Una gran o menor porción, tanto hombres como mujeres felizmente casados, se deleitan con sexo extramarital, y esto es y será por siempre inevitable, porque además de ser ley genética, sin excepción, esta acción está fuera del control y la voluntad de todos los humanos. El mensaje del *swinger* es simple: «honestidad». ¿Por qué exteriorizar derechos y deseos a escondidas? ¿Por qué mentir y fingir revistiendo la verdad con una falsa moral? La época que hoy en día se vive, ya rompió las cadenas de inferioridad y discriminación, que subyugaban otros sectores más conflictivos y problemáticos con la moral individual, social y sexual. Cuando una pareja de personas íntegra y respetuosa está concebida por sólidos sentimientos, las emociones jamás quebrantarán el amor; además, existe la libertad que combinada con la confianza que identifica este grupo, tanto hombres como mujeres, pueden estar con alguien más hermoso, más joven, más temperamental y hasta más cariñoso, y no obstante a cuantas artimañas y empeño ponga ese tercero/a por conquistar, no logrará romper el vínculo matrimonial, ni hará que esposos/as cambien a su cónyuge por ese alguien que, en esa etapa le pudo abrumar y hacer vibrar con más emoción. Esta actitud es reconfortante, no solo por poder matrimoniarse con alguien igual a uno mismo, también es un privilegio saber que encontraste a alguien con la misma condición sentimental que tus hermanos, hijos y padres, alguien que te ama y que bajo ninguna circunstancia te traicionará ni abandonará. Creo que, al sopesar este alternativo concepto de la honestidad, la mentira no tiene lugar. Debemos ser capaces de aceptar por amor o rechazar por orgullo, pero sobre todo vivir con la satisfacción y la solidez de nuestras decisiones y no con los secretos. La mentira genera más mentiras, y eso poco a poco van introduciendo en ese laberinto de perdición y angustia que provoca la especulación, sobre cuál será la reacción o determinación del cónyuge «supuestamente» deshonrado, y esto, por culpa y temor, nos arroja a tomar decisiones tal vez erradas, condenando no solo a ambos cónyuges a la desdicha y al error, sino también a la desintegración familiar. Cuando queremos comportarnos de un modo liberal y no queremos perder, lastimar ni ofender al ser amado, si no tenemos la suficiente fuerza de ser monógamos, entonces para la tranquilidad y felicidad de ambos, debemos crear y movernos dentro de una plataforma de absoluta libertad, de plena confianza y sinceridad, sin prohibiciones o condiciones. Por consiguiente, la omisión de detalles no significa mentir, porque los cónyuges estarán conscientes de que siempre obtendrán la verdad, cuando demanden o deseen saber sobre algo, debido a que sin consecuencias se podrán actuar con libertad, y no por temor de venganza o castigo, sino por la nobleza del derecho y libertad. La felicidad y armonía en una relación, no solo la conforma la confianza, sino principalmente, la honestidad y el respeto. El mensaje es obvio: no hagas lo que no te gusta que te hagan, y si te vas a comportar de una forma liberal, hazlo con el libre derecho de materializar tus emociones sin engaños y, asimismo, aceptarás y permitirás con placer que tu pareja, sin estar motivada por la venganza, decida con libertad y sin represalias qué actitud asumirá como respuesta a sus emociones y a tus devaneos. Además, por vanidad o autosuficiencia el hombre no debe ser ingenuo, es sabido por todos que, si un hombre sostiene una relación extramarital, por insignificante del perfil de esa aventura, la esposa lo intuirá, sin embargo, por intensa que sea la aventura de una mujer, solo el hombre lo sospechará si ella lo desea.

Muchos consideramos más dignidad, integridad, respeto y amor en una pareja honesta y liberal que en esa que sostiene una relación colmada de traiciones, secretos, mentiras y desamor. Además, tarde o temprano la verdad sale a la luz, y hasta con consecuencias trágicas e irreversibles provocadas por el despecho y la burla, y por las secuelas de la traición, puede que tarde o temprano haya reacción con mayor magnitud. Por honor hay que ser tan sutil como sinceros, porque el matrimonio al igual que la amistad están concebidos por un solo principio: lealtad; son de un solo término: honestidad. En relación con lo escuchado, vivido y visto, opino que al considerar o entrelazar, bajo los preceptos del matrimonio conservador, cualquier contexto de motivación, satisfacción y objetivo de una relación sentimental posible, buscando un significado común entre la honestidad y el sexo, los resultados obtenidos son paralelos, y en la mayoría de los casos incompatibles e imposibles de mezclar, por ende, para evadir cualquier tipo de caos matrimonial y familiar, deben ser manejados y valorizados, no por separado, sino como entes de caracteres exclusivos e independientes, porque el sexo es el instinto más genuino e incontrolable del género animal. La única diferencia que hay en el animal superior, el humano, es que el sexo puede ser educado, no controlado.

Es lógico que con el interés de educar y controlar todos nuestros instintos naturales o salvajes, lo cual concluyendo en la modificación de alguna conducta primitiva por una civilizada, que nos permitiera vivir en comunidad con equilibrio y respeto, creo que solo no fue muy oportuno y necesario, sino, el más importante orden y rigor moral, que impusieron nuestros ancestros en la época que les tocó vivir, la cual por necesaria evolución, ha dado lugar a la reputación de justicia y dignidad que, hoy distingue nuestra conducta social e individual. Sin entrar en contradicción ni en confusión, del mismo modo que considero que el marxismo fue lo más oportuno y adecuado en su momento histórico, también reconozco que con el mismo efecto y valor, lo fue el código de la estabilidad moral que nos ha distinguido por siglos, el cual pudo ser concebido en el honor de la ley mosaica, establecida y plasmada en la Biblia Hebrea, sin embargo hoy día, aunque en su contexto original continúe siendo material de estudio, ambos manifiestos son obsoletos, pero en reconocimiento y honor a los triunfos alcanzados a través de esos acertados preceptos sociales y personales, que se han desprendidos de los aspectos positivos de ambos manifiestos, creo que se deben continuar con las adecuadas reformas, en pro a derechos más congruentes con legitimidad e influencias de cada época venidera.

Pero hoy, bajo ese recíproco respeto que por honor y ética coexiste entre sociedad e individuo de manera voluntaria, es humillante, ofensivo y esclavista que algo tan individual y que solo compete al interés y beneficio de una pareja, como es lo relacionado con las leyes o reglas del matrimonio y la libertad sexual, sean aun de dominio o control social, porque no a como yo lo veo, sino según el comportamiento sin censura que generan la emancipación, la disipación de prejuicios que permiten que cada individuo se identifique con su verdadera personalidad, la libertad y derechos que esta y futuras civilizaciones establecen, por ende, atendiendo tanto a la diversidad como a la inestabilidad de la condición humana, considero un derecho fundamental y legal que cada pareja debe elaborar su propio contrato nupcial, y basándose en ese contrato de matrimonio, el divorciarse será ejecutado acorde lo convenido por cada pareja en cuestión. El matrimonio no es una ley divina ni social para atarse a un comportamiento que, en una radical época, alguien o alguna institución diseñó como patrón fundamentándose en su criterio, beneficios y prejuicios, sino, atendiendo que el mundo o vida real, a nivel de empresas, personal y hasta gubernamental, rigen el destino de sus convenios y negocios por mutuos acuerdos, fundamentados en contratos con reglas acordes a los intereses y necesidad de las partes en cuestión, considero que las parejas deben de gozar del mismo privilegio. Los matrimonios pueden ser concebidos por distintas características sentimentales o emocionales, pero en, un muy significativo 95% en las disoluciones de estas uniones, sin importar motivo y causa, el litigio es netamente comercial, por tanto, por la legitimidad jurídica que esta plataforma garantiza, tanto en conservadores como liberales, para poner balanza o eliminar las ventajas oportunistas que, muchos aprovechan para beneficiarse con maldad, deberán redactar su propio contrato, y presentar a el Juez a cargo, ese soluble y evolutivo mutuo convenio de afectos e intereses, diferentes a la realidad en cómo, cada pareja concibe y prefiere las reglas en que basaron su relación y hasta basarán la disolución de su matrimonio

Debido a la bajeza con que ciertos conocidos me han atacado, es por lo que señalo que en mi exposición relacionada con la moral, jamás he pecado de autosuficiencia ni de dominio, por eso creo que no es necesario crear una escala para, tabulando el nivel intelectual, poder definir el grado de mediocridad en alguien, porque a pesar de la variedad de sentimientos negativos que provocan, tanto la ignorancia de un analfabeto, como en el despotismo en un ilustre catedrático, el factor denominador que clasifica a las personas mediocres, solo responde al extremo fanatismo de su intolerante posición. La única diferencia entre la mediocridad, tanto del intelectual de brillante coeficiente, como del ignorante de escasa inteligencia, es el grado en la escala que define el tipo o método, tanto de persuasión, desacreditación o cohibición implementada para atacar a su contrario, cuando frente a una verdad se vuelve impotente o vulnerable, por no poseer los elementos convincentes para demostrar o justificar su teoría; descender a la mezquindad de las ofensas e insultos, no confiere razón ni verdad. Estoy seguro que por encima del nivel intelectual, la grandeza de cualquier humano estriba en el sensato y excelso equilibro de, no en tolerar ni aceptar, sino con humildad respetar las ideologías, los criterios y los deseos de otros, porque la variedad de opciones que por ley o condición natural la vida confiere, es el innato derecho de elección con que gratifica a todos, mediante a esa saludable vocación denominada "libre albedrío", la cual dista mucho de ser una privilegiada condición solo, para que poderosos conviertan a débiles en blanco vulnerables de su prepotencia. No creo que seamos seres imperfectos como se suele catalogar la raza humana, sino que, por causa a la incomprensión y la irrespetuosidad en la libertad de elección personal, se nos puede considerar distintos, y por intransigencia todos, sin la más mínima elegancia, llegamos al límite de la incompatibilidad e inaceptación. Para mí "perfección" es "originalidad", por eso considero que, un excelente equilibrio de respeto y aceptación en la satisfacción de la "realización" personal, estoy seguro que con absoluta majestuosidad, esto pondría en total armonía: necesidad y deseos; objetividad y realidad, la cual, sin condiciones o persuasión permite a todos, consciente y con libertad de propósitos, elegir entre la diversidad de opciones y oportunidades, el poder de "ser y estar" afín con sus sueños y personalidad, porque la perfección existe y depende de las ambiciones e intenciones de cada humano en particular; de lo que cada cual desea y debe ser; de como las oportunidades o beneficios, de algo o alguien, le facilite a cada individuo sus medios para alcanzar con satisfacción, sus metas a su realización. Si bajo un real concepto (sin fantasía ni divinidad) nos atrevemos a medir la perfección tomando de ejemplo a alguien, entonces sería..., categóricamente, solo se puede afirmar que desde que existe la raza humana, el único hombre que ha existido perfecto y puro es: Jesucristo, porque históricamente, además de ser el único hombre que con vehemencia se alaba, jamás se le ha atribuido el más leve defecto, solo virtudes.

CAPÍTULO IX

El matrimonio estuvo, está y deberá por siempre estar fundamentado por el más íntegro principio de lealtad, como también por el más pletórico sentimiento de amor, para evitar que esta combinación jamás por equivocación tergiverse la única alteración que, tanto por respeto a la mujer como por equilibrio de los derechos humano y social, que defiende y demanda nuestra civilización: la concepción de esa absoluta confianza bajo los nuevos estatus de ilimitada libertad que, además sin modificar el carácter en ambos, también permite con regocijo aceptar en igual nivel social, la constitución moral y emocional de ambos cónyuges, sin embargo, considero que el sexo extra marital no debe estar sujeto a la opinión de un Juez que basándose en su particular interpretación dicte sentencia, que sin causa o delito atente contra la moral social o personal, sin embargo, aun así rigiéndose por leyes y reglas contempladas por un código jurídico, no solo persisten en privar o limitar la necesidad y el deseo individual, sino pretenden dominar, controlar o dirigir la libertad de conducta por normas arcaicas y el criterio de un tercero, (considero que sin un acuerdo prenupcial propio de ambos cónyuges, el divorcio por adulterio no debe tener lugar) pero como no podemos sostener una relación o contrato obligatorio, es lógico la ruptura legal, sin embargo, el sexo extramarital no debe ser un agravante para contemplar, y mucho menos ensañar la sentencia. Hay un viejo proverbio: Entre marido y mujer nadie debe inmiscuirse. El matrimonio es un contrato de parejas y como tal, ambos deben de exponer y respetar sus reglas acordadas. Cuando se dejan bien establecidas las condiciones, no importan los términos de la desintegración, porque si no se ha quebrantado ningún estatus de un previo y mutuo acuerdo, entonces no hay ofensas ni traición de algún convenio, convirtiéndose la tolerancia en respeto, pero si con ladinos subterfugios se comete esa acción sexual fomentada por secretos y engaños, la cual puritanos e hipócritas radicales han conceptuado como adulterio (más en conservadores que en liberales) eso es traición, desamor, infidelidad y esto bajo ninguna circunstancia, sea hombre o mujer, debe o no ser perdonado, es absoluta decisión del ofendido, porque en dependencia del acuerdo nupcial, el ofensor puede o no ser digno de merecer confianza o respeto. Creo que, tanto por integridad como por honestidad, los cónyuges deben tener la libre opción tanto divorciarse como de tolerar; compartir o actuar con la misma reciprocidad emocional. No digo que cada vez que tomen su bebida favorita, coman su plato preferido o se deleiten con sexo, corran a confesarse, solo eduquen a sus cónyuges dejándoles saber quiénes son ustedes y si alguna vez (ella o él) pregunta sobre qué comiste, bebiste o hiciste, entonces serán absolutamente sinceros. La aceptación de esta fría y cruda sinceridad que expongo, consiste en que tal vez solo por hipócritas apariencias reconozcamos que podemos educar y reprimir nuestros deseos, debido a que será imposible modificar o erradicar la ley de nuestra verdadera condición natural, y como ejemplo señalo que hasta los curas, a pesar de estar protegidos u orientados por el poder Divino, no pueden controlar el deseo sexual, la prueba está en los escándalos y en el flagelo que auto se somete, ese clero más conservador y poseedor de una cuestionable moral. Por egoísmo y codicia no sostenga una relación; el engaño, la traición siempre concluyen con inesperadas e indeseadas consecuencias, no estoy hablando de promiscuidad, sino de esa honesta equidad de no hacer lo que no te gustaría te hicieran y si lo haces, entonces acepta que tu pareja decida optar por la misma conducta. Tal vez (solo por esos machistas que opinan que la condición biológica natural de la mujer es diferente a la del hombre) esta estrategia o razonamiento sea inconcebible, ilógica o irracional, pero aunque muchos no acepten esta opción, es preferible antes que, siendo víctimas de las traiciones, los engaños y los secretos, la mujer actúe por esa necesidad de venganza que incide en trágicos deslaces, ratifico: Solo mi opinión es para aquellos que no pudiendo educar y reprimir sus instintos naturales, eligen quebrantar la honestidad con sórdidos secretos y traiciones, para ellos muy oportunamente existe el estilo de vida liberal que, no solo consiste en vivir acorde a la naturalidad de nuestra condición e instinto, también es para honrar la honestidad. ¡Loado sea aquel monógamo que prejuzgue! Los secretos intencionados y las verdades a medias laceran la integridad conyugal y denigran la condición humana, tanto en conservadores como en liberales. Yo no estoy aconsejando, ni estoy sugiriendo, solo estoy redactando mi opinión basado en experiencias vividas y escuchadas. Mis palabras no solo son las expresiones y opiniones de otros, también la realidad de muchos, y pudiendo ser del interés de alguien, pueden ser analizadas con el propósito de sacar sus propias conclusiones. El mundo anda patas para arriba por la incomprensión, falta de equidad y la injusticia entre políticos, religiosos y la definición de moral. No debemos intentar en amarnos con la finalidad de establecer la armonía, creo que como integrante de este mundo estamos obligados en hallar la paz, y esto solo lo podemos conciliar con la honestidad de respetarnos y aceptarnos como somos.

Los religiosos y hasta políticos, unos por hipocresía, otros por prejuicios por la doctrina que practican, acosan con persistente obstinación, con el propósito de agregar adeptos a su círculo social, pero olvidan proponer el equilibrio social/moral que aboliría tabúes, y no solo para erradicar el mito que la iglesia, fundamentó esa conducta de tan paupérrimo valor y sumisión que, según ellos, Dios dispuso para la mujer, para así sin tabúes poder rendir el merecido tributo que ella merece, incluso para que todos por iguales puedan llevar una vida libre de prejuicios que nos permita apoyar, aceptar e incluso sin conflicto morales ni sociales, la Ley del Talión. Hay dos mundos al alcance de cualquiera que lo necesite o desee pueda poner en práctica: el monógamo y concepto liberal que permite proyectarse en consecuencia de cada constitución y personalidad. El equilibrio de respeto y derechos que muchos opinamos debería regir, sería mucho más beneficioso para conservadores que para liberales, porque resultaría a engrandecer el honor de la honestidad del matrimonio, por eso, estoy muy consciente que la agresión que he sufrido, por parte de esos ofendidos que han expresado, que mi exposición es un ultraje a la ética que debe caracterizar la decencia de cualquier sociedad, solo puede estar concebida por dos tipos de personas: por íntegros y recalcitrantes conservadores o por esos oportunistas y degenerados machistas que prefieren continuar envileciendo y mancillando el concepto que debe regir y consagrar la integridad y honestidad del matrimonio.

Esta libertad que simboliza la conducta que en la actualidad es manifestada por la mayoría, no obstante, de ser compatible con la realidad y variedad de opciones que nuestra civilización, por libre elección demanda para beneficio de todos, todavía en pugna, contradictoriamente continúa siendo el conflicto que divide liberales y conservadores, pero estoy convencido que finalizada esa pugna, el diseño de un equitativo equilibrio de respecto y derechos, serviría como método para que alguien (sin antifaz ni prejuicios) libre y abiertamente pueda concluir por sí mismo, quien será basado en el resultado o la influencia de sus propios sentimientos y emociones; de sus principios éticos y la definición de su concepto de moral, porque cuando alguien bajo, la presión de tabúes y el temor de vergüenza, busca excusas de consuelos o patrones de orientación para justificar o proyectar su vida, terminará confundido, debido que no será él, ni tampoco será el «otro», porque en consecuencia de la capacidad de cómo cada cual maneja o soporta el peso de sus auto reproches, dependerá su estrategia para sentirse felizmente realizado. No olvidemos que la carga de culpa que para alguien pueda ser adecuada, para otro puede ser ligera o pesada. Por la variedad de deseos o intereses que impulsan al liberal a desinhibirse de los tabúes, he notado que es muy particular la originalidad con que cada individuo proyecta su sexualidad, por eso podemos nutrirnos de las experiencias de otros, pero ser autodidacta en la formación de nuestro carácter, porque siendo nosotros mismos podremos realizar con equilibrio y satisfacción el destino que a nuestra conciencia se ajuste. De varias conversaciones con diferentes personas he aprendido que este tema no tiene un patrón específico, cada situación y carácter requiere de su propio estilo. Además, cuando alguien concluye por sí mismo quién será, siempre estará satisfecho por sus auténticas decisiones.

Estoy convencido de que todo sucede por algo, y por eso debemos ser muy previsores para extraer de cada suceso lo mejor, y así poder elaborar un honorable y fructífero destino con los aspectos que más nos convengan y no lo que más deseamos. Sin premoniciones de ningún tipo, las acciones, proposiciones o casualidades jamás se cruzan en la vida de alguien por nada, sino, por medio de las experiencias, solo para enriquecer nuestras habilidades, por eso siempre habrá un detalle que, aun siendo el mismo, la forma de asumir hará a cada quien diferente y en su método de respuesta estará en concordancia con cada evento u oportunidad que, por elección voluntaria y propia, aunque pueda ser correcta o errónea, siempre estará identificada con el tipo de honor de nuestros deseos, intereses y ambiciones. El secreto siempre estará en extraer de cada elección, sin importar si es buena o mala la experiencia, todo lo que nos pueda ser productivo para transitar hasta nuestras metas, el resto se deshecha y con ese olvido, implícito estará el perdón que nos otorgará paz. El destino siempre será ajeno a situaciones imprevistas y al azar, porque el destino es el camino elegido a nuestra meta. Las decisiones conscientes, ya sean buenas o malas, son las que forjan nuestro destino. No debemos —con insultos, maldiciones o lamentaciones— hacer responsable al destino de nuestros reveses y desdicha. Debemos de estar consciente que, tanto de la sublimidad, como de los escollos y lo abrupto de la senda que por beneficio o deshonor elegimos transitar; las recompensas siempre serán más afines con las intenciones que con las acciones, por eso debemos de elegir correcto y no por comodidades.

Yo sé que soy un analfabeto con colorete de limitada instrucción académica, pero, aun así, mi moral padece de distrofia, ni mi interpretación es raquítica, ni mi expresión es un parásito. Así es como yo siento y veo este aspecto de la moral, la cual, por condición abstracta y relativa, por conveniencias solo responde a intereses sociales y personales. Por fortuna para mí, la condición humana está sujeta a especulaciones y opiniones. Estoy seguro de que toda persona con criterio propio y con voluntad independiente, (aunque no lo divulgue) tiene su propia y auténtica convicción respecto a este tema. A mi criterio: moral y carácter; emociones y sentimientos, aunque quizás se hereden, no responden a patologías, no se trasmiten por un virus, por ende, no hay enfermedad ni cura, tampoco nadie podrá adquirir, ni trasmitir mediante cualquier tipo de enseñanzas, determinados sentimientos, emociones y moral, porque estas materias, además de no estar basadas en una ciencia exacta, solo toman estructura y fuerza en la mente de cada individuo. Por consiguiente, ni el más ilustre y sabio profesor podría establecer o definir con exactitud un patrón de conducta común. Además de petulante jactancia o incluso de que sea hipotéticamente posible, intentarlo y lograrlo sería ir contra la evolución de la condición humana, que es cohibir, mutilar o privarnos de lo más grandioso en el ser humano: El libre albedrio. Por ende, este es un tema que nos incumbe a todos, porque es la fuente que genera los elementos que nos distinguen y también define quiénes somos, y como tal estamos facultados a opinar, comparar y hasta aconsejar sin pretender que alguien sea como nosotros.

Los puntos que expongo simplemente son el resultado de reflexiones y conclusiones que competen a mis conocimientos, adquiridos por las experiencias vividas y también escuchadas. También de cómo han sido afectados mis emociones y mis sentimientos por cualquier evento vivido, leído u observado. Tal vez muchos concuerden o discrepen con mi modo de sentir, pensar y ver sobre los temas que expongo, pero es ahí lo grandioso y maravilloso de la civilización de esta época que, sin represalias ni censura permite la exposición o el debate de toda hipóstasis o el equilibrio de una tesis, porque cuando entre las personas, el honor y el respeto es mutuo, discutir no es sinónimo de trifulca, sino es un aprendizaje que se establece por medio de un civilizado debate que, aun estando polarizado, siempre inducirá con coherencia a un intercambio de ideas o teorías que, no obstante, de ser adversas, también pueden poseer en ambas partes, racionales fundamentos que, a través de un razonable planteo y análisis, esas ideas por muy enigmáticas, pueden resultar en beneficios para una o ambas causas, sin embargo, reconozco que discutir puede ser nocivo o trágico, sin en una o ambas partes predomina la mezquindad y la mediocridad, por eso, sin importar si es erudito o ignorante, para evadir escenas denigrantes y conflictivas no se debe discutir con fanáticos o extremistas.

El objetivo de mi atrevimiento a escribir sobre este tema, es motivar a que todos expongamos cómo cada quien interpreta las distintas facetas sociales de las conductas del ser humano. Yo estoy seguro de que eso contribuirá del modo positivo en la constante evolución de la condición humana. De las distintas etapas de la vida humana han salido los diferentes pensadores que, según los principios y demanda de cada época, ha sido el factor promovedor para establecer patrones, favoreciendo o perjudicando la conducta moral, ya sean sociales o individuales de cada civilización acorde su visión y prejuicios. Es preciso que todos contribuyamos para que el mundo deje de andar como en tiempos de nuestros abuelos: patas para arriba, y que ahora sea como nuestra época define y demanda: de una forma erguida y sin vergüenza exponiendo quiénes somos, todos debemos marchar por la senda de nuestras vidas, atravesar por el centro de cualquier sociedad con orgullo, dignidad y respeto. Aunque una de las principales causas de esa milenaria lucha que por siglos ha abatido a la humanidad, ha sido la recurrencia en erradicar viejos y de establecer nuevos preceptos y conceptos que, además de ser más afines con la inherente condición humana, inspiren aceptación y respeto sin ningún tipo de conflicto ni perjuicios, tanto sociales como individuales, aunque rivalicen con las ideas y convicción moral impuesta por nuestros ilustres ancestros, sin embargo reconozco que sus soluciones extremas y parciales, siendo objetivo y dependiendo del tipo de conducta que a ellos le tocó vivir en aquellas épocas, admito que hay honor en la esencia de algunas o las principales reglas del código moral impuesta por ellos. Sin embargo, sin contradecirme ni atascarme en confusiones, también considero que no todos los preceptos y conceptos que ellos visualizaron, propusieron e impusieron no fueron los más indicados, justos y honestos, incluso ni para cada época que a ellos le tocó vivir, y, por consiguiente, mucho menos para las futuras generaciones por su constitución bárbara y discriminatorias. Aun así, debido a las limitaciones, condiciones y prohibiciones de sus épocas, y al lugar que dio paso al desarrollo y crecimiento de la conciencia humana, reconozco el gran mérito de valor, sabiduría y sacrificio que la humanidad le debe a todos esos grandes maestros que han existido en las diferentes etapas de la trayectoria humana, porque la insistencia en rectificar y mejorar los conceptos y preceptos sociales e individuales, ha sido la causa que ha dado lugar a esa evolución que paso a paso viabilizó este progreso que distingue esta sociedad, la cual con igual decoro demanda libertad y derechos para todos, sin distinción ni clasificación; facilitando que épocas con más avances y balances en todos los aspectos, pudiesen con orgullo cosechar el fruto de la simiente que ellos sembraron, y que no es más que este tipo de civilización que le ha tocado vivir a nuestra generación, por tanto debemos continuar creciendo como humano, para poder garantizar una vida perfecta a generaciones futuras.

Los tradicionalistas tienen el mal hábito de atacar y criticar todo lo que está en desacuerdo con lo que ellos conciben y promulgan, e incluso continúan creyéndose con esa facultad o autoridad reaccionaria de establecer las normas individuales y sociales, como si aún estuviéramos en épocas pasadas, sin tener en cuenta que el lastre que hace sabia, grande y diferente a nuestra sociedad actual, es el respeto y la libertad que facilita la igualdad.

Durante nuestra trayectoria, acumulamos una inmensa variedad de experiencias de las cuales, lo más probable la mayoría provengan de situaciones no sufridas o vividas, sino observadas, y considerando que por naturaleza todos somos diferentes, tanto en intelecto como en perversidad, será la razón por lo que cada individuo, según particular interpretación, desarrolla y aplica un método distinto para definir, tanto su comportamiento como también el tipo de estrategia que (incluso muchos sin remordimientos o vergüenza) empleará para proyectarse en la vida, por consiguiente, en dependencia del contexto de la situación en manifiesto será el nivel de creencia que daremos a cada resultado, sin embargo y siendo objetivos, admito que desde cualquier perspectiva «creencia» no es más que una realidad relativa o subjetiva, porque siempre el significado será en dependencia a una interpretación que obedece a conveniencias o intereses individuales, por tanto, si estamos consciente que el «conocimiento empírico» solo proviene y se obtiene de las experiencias vividas, entonces podríamos entender que este tipo de «creencia», tal vez ajena a la realidad, puede ser más congruente o compatible con «conveniencias» que con «verdad». En relación a este tema (moral-sexual) no es necesario enmarcarlo dentro de ese contexto metafórico que, por ocio, egoísmo o por desafuero, ha dado lugar a esa interminable búsqueda de resultados a través de esa retórica en argumentar y refutar tesis que, (generando ese círculo dialéctico de, nunca acabar el debate de reflexiones imaginarias) cuando sin contradicción la verdad es detectable en la realidad genética y los derechos sociales que sin justificación legal o racional han marginado y privado a la mujer de sus derechos naturales, por esta razón mi teorema del equilibrio socio-moral, no precisa estar fundamentada en estudios o investigaciones, sino en las consecuencias de reales experiencias, cuyos resultados están dentro de un contexto histórico y no en una lógica ilusionista que, en un debate, su idealismo abstracto convergiendo (por confusión o intención) en amoralidad, pueda rebasar negativamente los límites de costumbres tradicionales, como hasta hoy ha sucedido por interpretaciones de extremistas falócratas que, en sus constantes debates, establecen que es lo más honorable o adecuado para la conducta moral femenina.

Los conservadores opinan o definen como «real» al conocido matrimonio tradicional y solamente concebido entre los de sexo opuesto. Entonces, si en una gran parte del mundo es aceptada y legalizada la unión de parejas del mismo sexo bajo ley matrimonial, y los gais no disfrazan su conducta y posición, no entiendo por qué razón el matrimonio heterosexual que vive bajo el estilo *swinger,* continúa siendo objeto de esa crítica que lleva consigo una connotación tan marginal, como negativa, cuando hoy en día derechos y libertad, respeto y moral se identifican y convergen. Pero aun así debemos preguntarnos qué es realidad y qué es ficción. Aunque la realidad es un hecho tangible y visible, para muchos la realidad, al igual que la moral, no difiere del mismo concepto enigmático o del significado filosófico de cada persona. La realidad no siempre es la evidencia de todo lo que vemos y tocamos, porque a consecuencia de alguna aparente fachada social, la manipulación, alteración o lo que ocultamos en cualquier cosa que mostremos, puede dejar de convertirse en una realidad irrefutable. La realidad, aunque es el reflejo de lo que nos distingue y a la vez nos identifica con nuestras ambiciones, propósitos y emociones, como con los deseos de cada individuo en particular, no es un factor totalmente individual, porque no todo lo que alguien asuma, ya sea por deseo o necesidad, obligatoriamente se convierte en verdad o realidad, porque la conducta puede ser cínica o fingida, por eso, dentro de un significado o contexto común, la realidad es de carácter colectivo y social. Por ende, bajo los derechos de igualdad y libertad, tanto social como individual que esta época confiere, más la desinhibición de prejuicios y el balance de las consecuencias, es por lo que algunos conceptúan que la realidad que denomina como funcional a un matrimonio, es la verdad y el respeto mutuo, combinados con la confianza y la honestidad que pueda coexistir entre cualquier tipo de pareja. Incluso opinan que las emociones no afectan a los valores sentimentales y morales que, deben definir como convencional o funcional a cualquier tipo de matrimonio, ya sea liberal o Conservador. Solo hago alusión en la unión heterosexual, porque en lo que respecta reglas y costumbres son los únicos estilos o conceptos matrimoniales que están en críticas y debate, ya sea por las normas puritanas de unos, las cuales, favoreciendo a los hipócritas y cínicos se prestan para fomentar la traición y la mentiras, o en el concepto de aceptación que otros promueven como un evolutivo estilo de vida, el cual, a la realidad de otros, lo resumen como la libertad e igualdad de algo muy sencillo y simple: Respeto y Honestidad por Amor.

CAPÍTULO X

Lo más peculiar relacionado con la nueva visión o ejecución sexual actual, es la terquedad comparativa con que continúan nuestros abuelos escandalizados, sin detenerse a valorar que el período evolutivo demanda reformas nuevas en el progreso de cada época. La sociedad de hoy en día ha desinhibido de todo prejuicio a padres e hijos, permitiéndoles a los jóvenes mayores de dieciocho años, la opción de vivir en pareja antes de formalizar una unión legal, y esto ha generado una libre y amplia gama de amistades. El sexo de esta generación, como si promulgara el concepto liberal, no provoca conflicto moral ni social, siendo muy frecuente concebido por placer o emoción, sin ningún tipo de consecuencias ni contradicción entre amigos. Esta libertad ha enseñado a diferenciar qué es, emoción y sentimiento, como también a poner bajo un nuevo contexto de sinceridad la palabra «honestidad», dando lugar al nacimiento de ese movimiento alternativo llamado *swinger*, el cual, con el objetivo de erradicar el llamado matrimonio disfuncional, ha puesto de manifiesto un nuevo y alternativo estilo de vida, para personas que se aman y que siendo capaces de vivir, sin perjuicios, en función de la real constitución humana, han puesto en primer orden el bienestar y unión de la familia que ellos crearon, y a su vez siendo satisfactoriamente equitativos con la integridad y reciprocidad que el respeto demanda, son favorecidos con esa confianza y honestidad que son requerida para vivir en paz y con felicidad. Según los practicantes, este oportuno o tolerante estilo de vida lo garantiza.

De acuerdo con la teoría de la honestidad y el voto de confianza del liberal, las emociones jamás traicionan el vínculo que une a una familia, porque la acción sexual obedece al placer y satisfacción del deseo carnal, y no a esos sentimientos o emociones generadas por el amor. Para los *swingers*, lealtad y amor van de la mano hasta el final, y con el propósito de espantar el nefasto fantasma del aburrimiento y los celos, juntos o por separados, sin antifaz viven sus emociones sin prejuicios, ni censura, ni temores. Además, es sabido que se sufre de celos por lo que imaginamos, no por lo que vemos. Se es víctima de traición por lo que se oculta y no por lo que vivimos o sabemos. Prohibición es sinónimo de curiosidad, de reto y traición. Si no hay prohibición, no habrá motivos para que el morbo nos invite a experimentar. Existe un dicho muy popular y contagioso: «Si nosotros tuviéramos el corazón en la cabeza y el cerebro en el pecho, los matrimonios fueran eternos porque pensaríamos con amor y amaríamos con inteligencia». Pero yo discrepo de este tipo de conformismo, porque estoy seguro que bajo esa opción o definición, el matrimonio sería estereotipado y solo se contraerían relaciones maquiavélicas, las cuales extinguirían esa encantadora magia del amor que, con emotiva belleza, hace llegar ardiente la flamante llama de la pasión hasta la vejez en selectas parejas, concebidas por esa seguridad y perfección sentimental que no distingue entre conservadores y liberales, en esa etapa de la vida donde, sin riesgos negativos, el amor bajo una simbiosis mutualista premia a las vibraciones emocionales con absoluta castidad y nobleza; la etapa donde emoción y sentimiento se funden convirtiéndose en sutil, ingenuo y real amor, donde se deja de ser cónyuge para ser el amor personificado.

Impactado por mi forma de exponer mi opinión relacionada con el estilo *swinger*, un coterráneo y mi gran amigo Lucho, en un tono tan irónico, como agresivo y ofensivo, catalogó mi libro como el perfecto manual de esos pusilánimes hombres, cuya apatía no solo los deshonra a ellos, sino también el orgullo varonil. Un manual para que esos esposos, no víctimas, sino tolerantes al adulterio, intenten justificar con excusas conformistas, su cuestionable autoestima. Pero otros que, aunque jamás aprobarán ni aceptarán que sea admitida la ley del Talión, comprenden, aunque con algo de sarcasmo, cuánta injusticia y discriminación hay en las consecuencias de este concepto que, hace una infundada diferencia entre hombres y mujeres. Lucho, a pesar de ser amigo y conocer muy bien a mi esposa, me dijo y me pidió que pusiera en mi libro su cómica paradoja refiriéndose a mí: «Hombres que piensan como tú, con tal de tener la vaca dentro del corral, no le deshonra la vergüenza de los cuernos». La capacidad y valentía de reconocer el equilibrio al que yo hago referencia, solo estriba en tres virtudes: ser un incomparable hijo, un incondicional padre y un honesto esposo que reconoce y valora el amor y respeto que a su amada esposa le corresponde como ser humano y mujer. Mi mensaje lleva consigo el mejor homenaje al matrimonio monógamo y es para que siendo íntegros rindamos tributo a la mujer. Y si no somos capaces de ser fieles, entonces seamos honestos, para que ella tenga la opción de mantener la familia unida, ya sea exigiendo igual tolerancia o eligiendo la opción de divorciarse. No insinúo que nos comportemos de manera descarada o que nos confesemos sin pudor, solo que no mintamos llegado el momento, que seamos incondicionalmente sinceros y leales. Debemos establecer y respetar acuerdo, pero principalmente, por honestidad y amor, aceptar la conducta y decisión de otro en relación a la escala de nuestros actos y moral. No me refiero a los *swingers*, sino a esos promiscuos solapados que, sin el más mínimo respeto con su conducta, discriminan y ofenden a otros; los swingers no tienen por qué temer ni preocuparse, a ellos no debe afectarles las consecuencias, debido que en ellos la integridad del honor, difiriendo de humillantes y arcaicos convencionalismo, no es cuestionable ni circunstancial.

En mi humilde opinión, el matrimonio *swingers* no es hipócrita, y aunque aún vivan con reserva (no ocultos) estoy seguro que no les afecta la censura de los cínicos, porque no disfrazan sus acciones con falsos coloretes de distinción social que, lo revista con un vano significado de honor, o un camuflaje moral que los visualice con falaz apariencia. No actúan provocados por la ansiedad, no corren riesgos, rechazos, no necesitan justificación ni rendir cuentas, y lo más importante, no mienten, no ocultan e incluso comparten. Para personas que no le gustan reprimir sus deseos o privarse de sus emociones, la opción *swinger* no afecta ni altera los sentimientos en ambos cónyuges, esta condición o revolucionario estilo de vida que otorga confianza, respeto y amor, es perfecto para que (decidiendo quien ser, escojan entre tolerancia e integridad) puedan concebir bajo el concepto liberal un matrimonio funcional, porque la felicidad recíproca entre ambos cónyuges, no es posible siendo machista y promiscuo, además, después de haber creado una familia, es una obligatoria responsabilidad educar, cuidar y amar esa familia hasta el final del camino. Realidad: el mejor padrastro o madrastra del planeta jamás llegará a suplantar ni al peor padre y mucho menos a una madre, la sangre siempre se impone. No exhorto ni hago propaganda y como creo que la condición humana es igual entre hombres y mujeres, solo digo que, aunque no pidas, llegado el momento, concedas lo mismo que tú otorgas, y así, por el honor y respeto que se desea para una hija y madre, con honestidad, contribuiremos a equilibrar la balanza. Hay que reconocer que no podemos controlar, gobernar o luchar contra la voluntad y deseos de otros que, en la mayoría de los casos, se ejecutan los deseos en secreto, aunque esas acciones cuesten la felicidad o el bienestar familiar, incluso hasta desafían sin importar el valor de la vida.

Atendiendo que un *swinger* de los tantos que han podido leer este manuscrito, me señaló que el concepto *swinger* solo responde al intercambio de parejas, cuando todos están de acuerdo y no a la libre elección de cada cual. Yo creo que además del total acuerdo, debe predominar el agrado y el deseo en todos los involucrados; y que tampoco se debe resumir al intercambio porque uno de los cónyuges seleccionó o aprobó la diversión de ese momento por interés o egoísmo. Si para alguien este evolutivo estilo de vida está sujeto a esa denigrante regla, entonces hay más honor en un disfuncional matrimonio conservador que, en ese tipo de matrimonio Liberal, porque, según yo puedo entender, ese tipo de proceder lo convertiría en un matrimonio condicional y de convenios, donde la mujer o el hombre, en algunas ocasiones tenga que aceptar contra su interés o deseos para complacer al cónyuge. Esto lo fundamento al tener en cuenta que, en lo relacionado al sexo, el hombre es oportunista por constitución, mientras que la mujer es selectiva. En el tema *swingers* yo no seré muy conocedor, pero si esta condición o exigencia existe en algunas parejas liberales, entonces considero que esos matrimonios están concebidos en ventajas y oportunismo, y no en el respeto y la libertad del derecho que, fundamentándose la condición natural del humano, debió demandar la necesidad y razón para establecer este atípico concepto liberal, ya (refiriéndome a la opinión de mi amigo) que al hombre estar utilizando a la mujer como un medio que le facilite la oportunidad de sexo, eso es más vergonzoso que la posición del machista. La mujer no es una propiedad del hombre, ni tampoco debe ser usada como carnada, por ende, asumo que, al sumergirse en este estilo matrimonial, la acción debe ser, tanto de total libertad como de tolerancia incondicional. En correspondencia a la necesidad de satisfacer sin perjuicios la condición natural, a mi entender, en el significado y los términos debe existir una sola regla para honrar y definir cada concepto: liberal sin condiciones o conservador, no con prohibiciones, sino con sus reglas.

CAPÍTULO XI

Los promiscuos a pesar de ser por excelencia machista, consideran la libertad sexual como un privilegio solo para hombres. Una de las características más esenciales de la condición humana es valorar y aceptar lo que más nos conviene; por eso, al observar la conducta del reino animal en su hábitat natural o salvaje, justificamos nuestro egoísmo alegando que por naturaleza la hembra es para un solo macho, y un macho para varias hembras, al ver que en la jungla por instinto natural existe el macho alfa; como un granjero selecciona un macho que denomina semental, como en la vida salvaje un macho forma una manada con un montón de hembras para él. Para fortuna (más para varones que para hembras) de los flacos, gordos, débiles, tanto corporal como de carácter, feos, bajitos, enclenques, pobres, analfabetos y hasta con malformaciones físicas, el ser humano se diferencia de las demás especies animales, porque además de instinto, también, y como principal elemento, tiene sentimientos, virtud autónoma que rige nuestro destino y se antepone a la vanidad, a la necesidad, a lo superfluo; virtud que nos distingue como el superior del género animal, y por esos excelsos sentimientos que nos clasifican con orgullo y distinción, es la base que da lugar a la existencia de ese gran porcentaje de parejas que bajo muchos o todos los enfoques comparativos, a pesar de ser connotativamente disparejas, son sentimentalmente muy felices y sólidas, que incluso quizás tuvieron que salvar muchos obstáculos y fronteras antes de poder compactarse en amor. Sin embargo, en la naturaleza existen especies monógamas y estos radicales «machistas» de horizontes muy limitados no se detienen para observar, imitar o tratar de buscar una conducta similar para compararse con insectos, aves y hasta animales leales hasta la muerte a su pareja.

El matrimonio no es una de las leyes naturales intrínsecas en la vida del ser humano, es una ley social o sacramento católico, pero aun así no tenemos que vivir con el mito de que el ser humano fue concebido para vivir en pareja. Las leyes fueron creadas para perpetuar con lealtad la convivencia de parejas y esto se aplica en ambos sexos, pero de ser cierto los resultados de las estadísticas de algunas encuestas, pongamos en otra perspectiva y contexto la honestidad de la palabra «lealtad». Muchos consideramos como matrimonio disfuncional, aquellos donde uno o ambos cónyuges llevan una vida de infidelidades y secretos. Hoy día la mujer es tan, o más independiente que un hombre, no tiene ningún tipo de límites y posee las mismas obligaciones y libertades en todos los sectores, tanto sociales como laborales. En muchas ocasiones la mujer puede ser más autodidacta y autónoma que cualquier hombre; sin embargo, influenciada por prejuicios o acorralada por tabúes, hasta se auto limita en sus derechos humanos que, por condición y naturaleza le asisten para que con libertad pueda establecer el equilibrio social, sin embargo, además de auto privarse, también se discrimina a sí misma por las consecuencias morales acaecidas por la desigualdad sexual entre ambos géneros. El sexo no es solamente un derecho, necesidad o deseo de ambos, porque más allá del placer que provoca esa acción, la mujer esta única y maravillosamente dotada con la absoluta decisión, determinación y capacidad de experimentar la más sublime de las consecuencias del coito: la extraordinaria y sagrada facultad de poder ser «madre».

Sabemos que si una mujer por accidente, irresponsabilidad, descuido o cualquier otra situación ajena a su interés o deseo queda embarazada, aunque el hombre le ofrezca hasta lo imposible, la amenace o quiera obligarla, solo sucederá lo que la mujer por su propia voluntad decida. Incluso, creo que, por una razón enfermiza, irresponsable o por beneficios, hay veces que intencionalmente la mujer se deja embarazar en contra los deseos, interés o voluntad del varón, y sin importar que la causa del móvil que provoca esta indecorosa conducta, haya sido por amor o maldad, el resultado siempre empañará la encantadora y sagrada magia de la maternidad. Lo que queda demostrado es que los hijos solo vienen al mundo cuando una mujer lo desea, decida o exista alguna causa física que impida un aborto, incluso hay casos que muchas mujeres impulsadas por la responsabilidad, o el rechazo a ese embarazo no premeditado, sin prestar atención a otras alternativas, prefieren el aborto, aunque en esa acción arriesguen sus vidas.

Según los resultados de algunos estudios realizados por ciertos profesionales, las mujeres jamás sueñan con sus parejas actuales, lo que en mi opinión significa que, tanto consciente como en su subconsciente se deleitan con sus fantasías, incluso afirman que, en casos aislados, solo en sueños logran alcanzar ese fascinante clímax que está compuesto por la más culminante mezcla de espasmos y excitaciones erógenas. Incluso, según criterios o estudios se presume que, existe un gran porcentaje de mujeres que, en alguna ocasión de la semana, haya deseado o fantaseado con su artista favorito; haya deseado pasar un momento de desenfrenada lujuria con algún extraño de su agrado que por azar se haya cruzado con ella en algún lugar, o que, incluso habiendo sido cortejada por un amigo o vecino de su simpatía, tal vez envuelta en ese oscuro morbo de secretos y misterios, desenfrene su más pasional lujuria, o quizás sin importar el deseo y la oportunidad de materializar sus fantasías, por estar prisionera de los prejuicios, tabúes y/o creencias, pudo haber reprimido sus derechos, privando su instinto o condición natural de saciar su apetito emocional, por consecuencias de la confusión que genera el conflicto entre prejuicio y realidad o por la guerra de sentimientos y emociones encontrados que impiden que las emociones cieguen su mente. Sin embargo, las mujeres se privan de valorar la realidad. Es sabido por todos que el 90% de los hombres jamás dejará pasar la oportunidad de tener sexo, ni temerá a las consecuencias. Cuando un hombre es sorprendido en el acto, o posterior al hecho, por hipocresía, egoísmo o quizás por amor, convincentemente manifiesta algún tipo de arrepentimiento con el propósito de salvar y conservar su familia. Fantasear y desear no es solo una capacidad de hombres; creo que la mujer por su sensualidad es más sexual. Creo además que al igual que el amor, y sin importar la intención, el deseo también tiene ese encanto mágico que nos ilusiona, y en algunos momentos, hasta con más intensidad que el amor, nos sumerge en esa fantasía que nos hace soñar y deleitarnos hasta con lo imposible o irreal. Por eso cuando en una pareja formal u ocasional se precipite o se haya consumado el deseo, mientras estén embelesados por esa magia y (aunque les haga vivir por una breve etapa dentro de una frágil burbuja) cumpla con el objetivo de hacer que ambos se sientan importantes, alegres y satisfechos; en que ambos se deseen, entonces se busquen y gocen con la misma intensidad, lo que menos cuenta es la intención con que cada cual formó esa relación. Lo importante es vivir al máximo ese momento, porque esos irrepetibles y excepcionales momentos, son obsequios de disfrute con que hemos sido compensados por esa sublime divinidad llamada «oportunidad».

Considerando la realidad de nuestra época, yo quisiera que todos, sin hipocresía ni prejuicios, se explicaran a sí mismos de un modo fehaciente y contundente en que afecta el sexo al vínculo familiar, al estatus social y la integridad moral, porque atendiendo a las encuestas y estadísticas, no obstante, a ese volumen de adulterio en ambos sexos, los matrimonios continúan sin evolucionar sus reglas, o ¿Acaso el engaño y la traición es lo que distingue al matrimonio actual? Bueno, asumiendo que sean ciertos los resultados que arrojan las estadísticas de esas encuestas divulgadas, realizadas y registradas, debemos aceptar que aunque no haya evolución en las reglas, sí hay adaptación implícita como: secretos, misterios, mentiras, deslealtad, traición, etc., y este conjunto de elementos es lo que envilece a cualquier tipo de relación, degenerando o ratificando al matrimonio como parte de otro escenario, no en la "clásica", sino con un aspecto negativo, en esa "ascendente" comedia circenses, como si fuese el ícono degradante que simboliza un carnaval de disfraces.

Existe una etapa en la vida donde y cuando somos completamente felices. Cuando somos adolescentes vivimos sin prejuicios, las acciones son inocentes, los hechos son sanos, las relaciones sinceras, las emociones prevalecen, la amistad y el sexo se funden en diversión y placer alcanzando los orgasmos más efervescentes de nuestras vidas. Siento que es la etapa de la vida donde el sexo prevalece sin interponerse con la amistad. Valorando los resultados y opiniones, parece que esta condición de eterna adolescencia, es el mismo concepto de diáfana amistad que caracteriza a los *swingers* en sus reuniones, donde el sexo por placer, no ocasiona el dilema de luego continuar siendo respetuosos, incondicionales y excelentes amigos, porque lo negativo como el orgullo es sustituido por la honestidad, y los prejuicios por la razón. De estas experiencias y placeres aprendemos a diferenciar y sublimar el sexo matrimonial, de la diversión sexual que exige la emoción, y nos remitimos a las estadísticas. De acuerdo con los *swingers*, no solo es muy bajo el índice de divorcio entre ellos, sino es inmenso el porcentaje de matrimonios salvados cuando, muchas parejas buscando solución a su deteriorado matrimonio, han incursionado en el mundo *swinger*, y mirándolo, no desde una perspectiva diferente y/o negativa, sino real, se puede asegurar que algún día existirá la comunidad *swinger* y será la comunidad más grande, porque son los mejores, ya que para ellos lo más importante es la unión familiar, antes que los prejuicios, porque no confunden consecuencias sentimentales con placeres emocionales, porque son los que con y por amor no le ponen antifaz a su matrimonio, ni denigran la honestidad.

Aunque pocos o muchos se puedan ofender con lo que yo he escrito, estoy seguro que todos saben que el sexo por placer jamás desaparecerá, y por esa razón yo señalo y reconozco cuanta honestidad, respeto y equilibrio hay de en los *swingers*; sin embargo, estoy muy convencido de que dentro del contexto «relación de pareja», no existe nada o algo con más honor y dignidad que un matrimonio monógamo, pero por muchísimo más a favor, creo que no se debe ser monógamo o polígamo por decisión, por imposición o por opción, sino por sentir, sin consecuencias ni condiciones. La hipocresía es la contraportada del egoísmo, porque la realidad es que nadie, ni aun por amor, debe renunciar a su verdadera condición. Comparación de lo incontrolable: cuando al estar frente de una catástrofe, del mismo modo que no podemos controlar ese miedo provocado por el instinto de supervivencia, tampoco podemos controlar el deseo cuando sorprende y ciega las emociones del instinto sexual. No estoy de acuerdo con la mentira, los secretos, la traición, en fin, con ninguna acción que envilezca la palabra «honor», ni denigre la palabra «honestidad», debemos imponer verdad y respeto para no permitir que el matrimonio se convierta en un circo de marionetas y payasos.

Para muchos el matrimonio, además de ser la acción más solemne y sagrada que, bajo las más estrictas y absolutas normas de lealtad, respeto y amor debe legalizar la unión de una pareja, (ni aun deseando) jamás, por condición natural o perversa, podrá ser la acción que prive o modifique la verdadera constitución y personalidad de alguien. Negarse a reconocer y aceptar esta irrefutable verdad es la base que, marginando la realidad crea, en algunos, conflictividad, en otros, fanatismo y en este caos de confusiones, no de los optimistas, sino solos en los ilusos y autosuficientes, con demasiada frecuencia y entusiasmo escuchamos la coloquial fantochada: «Querer es poder» ¡Que barrabasada! La lógica indica que persistir en un «sueño o deseo» sin poseer las ventajas o el talento adecuado, conllevará al inminente fracaso de todos los intentos ejecutados, ej.: Yo soy feo, bajito, gordo y viejo, pero quisiera estar casado con Miss Universo 2016, ahora bien: Por yo desear o querer es lo que me garantiza que "podré" hacer realidad mis sueños o deseos; por mi febril persistencia ella me aceptará y yo triunfaré. Ese «Querer» jamás debe cruzar la frontera de los límites de nuestro circulo sin antes estar seguro que, nuestro talento es superior a las probabilidades que nuestro entorno brinda. Creo que todos debemos expandir nuestros horizontes, pero antes de enfocarnos en una meta «tenemos» que mezclar las habilidades de nuestro talento con las posibilidades de otro medio ambiente para, en esa aventura, evitarnos decepciones y ridiculeces. No todos tenemos el mismo coeficiente, por tanto, es improbable que alguien de naturaleza mediocre, por mucho empeño que ponga en brillar, logre destacarse como sabio, incluso dentro de un mismo campo profesional se puede sopesar la diferencia, ej.: El mundo está poblado de médicos y físicos y aunque todos recibieron la misma enseñanzas o preparación profesional, no todos poseen la genial capacidad ni el intelecto para destacarse como científicos. Reconozco que, pero en una ínfima escala, algunos sin el talento de una preparación profesional adecuada, (sin importar la fragilidad o cuestionable solidez que defina su empresa) solo por suerte han triunfado, pero no los tomen de patrón y traten de imitarlos, la «suerte» no favorece a los arriesgados, solo premia ese tipo de intrépido poseedor de un excepcional «carisma». Opino que, obrar y esforzarse acorde a la REALIDAD es la base que garantiza el triunfo. La vida no premia a todos con las habilidades de poder desarrollarnos en lo que «queramos», sino en lo que «podamos», para así, aunque sea por resignación o conformismo, «tengamos» que desempeñar las demasiadas facetas que hay en la vida por atender y resolver. Olvídense de las pompas y seamos consciente, hay que dar gracias a la vida cuando algunos con ciertos talentos han sido privilegiados, y ese agradecimiento debe demostrarse siendo humilde, y ayudando a los que desempeñan otras funciones básicas, e incluso hasta más fundamentales para todos.

Admiro a la mujer y al hombre que repudian la promiscuidad, pero sin que ellos pretendan que otros estén obligados a tomarlos como ejemplos o patrón de conducta. Sin censura ni disfraces hay que respetar la opción del liberal abierto que, bajo sus términos, sin prejuicios ni persuasión, sino con transparencia enaltezca la honestidad, porque la elección de ese hipócrita conservador, que hasta con desvergüenza juzga y critica parapetado con un tejado, de oscuro vidrio, para cubrir u ocultar su falsedad, si medir consecuencias que todo sale a la luz, porque cualquier tejado compuesto por aspecto negativos, solo puede ser de un frágil oscuro vidrio.

Por resultado, los *swingers* han llegado a concluir que este estilo de vida es la mejor opción para parejas que están al borde de la separación, pero que aun, sentimentalmente se identifiquen, pues además de eliminar las barreras del tabú, son capaces de librarse de la hipocresía y de esa falsa moral que todos tememos por esa absurda vergüenza que nos causa. Esta oportunidad logra con rotundo éxito el reencuentro sexual y emocional, que además de ofrecer salvar el matrimonio, también mantiene la unión familiar. Mas que ser feliz con el reencuentro, nos enseña a respetar y a aceptar con reciprocidad, que en acuerdo con lo que realmente somos, será lo que debemos otorgar.

Un punto muy convincente del respeto y lealtad a la mujer, y no solo es como yo lo siento, sino a como la realidad lo ha demostrado: La mujer es el trasmisor o la clave de la gloria o la fatalidad, y por eso cuando se piense en matrimonio, debemos despojarnos de la vanidad y especulación, porque hay que buscar en nuestro entorno o posibilidades y saber elegir la persona que, además de ser afín con quienes somos, nos satisfaga sentimental y emocionalmente. Estoy seguro que en el matrimonio, la mujer es vehículo de triunfo. He visto hombres que, aun manteniendo su mismo ritmo y estilo de vida profesional, al cambiar de mujer ha triunfado y otros, a pesar de la sólida gloria con que han navegado, al cambiar de esposa su prosperidad y dicha se resquebraja. Es cierto que hay mujeres que al cambiar de hombre su vida progresa, pero también la de ese hombre se torna aún más esplendorosa, por tanto, opino que no es la mujer, sino es el hombre quien necesita combinar o complementar su aura con la de ella.

Algunos profesionales (creo que son muy moderados con ese cálculo) han estimado posible que los *swingers* pueden estar entre el 7% o 10% de la población de los EE.UU. De ser cierto, es bastante elevada esa cifra si consideramos que los menores de dieciocho años y los mayores de setenta años están fuera de esa población consciente, ávida y activa sexualmente.

CAPÍTULO XII

Desde tiempos muy remotos ha existido la esclavitud y la discriminación, leyes impías impuestas por una degradante condición moral del ser humano. La rebeldía de la raza negra y los cambios de épocas favorecieron los distintos movimientos que luchaban en pro de la libertad; lucha tenaz por alcanzar su triunfo para lograr abolir la esclavitud. Con el progreso y los derechos civiles han sido notables los cambios. Por mencionar algunos logros: se erradicó la discriminación racial; es significativo el ascenso de la libre elección al derecho sexual sin prejuicios ni tabúes; la forma progresiva de cómo cada día escala más alto la liberación femenil que concede a la mujer un estatus laboral, familiar y social negado por civilizaciones retrógradas, y hoy sin conflictos jurídicos, civiles, religiosos o legales todos vivimos bajo los mismos derechos y condiciones sociales. Sin embargo, aunque cubierta por el manto de la hipocresía, la mujer acepta y vive conforme bajo un voluntario o impuesto yugo de moral déspota. Aun no entiendo por qué ese milenario concepto tan sumiso, esclavista, discriminatorio se continúa trasmitiendo de generación a generación entre las mujeres, y lo más sorprendente es que no se cumple con el mensaje. Incluso las mujeres que en secreto con más frecuencia deshonra la honestidad, son las que, con ese típico cinismo, intentando solapar su mezquindad, con actitudes escandalosas y con extremas dramatización se pronuncian con manifestaciones denigrantes contra la mujer liberalmente abierta. ¡Es una obscena farsa! Cuando una mujer al fornicar rompe este milenario y mal denominado círculo de honor y moral, que en realidad no es más que un círculo de humillación y limitación, por un surreal conflicto o confusión, sin razón alguna trata de justificar su acción alegando abuso, descuido, curiosidad o debilidad con el objetivo de minimizar esa mal impuesta culpa. Las leyes y reglas sociales han sido creadas por seres humanos, y como tal solo responden a los intereses y conveniencias de ellos. Considerando que moral y sexo no se relacionan, como también son elementos paralelos, (uno es por necesidad natural y el otro por condición social) creo que ni la hembra o cualquier persona deben tratar de menospreciar o menoscabar la dignidad de otra, tildándola de prostituta, adúltera, etc. Al varón no se le ofende ni se le veja por exteriorizar su deseo sexual. La mujer está más comprometida, más sacrificada que el hombre, pues además del trabajo que ayuda con el sustento del hogar y familiar, el 80% o más de ellas, también responde por todas o por la mayoría de las tareas domésticas en su hogar. La mujer es sentimentalmente más íntegra y solidaria que los hombres. Además, si una mujer por cualquier tipo de adversidad es víctima de una tragedia u obstáculo que temporalmente cause ausencia o separación física en su hogar, en un 90% es más propenso que el hombre la abandone, reemplazándola con otra; por el contrario, solo en un 20% la mujer abandonaría al hombre en su desgracia. Esta conclusión la fundamento en experiencias y no es esa irracional definición que la mujer puede ser asexual. Honor a quien honor merece. Sin excepción, en el reino animal la hembra por naturaleza es superior y más íntegra que el macho en todos los aspectos de instintos sentimentales. La naturaleza es extremadamente «sabia» y por esa virtud escogió a la hembra para desempeñar el honor de ser madre. Curioso detalle: cuando observamos el instinto o comportamiento animal en la jungla o en su hábitat salvaje, aquellos que viven en manadas, tanto macho como hembra cazan para alimentar a sus crías; sin embargo, la hembra pelea y mata por hambre, pero por sobre todo para proteger a sus crías, mientras que el macho, además de pelear y matar por hambre, sus más sanguinarios combates son para alcanzar en una manada el derecho absoluto de sexo. Sé que el hombre, por su capacidad, no racional, sino sentimental, al igual que otras especies del reino animal, las de conducta monógama, protegen a sus crías hasta con la vida, pero, aun así, si realmente existiera un premio o derecho de libertad sexual y a alguien se le debería conferir esa dádiva, ya sea por instinto, por ley natural y/o por amor incondicional, ese estímulo por razones obvias le corresponde a la hembra. Sin embargo, la mujer al estar sugestionada por esa dignidad que la distingue y honra, inconscientemente corrobora con esas primitivas costumbres y leyes, que no obstante ser tan bárbara como egoísta, ella acata auto marginándose y discriminándose infundadamente. Cada vez que motivado por el respeto y amor que la mujer merece, intento buscar la verdadera naturaleza sexual del ser humano, quedo muy confundido: La conducta consciente o involuntaria del hombre, la cual a mi criterio no responde a un código genético, moral y mucho menos a un estatus social... ¿Será por instinto, ley natural? ¿Será por oportunismo, una opción? ¿La lujuria será condición o elección? No insinúo promiscuidad, por lo contrario, por justicia exhorto balance en la moral sexual como un homenaje al valor y honor que la mujer merece. Si tuviera la posibilidad por equidad social y ética abogaría por erradicar esa hipócrita fachada de moral, y que vivan ambos sin represalias ni consecuencias por materializar sus deseos y derechos, de lo contrario vivir con el respeto y los límites que ella demande y merezca acorde consecuencias. Hasta ayer por el delito u ofensa de adulterio, la única penalizada fue la mujer, incluso hasta con linchamiento público sin previo juicio.

Creo que al igual que el hombre, la mujer debe liberarse de esa fachada de moral que es tan sumisa como ficticia, y con naturalidad comience a confrontar, conquistar o intentar establecer una relación con el hombre de su agrado. Ella tiene que luchar por lo que quiere, pues tal vez por inseguridad deje pasar el amor de su vida por confundir el autoestima y orgullo con la inferioridad y prejuicio que nuestros ancestros la etiquetaron. No deben limitarse al placer de rechazar lo que no le interesa, también debe experimentar la decepción de sentirse rechazada por alguien que pretendían. Esa falsa y farsa expresión de las mujeres: «Él es hombre y no tiene nada que perder (¿Qué gana?), pero yo no puedo porque soy mujer (¿Qué pierde?).

La moral sumisa y hasta masoquista que por naturaleza o tradición la mujer opta, no es más que las consecuencias del más violento y brutal abuso físico y psicológico, que por siglos fue sometida a satisfacción de la voluntad y capricho del hombre, desde el inicio de nuestra existencia. Hasta incluso muy avanzada la Edad Moderna, jamás en ninguna parte del mundo, en ninguna cultura, ni ningún grupo étnico, social, político y religioso, la mujer fue considerada con dignidad y respeto. Además (hasta en tiempo no muy remoto) de ser considerada como propiedad personal de un hombre, era tratada igual o con peor brutalidad que un animal doméstico. Hasta la Edad Contemporánea, con el progreso de la ciencia y los derechos civiles y humanos, fue que la mujer logró totalmente adquirir el lugar en la sociedad que le correspondía por condición humana. No sé si será sátira o realidad, pero se presume que en la antigüedad el hombre hacia suya a la mujer a «trancazos». En mi opinión, si la mujer, además de ser físicamente tal y como es, hubiese sido dotada con la fortaleza física del hombre, hoy en día los sometidos a castigos e inferioridad hubiesen sido los hombres, porque hubiésemos arrastrado esa humillación desde el principio de los tiempos. Si desde el comienzo de la humanidad, ambos, hombres y mujeres, hubiesen predominado con la misma fuerza física, hoy los privilegios y las consecuencias, tanto sociales, morales como sexuales, hubiesen sido iguales para ambos sexos sin censuras, prejuicios ni tabúes.

En mi búsqueda por encontrar razones que justifiquen el desbalance, tropiezo con esta conveniencia o realidad: Curioso y sorprendente es que la homosexualidad del género masculino, además de con desdén ser criticada y rechazada, incluso, aunque la aversión no se exteriorice o se niegue, todos, hombres y mujeres; adolescentes y adultos albergan consciente o involuntario un oscuro sentimiento de desprecio contra este género de homosexuales, y esto quizás podría asociarse, porque el gay común satura su conducta de una ridiculez tan extravagante, que no solo insulta, también lastima, pero sorprendentemente en el sexo femenino, la conducta saturada de excentricismo negativo, no proviene de la lesbiana, sino en lo que respecta el ataque o debate, por ironía o controversia, proviene de la prostituta. Reflexivo pero cierto: sin medir o valorar que en este tipo de promiscuidad, por genética hay más decoro en la actividad promiscua de la prostituta por la condición heterosexual, que en la mujer homosexual, sin embargo, aun así considero que no se debe esquematizar, porque no hay razones ni argumentos que, avale el degradante y grotesco estereotipo, con el cual han generalizado y comercializado todos los medios de entretenimiento, tanto al gay como a la prostituta (por guionistas, directores, actores, etc.) que para divertir al espectador, utilizan la forma más humillante y extravagante para satirizar la conducta de quienes optaron por esa preferencia sexual, sin embargo la ausencia de un estereotipo que etiquete el lesbianismo, es como si pareciera indicar que la homosexualidad del género femenino pudiese ser aceptada y respetada, aunque tampoco sea considerada normal. Pondré otro ejemplo: el 75% de la mujer heterosexual sí ve un acto homosexual entre dos mujeres, lo tolera, aunque no lo acepte. Sí ve un acto homosexual entre dos hombres, lo repudia y lo considera aberrante e inaceptable, incluso, el concepto más despreciable que puede experimentar una prostituta, no es por un hombre, sino por otra mujer. Yo creo que en lo que respecta a la moral sexual, las mujeres se identifican mucho más con los hombres que entre ellas mismas pues:

a) Atacan a las mujeres adulteras. b) Atribuyen mérito a los hombres adúlteros y mujeriegos. c) Toleran los actos lésbicos. d) Desprecian los actos homosexuales entre hombres.

Si un varón ha tenido cien novias, tanto la madre como el padre hablan de las hazañas de su hijo con desmedido placer y orgullo, pero jamás hablarían de su hija si ella hubiese tenido más de tres novios. ¡¿Qué tipo de moral psicológica es esta?! Para una mujer solo hay un hombre en el mundo con el derecho a poseer todas las mujeres del universo: «su hijo», y dos hombres con el derecho a una sola mujer: «su esposo» y «su padre».

Existe un programa radial de comedia llamado *Luis Jiménez Show*. Aunque en este programa que es para entretener y no para influenciar a una audiencia, se ataca abierta y crudamente a la Iglesia, a los jefes de Gobiernos, las críticas y burlas son tan fuertes y grotescas que hasta se pueden catalogar como «ofensas». Sin embargo y no obstante a las negativas (múltiples y variadas) opiniones de muchos, el programa crece en popularidad y audiencia, pero si este programa por chiste un día atacara moderadamente a la comunidad gay, al día siguiente no solo sería censurado por todo tipo de activistas comunitarios y gerentes radiales, yo creo que también sería cancelado y demandado. Por eso, al igual que los gais, es preciso que las mujeres, en virtud a los valores que rigen al matrimonio tradicionalmente convencional o conservador, como también repudiando la promiscuidad, luchen por equilibrar la balanza sobre los preceptos de la moral sexual que, desde un peldaño social se le discrimina o la hacen inferior, así tendrán la misma libertad sexual y atributos morales que los hombres. También los *swingers* deben luchar por sus derechos y respeto; el sexo que se practica, aunque sea por placer o liberal, es legalmente biológico y natural. Es preciso comprender que algunas dualidades, aunque denoten similitud en su connotación como: sentimientos y emociones; moral y sexo; amor y deseo, son conceptos diferentes, por tanto, sin prejuicios, ni vergüenza deben manifestarse abiertamente para dejar de ser conceptuados y/o marginados como un grupillo obsceno y denigrante.

Y para finalizar con mi disertación sobre los parámetros que por siglos han privado a la mujer de sus derechos e igualdad, expongo lo siguiente:

Hasta la década de los años 1940, además de las múltiples discriminaciones y déspotas limitaciones que hacían de la mujer un ser sumiso, inferior y acorralado, la dignidad y la moral de la mujer estaban, de la forma más vergonzosa y ultrajante, limitadas al himen. Con la limitación académica de épocas muy drásticas, una mujer soltera sin un himen intacto que ofrecer, corría el riesgo de carecer de todo tipo de oportunidades y respeto. Cuando una mujer por deseos, necesidad o placer disfrutaba del sexo sin haber jamás contraído matrimonio, no solo era repudiada por hombres, también y con más desdén por mujeres, y hasta en muchas ocasiones era sometida contra su voluntad y deseos a los extremos: para garantizar el amor y respeto de sus padres, debía vivir internada en un convento o si era repudiada por sus padres, familiares e incluso su círculo de amistades, entonces, sin más opciones tener que recurrir al único lugar que era aceptada en aquella época, y en donde la deshonra le ofrecía espacio para trabajar y vivir: Burdeles.

Al observar todos estos aspectos de las distintas etapas de la vida de la mujer, los cuales están presentes en todos los manifiestos históricos y hasta religiosos, es por lo que no comprendo en qué consiste el carácter tan falso, conformista y sumiso de ellas. Yo creo que las mujeres poseen con la misma intensidad, iguales apetitos, emociones y deseos que los hombres, por lo que no entiendo su capacidad para aceptar la discriminación como un sinónimo de orgullo, pudor, dignidad y moral. El equilibrio consiste en que ellas desciendan al peldaño de los hombres para tener igual libertad, privilegios y consecuencias que el hombre, o que los hombres asciendan al peldaño de las mujeres para tener igual limitaciones y prohibiciones que las mujeres. Ambos sexos con los mismos perjuicios y beneficios morales, tanto social como individual deben de ser aceptados y ostentados.

Para mí es honorable señalar que una señora mayor de sesenta años, quien es poseedora de todo mi respeto y afecto, con extrema dignidad y conformismo, me indicó que el verdadero lugar de una esposa es aceptar a su esposo con todos los atributos que la naturaleza y la ley concede al varón, que a la hembra debe destacarla la integridad moral, el respeto, el recato y reserva que por siglos la ha diferenciado. Que, si el hombre voluntariamente no desea ascender al peldaño de la mujer, entonces ella prefiere que el mundo continúe con la moral que le inculcaron sus padres, antes de ver o saber que la mujer se envilece y degrada descendiendo al peldaño de los hombres. Ojalá que, en nombre del amor, el honor y la honestidad que la esposa merece, los hombres de futuras generaciones admitiesen este concepto y moral que enaltece a esta honorable señora.

Muy opuesto al honor de la señora amiga mía, un familiar muy cercano, no sé si me cuestionó o interpeló, pero me dejó anonadado al debatir y contraponerse a mi mensaje de respeto, equidad y balance, exponiendo que la mujer, cuando un hombre la distingue y elige convirtiéndola en su esposa, es para venerarla con solemnidad y colocarla en el pedestal más alto y dentro de la más sagrada urna, porque la palabra «esposa» es el emblema de la integridad matrimonial, el símbolo del orgullo familiar; y que para la diversión están las «zorras». Para este tipo de machista parece que la mujer debe de sentirse alagada y agradecer con sumisión por el favor que el hombre le hace de elegirla como su esposa. Por eso, la mujer debe sacudirse de esos prejuicios que, aplastándola con discriminación y humillación, por siglos, arbitrarias normas se le han impuesto con la intención de marginarla de los verdaderos derechos que como ser humano (igual que los hombres) debe corresponderle. Es cierto que optar por ese derecho, tanto de equidad como libertad, solo está en la absoluta disposición y decisión de la mujer para, sin vergüenza, ostentar esa igualdad como el genuino derecho legal y civil, pero creo se necesitará mucha osadía para romper esa pesada inercia del tabú moral. Para la opinión de muchos, el verdadero valor de la integridad, fidelidad y solidaridad de ambos cónyuges, consistirá cuando por honor y amor, ambos, sin reglas ni convenios (no obstante, de tener la absoluta libertad de obrar según sus deseos y necesidades) sin el más mínimo temor a consecuencias o represalias se mantengan inmaculados por espontánea decisión y convicción propias.

Sin embargo, en honor a una mujer latina de carácter muy seguro, que con ideas muy sólidas me ha hecho comprender la realidad latente del límite, haré un señalamiento: sé que habrá un porcentaje no muy elevado de mujeres que no estarán de acuerdo conmigo en lo que respecta, tanto la discriminación o desequilibrio moral sexual, como a la limitación e inferioridad social de la cual, con significada insistencia yo he hecho referencia, y ese porcentaje es debido a su carácter intrépido, a su condición independiente o a su naturaleza indomable, el que con dignidad y ahínco ha podido alcanzar, ya sea por un sólido estatus financiero, brillante nivel profesional o sin títulos ni capital, solo por férrea integridad de su prestigio, con impositivos valores y moral ha establecido que se le reconozca y respete por su superioridad, para así escalar al más alto estatus social, librándose del aspecto negativo que encerraba el seudónimo «ama de casa» y, sin en qué tipo de nivel o círculo encajen, sin altanería y con respeto, ellas se manejan y comportan en los mismos términos con que su cónyuge se identifica; ellas son las que, por su auténtica independencia y dignidad, respetan y hacen que se les respete por el lugar, derechos y libertad que con honor esta civilización otorga, cuya actitud es el fundamental elemento que por evolución equilibrará futuras normas de vida.

A este pequeño grupo de mujeres que han sabido aprovechar las oportunidades, privilegios y derechos propios de esta grandiosa época, son a las que ese marido machista y retrógrado no las puede ultrajar gritándoles: «Yo soy el hombre, el que trabaja y trae el sustento a este hogar». Sin embargo, mi mensaje no es para que la mujer, tome como ejemplo a ese grupo, sino que reconociendo sus valores y derechos, busque y se esfuerce en cómo utilizar esas herramientas que, facilitan alcanzar esa posición que emanciparía y establecería por igual, consecuencias y beneficios en ambos géneros, incluso para esas, principalmente las llamadas «amas de casa» luchen por establecer el derecho moral y legal que como ser humano, natural y voluntariamente les corresponde, haciendo saber que no se necesita poder financiero ni social, sino solo se necesita autoestima y dignidad alta; valentía y decisión para reclamar y tomar lo que por naturaleza es propio de ellas.

Opino que, para conseguir un funcional y positivo objetivo en una familia, todos deben desempeñar un determinado rol que, aunque diferentes, son de igual importancia; incluso carece de total valor comparativo y de jerarquía el hecho de que algunos de los cónyuges generan mayor, menor o ningún dividendo financiero. El hecho de que un hombre por voluntad o conveniencia propia, por comodidad o preferencia de ella o por cualquier necesidad de interés mutuo, mantenga a una mujer alejada de la vida laboral remunerada, eso no lo faculta en adjudicarse una posición posesiva que le permita expresar, te amo, tergiversando el verdadero significado de esa palabra en una relación de pareja: «amor», no es «esclavitud». Sin embargo, muy convencido de que el rol más importante en un matrimonio es aquel cuya actividad está más vinculada con el amor. Mi criterio no está influenciado por lo que una época pueda condenar, liberar o tolerar, sino por lo que demanda el equilibrio, igualdad y responsabilidad para el bienestar y éxito familiar, porque la función laboral satisface la necesidad y hasta la vanidad; la dedicación del ama de casa también satisface la necesidad, pero se ennoblece con la abnegación. Expongo que del mismo modo que la mujer, paulatina y tan dignamente se ha introducido y dominado todos los sectores que por siglos estaban reservados o concernían solo a los hombres, en algunas circunstancias considerando los beneficios, creo que es tan honorable como inteligente que también los hombres, y sin complejos de claudicación por cumplir con todas las tareas del hogar, si es menester, debe desempeñar con orgullo y dignidad la función de «amo de casa» a tiempo completo, porque además del regocijo de involucrarse totalmente con la formación y desarrollo de sus hijos, también tendrán la oportunidad de compensar a sus esposas con el mismo esmero, dedicación y amor que por siglos ha caracterizado a las mujeres; e incluso podrán comprender y valorar lo que el ocio, la marginación, la soledad y el abandono es capaz de influenciar y arrastrar, aún contra sus principios y deseos, pero por desahogo, consciente e involuntariamente, someta a una digna esposa a sumergirse en situaciones turbulentas, por eso es vital la preocupación y dedicación espontánea de constante mimos y detalles.

Una pareja de origen español, después de con insultos haber estrujado mi orgullo, dignidad y valores, en tono muy irónico y despectivo me preguntó cuál es el mensaje de mi libro, porque en todo lo que he dicho desde el capítulo #1 a este punto no hay nada nuevo; que todas las personas, sin importar o diferenciar raíces y culturas (ya sea con discrepancias o no, debido a tendencias liberales o conservadoras) tienen por experiencias o referencias, absoluto conocimiento de todos los temas que con énfasis he señalado, entonces de ser así, yo les pregunto a todos los que opinen como esta pareja española: ¿Por qué persistir y complicarnos la vida con falsos valores, cuando esas apariencias sociales solo generan cinismo, discriminación y abuso? ¿La honestidad debe ser disfrazada? La traición, las mentiras, la deslealtad, la falsedad, etc., es la actitud con que hipócritas y cobardes denigran la moral y la honestidad. Ambos, la preferencia y el estilo sexual, son la opción y el libre derecho de cada individuo en particular, que por condición legal y humana le corresponde, la cual, con sincera espontaneidad todos debemos acatar y respetar. Asumo que esta pareja piensa que en Latino América la civilización esta tan avanzada, liberal y equilibrada como en Europa, y su asombro o malestar consiste por considerar que estoy exponiendo algo irrelevante, desafortunadamente en la mayoría de los países americanos predominan las reglas de nuestros antecesores, y en las otras naciones los liberales viven tras fachadas a consecuencias de tabúes, por ende, no habrá cadenas que romper, pero si tabúes que superar. Mi libro lleva plasmado el más glorioso homenaje al matrimonio monógamo, pero por sobre todo y con más énfasis, el más emblemático reconocimiento al "honor del respeto y la verdad" que distingue a esas íntegras parejas que, tanto en liberales como conservadores, no ridiculizan ni envilecen la causa y el objetivo del "matrimonio" con traiciones, engaños ni burlas, que puedan convertirlo en despreciable comedia o depravados carnavales, por eso, la interpretación equivocada, mal intencionadas o, para muchos machistas conveniente, los cuales, han preferido vulgarizar o ridiculizar mi sentido de equilibrio y honestidad, (en referencia al tema moral/sexual) para luego, prostituyendo mi mensaje, con motivo infundado agredirme y desacreditar mi intención, significo, aunque no me ofende si me ha consternado, porque la fuerza de mi sentir acerca de lo que expongo en este libro, no solo pone de manifiesto la grandeza de mi nobleza, sino también el balanceado nivel de justicia que enaltecen mis sentimientos y moral.

Incluso, con un tono un tanto despreciativo, como insinuando incluirme en algún depravado grupo, con mucha acusación, me dijo que la vida es como el espejo que nos refleja, mirando en las condiciones y procedimiento de otros, quienes somos, y que cuando rechazamos o aceptamos lo que veamos en otros, siempre será, en correspondencia a nuestras condiciones, por identificarnos con la actitud del que observamos o juzgamos, y honestamente, a pesar de siempre haber oído este aforismo de, media verdades media mentiras, lo considero infundado, porque cuando vemos que alguien se comporta acorde a nuestras desvergüenzas, jamás nos confabulamos con ellos, incluso, todo lo contrario, las acusaciones más implacables, las críticas más escandalosas y la inadmisión más radical que alguien puede recibir en represalia a su conducta, provienen de quienes son en igual o similar condición a ese que están juzgando, porque en el ser humano, inconcebiblemente coexiste la rara admisión que, sin confusión o conflictividad, sorprendentemente no solo es de auto negación, sino hasta con indignación se pronuncian contra una inmoral actitud que, aun siendo en ellos de proceder involuntario, con igual magnitud auto denigra, y por esta traumática sugestión que los induce estar plenamente convencido que su condición moral (aun siendo la misma) es totalmente adversa a la que están juzgando, me hace opinar que esta disociación esquizofrénica, hasta pudiese ser inherente del carácter humano. Nadie se mira en un espejo para desarreglarse o criticarse, sino para corregirse, por ende, de ser cierto que la vida es como un espejo, entonces al poder tener la oportunidad de ver en otros nuestra propia conducta, eso nos daría la capacidad de reconocer y corregir nuestros errores y defectos, pero como todavía no se conoce a un mujeriego que acepte con la misma ecuanimidad o placer que, no solo su esposa, sino todas las mujeres tengan la libertad de comportarse con la misma libídines que ellos, entonces... ¿Qué vemos?. Si la vida fuera un espejo, también tendríamos la habilidad de analizar y sopesar las ofensas e injurias que, por satisfacción negativa, infringimos en seres indefensos, en personas que no se lo merecen y hasta en las que más amamos. Admito y también opino: Podemos estar «equivocados» o «persuadidos» en la «visión» que obtendremos de lo que refleja la vida de cada cual: 1) «engañados» por la mentira o tabúes con que alguien por error o temor tradicional (ocultando alguna vergüenza) manifiesta quien «es». 2) «seducidos» por la proyección de una taimada y muy bien elaborada fachada que, en dependencia a la peculiaridad de sus intenciones, será la base de influencias y confusiones que arroje criterios, por eso concuerdo con la sabiduría de alguien que para evitarnos innecesarios fracasos y decepciones por dedicarnos a observar la vida de otros con el propósito de imitarlos o competir con ellos, nos dejó ese gran legado, cuando dijo: «A quien debemos superar cada día, es a quien uno mismo fue ayer». Sin embargo, somos consciente que esta competencia de superación con uno mismo, no nos garantiza ser mejor o peor persona, porque en las intenciones de cualquier acción o propuesta, es donde solo estará la clave de quienes seremos.

Yo estoy consciente que en relación a conductas sociales, sexuales o morales no he descubierto algo desconocido, y que tampoco estoy aportando ninguna idea nueva que le facilite o permita conocimiento a esta generación, solo imagino (tal vez pueda estar equivocado) que nadie antes de mi (para mitigar o disipar la falsedad) haya expuesto al mundo una teoría como la mía, porque, sin engaños ni cinismo, es la realidad de como hoy, sin ningún tipo de presión o prohibición, las personas se auto comportan, dando la impresión que el palpitar de esta verdad, lejos del honor, es por mezquina satisfacción. Yo no he tratado de restar sabiduría a los pensamientos de célebres personajes, tampoco he intentado sacar ventajas con burlas de sus teoremas, todo lo contrario, ha sido porque cuando a través de mi análisis, interpreto que, según a lo que hoy se demanda, no hay afinidad entre realidad y mensaje, y esto no solo me incita a cuestionar, sino motivado por la influencia negativa, hasta rechazar el mensaje por el resultado adverso con que esas propuestas o ideas confluyen de modo contrario, a la libertad de conducta vigente en mi época; porque aún de lo radicalmente diferente que son ambas etapas, además de interferir en los derechos, la libertad y el respeto que hoy nos asiste, son dos visiones totalmente paralelas que, incluso, sin la más mínima probabilidad que en algún punto puedan cruzarse o converger, solo justifica en conservadores y cínicos religiosos, la insistencia de promover esos nocivos tabúes que influyen en que las convivencias de parejas, continúen como un despreciable circo, incluso podemos decir que debido a como todavía se manifiesta la opinión social que, solo no es justo ni legal, sino que hasta la discriminación es vergonzosa. Además, es demostrable que, a través de la historia, cada pensador ha evolucionado los preceptos de su época difiriendo, modificando o adaptando normas y reglas de cómo sus predecesores pensadores lo habían visualizado, esto es evolución, progreso, libertad. Mi libro está concebido solo en experiencias por la realidad histórica acontecida, como también de relatos y opiniones acorde las experiencias y conocimientos de otros. Lo plasmado en mi libro no es más que, la intangible realidad, y aunque muchos no la quieran aceptar, eso no le otorga la autoridad a criticarme y mucho menos, por vergüenza o cinismo, negarla. Mi sugerencia, lejos de ser estúpida o amoral, rinde tributo a la honestidad y libertad; a los derechos y respeto que todos con orgullo debemos ostentar.

Mi libro, al estar exento de metodologías y estudios realizados, no constituye una falta a la moral tradicional, ni un desacierto que se contradice con la realidad histórica traídas a nosotros por distintos psicólogos, sociólogos, teólogos, psicoanalistas, psicoterapeutas, etc., de diferentes etapas de la constante evolución social y moral. Mi punto de vista cuidadosamente lo he fundamentado en esa realidad lógica, donde exigencias y experiencias están en conflictos a causa de la mojigatería y el egoísmo; en esa necesidad cotidiana que pone de manifiesto, cual es la verdad congruente entre demandas sociales contra época vigente, y no como muchos que, (pese a la huella que han dejado con el triunfo de sus propuestas) alejándose del carácter científico, (motivados por finanzas y poder) acorde a sus ideales, intereses y beneficios propios han interpretado, tergiversado o manejado el curso de evolución y justicia con el objetivo de someter o manipular la humanidad, para sin oposición aparente, poder vetar derechos.

Lo redactado en lo relacionado a la actividad sexual no lleva ningún mensaje negativo ni amoral, sino el merecido respeto y reconocimiento que se desprende de una de las dos principales necesidades inherente a la condición animal. En ningún momento he expresado o insinuado que la actividad sexual es netamente placer o entretenimiento o que está totalmente desvinculado con el sentimiento que consagra la unión de pareja, lo que he dicho y sostengo que el sexo no es un sacramento divino, ni está sujeto a una ley de exclusividad matrimonial, pero aunque pueda o tenga incidencia en el amor, es una condición plenamente emocional, cuyos vínculos más arraigados responde imperativamente a la constitución natural del instinto y al derecho del libre albedrío, y como tal, al ser una elección con raíces genéticas, nos permite vivir bajos nuestros términos de preferencia, porque dentro de un contexto de evolución social y legal, exige cabal aceptación sin el más mínimo repudio o discriminación, y este respeto es equilibrio.

Sabemos que por cuestión de estética y especulación, educamos nuestro sistema nutricional; reprimimos nuestros apetitos de deseos, necesidades y placeres con el propósito de presumir algún tipo de esbeltez física, y esta satisfacción de vano orgullo no responde a una demanda legal ni social, sino a un exceso de vanidad o excentricismo personal, por ende creo que si por amor propio podemos educar la ley natural número uno: La alimentación, entonces dentro de un mismo contexto de "valor y orgullo", pongamos "moral y vanidad" al mismo nivel de pavoneo, así que si no somos capaces de presumir moral como un valor integridad, tal vez la podamos presumir como especulación de vanidad, dándole misma relevancia y orgullo a la esbeltez física y moral, por consiguiente, empleando ese mismo concepto de autoestima, con más facilidad podremos educar y controlar a la insaciable ley número dos de nuestra condición natural: La sexualidad. Sabemos que la satisfacción sexual posee menos conflictos o requisitos vitales que la satisfacción nutricional, porque si nos privamos o limitamos los deseos sexuales, eso solo causará ansiedad y hasta un poco de asfixia por el enclaustramiento emocional, pero aun este tipo de angustia siendo de carácter permanente, en ningún momento inducirá al deceso, contrario a la necesidad de nutrición que es obligatoria, incluso estoy seguro que es más hermoso y honorable, si por estética y vanidad, con igual pavoneo se presume de integridad moral con la misma intensidad que la esbeltez física, el resultado de esta conducta sería más gratificante, porque en dependencia del nivel de sinceridad, sería más excelso el honor y la dignidad que nos distinguiría, tanto legal como social, pero aun así no debemos olvidar que esa visión de cómo cada quien proyecte su apariencia física o moral, es particularmente opcional, no cuestionable y mucho menos punible. De nuestros ancestros hemos heredado un patrón ético muy loable que, aunque no estamos obligado en asumir de forma estricta y rigurosa, por respeto al derecho de libertad de elegir por opción, debido que la vida se desarrolla según perspectivas individuales en concatenación de consciencia y decencia. Sin atascarse en conflictos ni importar que seamos conservadores o liberales, si debemos extraer, tanto la esencia como las apariencias de ese código ético y de honor, para elevar el prestigio moral de esta y futuras generaciones.

CAPITULO XIII

En este libro no ha sido mi interés e intención mezclar temas morales o sociales relacionados (mucho menos profundizar) con política o con la ideología de gobernantes, pero por causa de la confusión creada por lo que expuse en el Capítulo 2, es la razón que ahora me obliga exponer mi opinión, aunque breve, pero de la forma más explícita. Entre los temas políticos y económicos más comunes que afectan a Cuba, solamente he elegidos algunos para exponerlos como si fuese un pequeño preámbulo de mi próximo libro. Solo haré un breve y superficial paréntesis que enfoque el porqué de mi opinión acerca de: (significo con énfasis) No refiriéndome al cubano que (sin contemplar su elección a ser comunista o capitalista, ni tampoco cuestionar su preferencia política) se proyecta con sólidos principios éticos de carácter social, individual y familiar, ni tampoco mi alusión es dirigida hacia aquellos que con honor y convicción defienden su ideal político, ya sea de izquierda o derecha, sino acerca de aquel Cubano que influenciado por esa mediática moral ideológica que, intencional e incondicional (sin importarle su auto degradación) se proyectan con exagerada ostentación de su comportamiento negativo, por y para total complacencia al régimen, incluso muchos con premeditación adiestrados al extremismo radical, lo cual como efecto colateral genera los malos hábitos de la mofa, inconsciente o confundidos al tergiversar los valores del respeto y moral, involuntariamente cegados por la pasión fidelista, han traspasado fronteras morales, degradando preceptos fundamentales de la ética, tanto individual como social y familiar. Este tipo de elemento que, a pesar de ser un considerable grupo, no es la mayoría, pero siendo tan agresiva, recalcitrante y obscena la conducta delictiva que a ellos mismos denigra, es traducida por quienes les rodean, como una nociva y grave amenaza de peligro al bienestar social, que con razón justificable, puede crear esa atmósfera alarmante que, trasmite inquietud a muchos de la comunidad estadounidenses, e incluso ese temor o sentir de recelo y desconfianza, provocando en ocasiones un enfoque de carácter, hasta generalizador y comparativo con el resto de la comunidad cubana. La formación moral de este grupo no está vinculada con ningún tipo de influencia ideológica, y mucho menos con algún tipo de formación delictiva o tolerante, innata en el cubano, porque en Cuba el gobierno solo es tolerante con oportunista, extremistas y con esos hipócritas simpatizantes al régimen que perpetran abusos y crímenes con reacciones, para impedir o intentar sofocar cualquier actividad de manifestación opositora a su dictadura. La delincuencia común, es severamente perseguida y castigada con más intensidad que hasta en un país capitalista. Los crimen sociales y morales, sin precedente comparativo, son perseguidos y castigados con sanciones que hasta sobre pasa la magnitud del delito, el límite humano y el enfoque jurídico, consecuencias que confirman que el cubano común no le teme al rigor de los Castros; incluso el delincuente común posee una excusa ideológica que lo conlleva a desvincular su fechoría de cualquier efecto colateral que perjudique, no sus valores morales, sino su sentir fidelista, porque al evaluar que esa precaria situación que abate al país y que por ley de supervivencia los impulsa a delinquir, la interpreta que no es culpa del régimen socialista, porque en Cuba la miseria, el caos no es por negligencia, maldad e ineptitud administrativa, incluso si hay huracanes, sismo, es culpa de EE.UU. Aunque por la necesidad y escasez (más el exceso y complejidad del sistema judicial en Cuba, por casi todo ser delito, es muy limitado o escaso el espacio para definir o clasificar la actividad legal) pueda existir en la comunidad un bajo y pasivo perfil delictivo, lo cual es circunstancial y sin opciones, pero la mayoría (porque no todos pertenecen al grupo de esos delincuentes amorales que sin importar que sean opositores o leales adeptos de Fidel, por circunstancia y no por amoralidad obran) impulsados por una noble opción de subsistencia, que aun motivado por sentimientos de carácter individual, sin degradar la moral y dentro de un escenario típico de ley natural de supervivencia, se atreven a desafiar al régimen usando cualquier medio y oportunidad, para delinquir combatiendo esa abrumadora miseria que tal vez sea responsabilidad por la intransigencia de ambas orillas. Esta dualidad entre supervivencias y delito, me ha hecho reconocer que la acción amoral no está vinculada al proceder, sino con la intención, y que delinquir por supervivencia es totalmente adverso a delinquir para vivir. Sin embargo, hay un «pero» en esta triste realidad: Lastimosamente, las consecuencias solo han sido por ser víctima de ese (de ambas orillas) legado de terquedad y persistencia que solo abate y asfixia, sin distinción y sin compasión, al 80% del pueblo cubano. El grupo más dañino son los delincuentes con infundada moral ideológica castrista, los que profesan un agradecimiento incondicional a Fidel y aunque son muchos, no es la mayoría, porque además de saturar a la isla con amorales crímenes, estas experiencias de acecho y ejecución les ha servido para perfeccionar su actividad delictiva. Esta escoria que posee un retorcido fanatismo fidelista, también causa mucho daño dentro de la isla persiguiendo y maltratando a la oposición, pero lo injustificable es, que cuando migran a los EE.UU. son esos que, a pesar de su delincuencia ordinaria y barata, son los únicos que se pueden catalogar como los delincuentes más fraudulentos, más sofisticados y los cubanos más despreciables que moran en los EE.UU.

Alguien, que al parecer posee un carácter muy susceptible en referencia al origen que ha inducido a la estafa y al fraude en un considerable por ciento del actual cubano, y a pesar de él estar consciente que yo no estoy generalizando, no solo con peculiar histeria me agredió, sino también armado de un sinfín de superfluas excusas, persistió en desvincular esa incidencia ideológica castrista que ha influido en la mal formación de la conducta delictiva, para así con amoral intención justificar el motivo delictivo del cubano corrupto, no ambicioso. La codicia podrá ser una condición innata del humano que, en dependencia de la expectativa puede ser buena o mala, pero la actividad delictiva es una elección denigrante que socava la ética y el honor en cualquier ideología. Sé que en dependencia a la ciudad de los USA que me refiera, allí existirá una "mafia" predominante de origen europea, asiática o latino americana, pero eso no significa que, la comunidad cubana que carece de organización criminal, ahora pretenda competir por un reconocimiento de "Mafia" al estilo siciliana, vaticana, rusa, etc. Considero venerable que toda persona se apasione por defender el honor de su patria y conciudadanos, yo soy uno, pero imparcial, porque creo es responsabilidad de cada país lidiar con la "basura" que forma. Si no nos pronunciamos contra esa escoria que abochorna a familiares y coterráneos, entonces con resignación debemos aceptar cuando "alguien" con razón o temor en sus alegatos, nos compara a todos como igual. Considero que cuando alguien migra a otro país, debe de ser para honrar el propósito de buscar la mejora de vida que en su país natal no halla o le niega, además estoy seguro que los EE.UU. no es el vertedero del mundo, ni tampoco la sociedad ideada para albergar esa escoria universal que infecta y corrompe cualquier sociedad.

La mayoría de los analistas del exilio, señalan que los Castros con su disfuncional sistema socialista, son absolutamente los únicos responsables de la negatividad y peligrosidad que caracteriza a un gran porciento de los residentes nacidos y educados bajo la doctrina castrista, basando su señalamiento en los resultados arrojados por la conducta moral, tanto en el ámbito laboral como social con que estos nocivos elementos se identifican, la cual pudiese clasificarse como un cáncer o una polilla que, carcome y destruye cualquier economía y sociedad, pero para poder valorar esa verdad que afecta el prestigio del cubano en general, sin politizar la realidad, cuidadosamente he hurgado en mis observaciones sobre el cotidiano acontecer que abate a mi país, por eso hoy día, la variada y amplia opinión que poseo acerca del tipo de posibilidades, habilidades y capacidad, con que el régimen cubano ejecuta su obligación de buscar y brindar a la población la oportunidad, aunque sea para la más elemental adquisición, pero que provea una vida decente, incluso hasta para que pudiese confluir entre ambos (pueblo y régimen) una real comprensión, interés o interacción que sea más congruente con la objetividad del esfuerzo y sacrificio en satisfacer, en unos sus necesidades y en otros sus obligaciones, aunque ese abastecimiento sea solo para poder cumplir con el mínimo del más básico nivel requerido, permitiendo que con dignidad el pueblo pueda sufragar, resolver o socorrer sus más elementales menesteres, pero cuando mezclo varias realidades como, la trivialidad de robar, con la holgazanería y la escasez, etc., asumo que esto facilitó o promovió esa sutil astucia en este tipo de cubano que ha sabido utilizar en su taimado propósito de perfeccionar, como si fuese un arte, la ejecución del fraude y la estafa, al punto que en vez de afectarle moralmente, se enorgullece de su sofisticada especialización, por tanto aunque en muchos aspectos concuerde con los analistas del exilio, no será de forma totalitaria, porque en algunos aspectos culpo de único o principal responsable esa miseria provocada, por un inmoral e inhumano sitio que, tanto por ilógica persistencia como por el resultado alcanzado, parece intencional o por castigo, lo cual, por supervivencia, solo ha transformado y generalizado la conducta de la actual población, en mayor o menor grado, en delictiva, incluso en muchos hasta nociva y corrupta que, desarrollando una especie de enfermiza amoralidad ha persistido con su postura, a pesar de haber tenido la oportunidad o privilegio de salir de Cuba para residir en otro país, donde no existen limitaciones ni prohibiciones y abunda la oportunidad de superación, sin embargo en vez de aprovechar las opciones y ventajas para crecer con honor, perfeccionan aún más sus habilidades delictiva y continúan con sus denigrantes fechorías.

Penosamente, y sin importar que por coacción o temor; por simpatía y admiración; por alegoría o realidad, este grupo (los fanáticos fidelistas) está compuesto por la mayoría, los cuales infectados por ese cadente síndrome del Socialismo Fidelista, robóticamente reaccionan debido a las consecuencias de esa alegórica, pero hábil manipulación que el actual régimen Cubano ha promovido y adoctrinado, incluso aprovechando la parte más dañina, confusa e ineficaz de la estrategia del exilio cubano, la han sabido utilizar para mezclar la alegórica retórica de ambas orilla, para así convertirla en esa eficaz herramienta que ha servido para perfeccionar la principal fórmula del defensivo manual de los trucos, que los Castros aplican para embelesar y conquistar seguidores dentro y fuera de Cuba, la cual, no solo todo lo que les perjudica y desfavorece lo han tergiversado a su favor, sino que como base y con retórica similar, han influenciado en el pueblo para que, atribuya todos los reveses y fracasos económicos causados por su negligente, inepto e incompetente régimen político-económico, como el efecto directo o colateral a las consecuencias de los obstáculos impuestos por el exilio y el gobierno de los EE.UU. Alguien de la reciente ola de desertores, me comentó que el canta autor cubano Silvio Rodríguez en una entrevista dijo: Nosotros no hemos sido lo que hemos querido y tal vez podido ser, sino lo que nos han permitido. De ser cierto que el señor Silvio Rodríguez expuso esto, está dando a demostrar que por las zancadillas y acorralamiento impuesto, el exilio cubano no tiene moral ni argumento para acusar o estar seguro que la política y administración de los Castro estaba destinada al fracaso, porque no obstantes a sus planes jamás tuvo alguna oportunidad de realizar una negociación que les facilitara un intento de poner en práctica su estrategia de desarrollar una base económica definida y sólida que le garantizara el triunfo. Incluso, este recién llegado dice que la creación de la Red Avispa, fue una estrategia necesaria para que el gobierno revolucionario pudiese conocer y evitar los atentados y sabotajes que, entre el exilio cubano y el gobierno americano cometían en Cuba con la intención de colapsar la economía cubana. En este punto no opinaré porque no sé dé cual economía y terrorismo habla este fidelista. Yo acostumbro a opinar cuando hago conclusiones sobre algún evento en que ambas partes argumentan, además yo creo que la gravedad de la economía de los años 90 hasta lo actual, es consecuencia del periodo especial por falta de la ayuda soviética y no por, dicho sea de paso, creo que, atentados o sabotajes es mentira, e imposible la absurda idea de terrorismo, pero vaya a saber que habrán metido en la cabeza de este adoctrinado. Lo más terrorífico o impactante que caracteriza el adoctrinamiento es, que inconsciente e involuntariamente nos conlleva a creer que, tenemos autocontrol de lo que con extremo fanatismo se defiende, y que es por decisión propia la actitud que asumimos, cuando en realidad, esclavizados por influencias ajenas a nuestros intereses y voluntad, estamos contribuyendo a radicar o expansionar el inmoral legado de un tirano.

Creo que la nocividad no está en el término de duración de un periodo presidencial, ni tampoco por el tipo de partido que rija en una nación, si ese gobierno ha sido establecido por petición y elección mayoritaria, mediante la pacífica y civilizada decisión o aceptación del pueblo, y mientras haya un vínculo que concatene a la mayoría con el gobierno, ese será el contundente conformismo que genera la voluntaria satisfacción de prescindir de cualquier típico ciclo electoral que produzca cambios de líderes. Opino que cuando la duración del periodo presidencial es por decisión y deseo de la mayoría del pueblo, eso es reconocimiento al excelente trabajo administrativo que ese político realiza, un par de ejemplos: Vladimir Putin ya lleva más de 16 años por la elección del pueblo; Angela Merkel ya va por más de 11 años y yo creo que ambos estarán en el poder hasta que sus facultades ejecutivas y estrategas posean vital sensatez, estos gobiernos no sé si son de derecha o izquierda, pero estoy seguro que dictadura no son, porque la verdadera democracia para determinar autenticidad en una elección, solo se conforma con el 51% de votos a favor; en Cuba hay mínimo un 75% de incondicionales fidelistas, el otro 25% estará dividido en un 15% dudosos o indecisos y el 10% restante son los anti fidelista, por ende, en ese 10% en donde me incluyo, solo tenemos dos opciones: Adaptarnos o desterrarnos voluntariamente.

En Febrero de 1992 llegué a los EE.UU. y no volví a Cuba hasta Noviembre del 2007, esto significa que no viví el período especial, pero aunque solo mi visita a Cuba fue por diez días, eso me sirvió para comprender la solidez del pensar y sentir del pueblo cubano en relación, tanto al rechazo del embargo, al exilio como con la simpatía con régimen castrista, pero por la realidad que se vive; por mis sueños de libertad y mis experiencias vividas; me resistí a creer o dar algún valor a mi sospecha, sin embargo, pese a mis esperanzas y deseos, a partir del año 2011, comprendí que no habrá nada que saque de la cabeza en la mayoría del cubano, la consigna fidelista: PATRIA O MUERTE. Fidel es la patria, la revolución, y jamás aceptarán reformas, si eso es interpretado como traición a su líder. Considerando que, por el alto porcentaje de fidelismo que vibra en esa migración, que desde el 2008 está arribando a los EE.UU., no hay lógica justificable para que yo haga alguna clasificación, como muchos lo hacen usando ese modismo cuando, insinuando que existe diferentes clases, dicen: «del tipo» para clasificar a escorias y adeptos, argumento que solo puede servir, además de engañar o dar falsas esperanzas a personas ajenas al panorama cubano, justificar la estrategia de esa politizada propaganda, que toda acción va dirigida a un pueblo que solicita o necesita ser salvado. Respeto y admiro muchísimo a esos que desde dentro están luchando por el bienestar de Cuba, pero por la realidad que todos conocemos y nos aferramos a ocultar, creo que lo más sensato y adecuado, tal vez deberá de ser bajo la estrategia de como el Sr. Obama lo visualizó. La estrategia de liberar a Cuba ha venido fallando por más de 50 años, incluso solo ha servido para infringir castigo al pueblo, por tanto, viendo que una nueva estrategia está beneficiando al pueblo, eso si no es victoria, al menos es satisfacción, alegría y alivio para los que tenemos familiares en la isla. No existen razones para exigir condiciones y cambios inmediatos, porque, la evidencia es obvia si con honor se busca y compara resultados beneficiosos para el pueblo entre ambas estrategias, además de ser ridículo e irónico, debe haber escondido algo muy perverso y mal intencionado en lo que persisten en sitiar a Cuba. Es tiempo de unirnos y ayudarnos como cubanos. Yo creo que intentar imponer en Cuba un sistema que la mayoría del pueblo no está solicitando, eso es peor que el sistema actual.

Tanto por causa como por las consecuencias tan vergonzosa del proceder de los fidelistas, que alejándose de todo sentir patriótico, prefiriendo apoyar y defender el bienestar de un hombre antes que los intereses de ellos mismos, se manifiestan con esa fanática idolatría que, sin importar si las decisiones de ese dictador sean correctas o no para la Nación; si el proceder y actitud de ese tirano es en bien o en mal del pueblo, con ese tipo de actitud incondicional, parece que en vez de servir a un hombre sirven a un Dios, por eso siempre me he pronunciado contra el régimen de los Castro, además, estoy seguro que, al igual de como los cristianos desacreditan el mensaje de Cristo, dentro del mismo contexto de corrupción y amoralidad, los fidelistas también desprestigian al marxismo. Acorde a mi entender y opinión, siempre he negado que la tragedia y caos que abate a Cuba, sea responsabilidad del propósito que dio «origen» a la doctrina marxista. Creo que, si Marx hubiese vivido en Cuba bajo el régimen de Fidel, el mensaje y objetivo de su doctrina hubiese sido muy diferente a esa que se asocia al «comunismo», digo esto porque todos sabemos que la intención de Marx fue combatir y buscar una mejora al sistema de esa rapaz «Burguesía» que en tiempo de Marx asolaba a Europa; yo leo al Capital y leo la Biblia y solo puedo exclamar ¡Cuanta injusticia! ¡Cuánta hipocresía! Aun prefiriendo una, admito que ambas doctrinas son una estafa, porque aceptar la Biblia, seria cinismo. Yo puedo entender que la verdad, en función de la convicción ideológica de un individuo, puede ser subjetiva y hasta incluso, surreal en dependencia del nivel de fanatismo, por eso es lógico que, dentro de ese contexto de confusión, el matiz personal que confluye con una "realidad" esquematizada, por esa persuasión podría convertirse cualquier "verdad", en la "opinión" particular de cada persona, pero, aun así, reconozco que por libre albedrío y un justo equilibrio democrático, tanto la opinión personal de alguien, como también la crítica, (que no es más que una opinión opuesta) debe ser aceptada y respetada. En mi caso, tanto mi opinión como mi crítica contra el vínculo entre el régimen y pueblo de Cuba, jamás será una ofensa, ni deberá ser confundida con "difamación", porque aun respetando la elección del pueblo, me pronuncio contra la conducta indecorosa con que Fidel, tomando las ventajas del poder, hábilmente supo combinar circunstancia y terror, para con éxito manipular y traicionar la confianza del pueblo. Por mi defensa y reconocimiento al derecho por el respeto y la libertad de aceptación, jamás mi opinión y crítica, tendrán la intención de juzgar la conducta de alguien. Mi crítica y opinión solo lleva la motivación a la reflexión, con el objetivo tengan el autocontrol de sus decisiones emocionales y sentimentales, para que, privado del ultraje de sean sometidos psicológicamente a ser fidelistas, les permitirá por libre opción, por voluntad y decisión propia elegir ser comunistas o capitalistas.

Soy consciente que la Ley del Embargo lleva como objetivo principal, hacer que los Castros paguen o devuelvan todo lo robado, y en ese aspecto me solidarizo con los afectados, pero me imagino que deben existir otros medios que no asfixien al pueblo, además esa Ley se implantó desde el gobierno del Sr. Kennedy, y hasta hoy solo es para cumplir medidas que no se ajustan al objetivo jurídico legal, incluso, tal parece como una burla a los afectados, y como una sanción contra el pueblo, por ende, la hacen cumplir o la anulan. Mi cambio de actitud en referencia al embargo, es por como sienten y piensan los cubanos tanto los que viene como los que viven en la isla. Ese adoctrinamiento me ha convencido que hay que olvidarse de sacar el socialismo o fidelismo y, sin imposición ni acorralamiento, ayudar que nuestros hermanos, pero con la resignación que por sí solos elijan quienes serán. He llegado a pensar que la estrategia del Sr. Obama, quizás sea lo que, a mediado o largo plazo, permita el multipartidismo y elecciones en Cuba. Yo respeto y comprendo el dolor y propósito de ese exilio patriota, pero hay que ser reales, aquí, tal vez en porcentaje similares, estamos divididos, en Cuba, por la pequeña porción, «no existe la división», y pregunto: ¿Contra qué se lucha? Esta lucha... ¿Es para remover a los Castro o para castigar al pueblo? El cotidiano método de vida en la mayoría del cubano, incluso empezando desde su niñez, es de supervivencia y, con honestidad, más que su costumbre de vida, se está convirtiendo en su formación moral, social y hasta legal de nuestros hermanos. Quien no reconozca esta degradación como el llanto y sufrir de su patria, entonces creo que desconoce la causa que originan las revoluciones;

carece de sentir patriótico, y no digan que, si son comunistas o fidelista son enemigos, porque «no», solo son personas enfermas y la cura es enseñarle la verdadera cara de la democracia.

Significo que, sin diferenciar entre partidos de izquierda o derecha, estoy en absoluto desacuerdo con un régimen totalitario, impositivo, dictatorial etc., pero si en una Nación existe absoluta y honesta libertad, separación de los poderes, trasparencia e integridad electoral, respeto y derechos, yo no veo nada contra producente en largos periodos presidenciales, claro, si como mínimo, el 75% del pueblo de esa Nación desea a un determinado presidente, es más, hasta de un punto de vista muy lógico existen muchas razones que pueden medir mejoras y ventajas que en los periodos cortos, a continuación expondré solo algunas y más importantes:

1: - Finalizaría ese cínico pugilato partidista de intrigas, mezquindades, falsedades, de quítate tú que me pongo yo que, crea tanta pugna y divisiones

2: - La conducta presidencial estará más comprometida con el pueblo y la nación porque ese pueblo será quien garantice su reinado

3: - La corrupción, el favoritismo no tendría lugar, el compromiso es con el pueblo y la nación.

4: - Es absurdo remover a un presidente que está realizando un trabajo impecable para elegir a uno porque es lo mejor de toda la basura que se postuló

5: - La nación debe de tener como mínimo tres partidos ejerciendo en el poder para evitar los conflictos, derecha, centro e izquierda

Que los políticos no les vengan con el cuento que hay que fundarse y regirse en lo que los Padres Fundadores quisieron y redactaron en la Constitución, porque estos señores no son ni fueron los dueños de ningún país; porque nuestra época es totalmente diferente a la que ellos vivieron; porque en esos tiempos las leyes eran conformadas e impuestas por decisiones a criterio y voluntad en relación a las condiciones e intereses personales de quienes dirigían un gobierno; porque está demostrado que lo que fue correcto o bueno para nuestros ancestros, ha sido lo contrario para todas las etapas posteriores a ellos; porque además de los políticos continuar beneficiándose de esas leyes y reglas, está demostrado que la vida es: evolución, revolución, reformas y esto implica cambios radicales para que todo confluya acorde demandas. La Constitución de cualquier país debe ser, aunque sea una vez en cada 100 años, actualizada con las modificaciones pertinentes y abiertas con participación del público, no a puertas cerradas por un gabinete de políticos, escogiendo y decidiendo ellos por un pueblo, a como deberán ser reformadas o modificadas las leyes, sino por mayoría, el pueblo será quien decida que es mejor para su época. Que se entienda, yo no me estoy refiriendo a ningún país en específico, y de hacer señalamiento sería a Cuba. y no por los Castro, sino porque como nativo cubano, es al único país que me asiste el derecho de criticar y exigirle reformas, además, estoy en desacuerdo que alguien, aun habiendo podido convertirse en ciudadano, que no sea «nativo» de un país, quiera hacer o imponer la más mínima reforma que le pueda garantizar algún tipo de beneficio o seguridad dentro de esa comunidad, a mi criterio eso es un legítimo derecho del ciudadano nativo, los demás debemos agradecer la convivencia que ellos nos permiten, y si queremos cambios, entonces a buscarlo en nuestro país de origen. En mi caso, yo salgo a votar solo, si el nominado de mi elección es quien la mayoría del nativo estadounidense prefiere, de lo contrario, si no es el preferido por ese tipo de votante, entonces me abstengo de votar, porque jamás contribuiré a vetar el deseo del nativo, así muestro mi respeto al pueblo que me acogió y brindó la posibilidad de realizarme acorde mis posibilidades y deseos. Señalo: Yo no sé si hay conflictividad entre el compromiso correcto por agradecimiento o legal por intereses en otro latino de diferente nacionalidad, en los que respecta al cubano, sin importar el objetivo e interés, por el asunto: Cuba, convierte al Estado de la Florida en un voto electoral y la prueba está que eso fue lo que privó a la Sra. Hillary Clinton de convertirse en presidente de esta nación, (yo soy Trumpista) para mí, el tipo de interés que debe predominar en el voto electoral de cualquier Estado de la Nación, solo debe relacionarse con los beneficios del pueblo radicado en territorio estadounidense.

Estoy convencido que alguien con dignidad y responsabilidad, sabrá reconocer la magnitud en la culpa de sus actos, si con intención han sido desarrollados y proyectados por su mente, pero ya sea por inducción fortuita o premeditada, aunque no se lamente de algún revés sufrido por consecuencias de sus actos, con honor y arrojo se detiene a corregir esos errores, o decisiones pasadas que le hayan causado cualquier tipo de contratiempo, ya sean dentro de un contexto de auto ofensa u ofensas a otros, para así con la sabiduría que la experiencia otorga, poder o saber con cordura como superar o mejorar sus valores personales y su camino al futuro, sin embargo alguien que procure auto aleccionarse con el sufrimiento y fracaso ajeno, aunque de esos eventos tome algunos o muchos rasgos como referencias para guiar y evadir esos obstáculos en su vida, el aprendizaje no es cabal, porque nadie adquiere consciencia o sabiduría de experiencias ajenas. La impotencia será el maestro que infringe el castigo, pero la angustia, el desespero, el dolor, etc., son las verdaderas lecciones de aprendizaje para quien las sufre; para quienes las observan (dependiendo de su constitución sentimental) solo inspirará compasión o indiferencia, pero si en el observador existiera algún sentimiento negativo, entonces el sentir sería de satisfacción perversa o mezquina. Sin politizar y si con humana objetividad escudriñamos entre las múltiples circunstancias relacionadas con sanciones y consecuencias que marginan a Cuba, todos los caminos llevarán al mismo resultado: Oportunismo.

Podemos señalar que desde el descubrimiento de Cuba hasta el año 1898, fue gobernada bajo un régimen de colonización, y después del Maine, fue gobernada bajo dictadura imperial extranjera, porque desde 1899 hasta el año 1936 fue un periodo que hubieron 17 títeres y corruptos mini gobiernos que respondían a los intereses de los EE.UU. situación que dio lugar desde principio del siglo XIX con el Grito de Baire, hasta casi mediado del siglo XX con la eliminación de la Enmienda Platt, a una etapa de tenaz y continua guerra que el pueblo cubano luchó por abrazar la independencia y soberanía de su patria. Aunque la Ley de la Enmienda Platt fue derogada en el año 1934, sus requisitos y prohibiciones no fueron totalmente excluidos de la Constitución Cubana hasta el año 1940, pero, aun así, las insurrecciones continuaron hasta mediado de la década de 1960. Esta gesta histórica que ha simbolizado al cubano, es lo que pone de manifiesto el sentir patriótico, aguerrido e independentista que diferencia al cubano antes y después de 1960, cuando comenzó y triunfó la división y el temor entre unos y los otros. Este breve recuento histórico lleva como objetivo destacar el incondicional patriotismo con que a través de la historia los cubanos, desde su mismo suelo y sin acosar al pueblo, se levantaron en armas contra gobiernos corruptos, explotadores y criminales, como también sirve de apoyo para sustentar el criterio de mi exposición sobre el punto más esencial, por el cual la dictadura de los Castros se ha mantenido sólida a pesar de cualquier tipo de ataque, ej.: Al combatir e eliminar dictaduras como la de Machado y la de Batista, que en mi opinión, la de este golpista, ha sido la más brutal, asesina y corrupta que haya existido en Cuba, fue porque esos valientes solo lucharon contra las fuerzas del ejército, recibieron ayuda y apoyo incondicional del pueblo. Es cierto que el pueblo ha sucumbido al terror, pero seamos honesto y llamemos las cosas por su nombre: No es temor a la represión de los Castros, es pánico a ese que aun blasfemando del gobierno, quien incluso pudiendo ser familiar o amigo te inspira pavor y desconfianza, porque desde nuestro fuero interno sabemos que, está «solo» quien se rebela, y aun no acabo de encontrarle lógica a la constancia de esa mezquina conducta que, como un virus perturbador ha intoxicado a más del 80% del cubano. Contra la dictadura de los Castros los esfuerzos y deseos han sido un total fracaso, porque ese gobierno, no solo ha sido defendido por las fuerzas militares, incluso también y con más pasión, por el pueblo que ha demostrado su amor, respeto y solidaridad por sus líderes, y aunque todos, opositores y simpatizantes de los Castros, conocemos que no por elección electoral, sino que, derrocando la dictadura de un golpista, Fidel en 1959 ocupó la Presidencia por fuerzas y triunfo de una revolución, aun así esto deja muy claro que, la elección de quien hoy está gobernando, es de total aprobación o aceptación por la mayoría del pueblo.

Yo no simpatizo con los Castros ni con un régimen igual o similar al que domina en Cuba, pero soy uno más del inmenso grupo que sufre por la desgracia que abate a mi país; por las necesidades de mi familia, amigos y ciudadanos. El humano se subleva por la injusticia, por la maldad, por el mal que otros directamente nos propinan, por el daño que indirectamente nos golpee cuando otros con imposición psicológica nos obligan a que asumamos los criterios o decisiones de ellos, pero cuando reaccionemos, en dependencia de los resultados podrían ser experiencias tóxicas y traumáticas que dejen huellas permanentes y desagradables en la conciencia y en el honor, por eso detesto las dinastías, las dictaduras vitalicias (de izquierda o derecha) porque tratan de imponer su identidad robando la propia.

Sin valorar la posición peligrosa de sus acciones y amenazas militares al mundo, para solo evaluar y considerar que la actitud asumida por sus ciudadanos responde con igual devoción a proteger su líder y patria, como también comparar el avance económico, la moral individual, la integridad social y la conducta de beneficios entre pueblo y gobierno de los países pioneros del sistema comunista, la URSS, Vietnam, China y hasta cierto punto Corea del Norte, etc., es meritorio señalar que debe existir una abismal diferencia entre la política de esos países, con la política y doctrina de los Castro, que al parecer se ha quedado estancada en la filosofía leninista, ignorando que el mundo evoluciona y que está sujeto a cambios y reformas. Al comparar la retrógrada política del gobierno cubano con la evolución, tolerancia y proyección del comunismo actual, el tipo de política de estos hermanos debe de estar fundamentado en algo totalmente adverso al actual manual comunista, sin prever que la corrupción solo genera consecuencias denigrantes y catastróficas en todos los renglones, tanto económicos como en lo que respecta a la moral social e individual. No obstante, aun sabiendo que estos países están entre las diez potencias económica y militares del planeta, considero muy importante señalar que por experiencia soy conocedor que existe una gran diferencia entre la verdad de quienes conocen una realidad por vivencias propias, a la de aquellos que basan sus conocimientos por las referencias y experiencias de otros, y como no he vivido en estos países con este tipo de comunismo progresista, no puedo emitir un acertado criterio sobre una existente y absoluta libertad o sobre las predominantes limitaciones y condiciones de respeto a los derechos fundamentales de carácter social e individual de cada ciudadano, además todos somos conocedores que no siempre la apariencia denota realidad, a veces, con o sin intenciones de causar confusión, algo puede ser superior o inferior a lo que aparenta, incluso las apariencias suelen ser la base de la opinión que sirve para formular criterios, críticas y hasta para crear intenciones con un premeditado objetivo, cuyos motivos y rumores, positivos o negativos pueden que beneficien o perjudiquen la reputación de alguien. Sin embargo no podemos hacer omisión que al igual que en los países capitalistas (donde el desarrollo económico personal, más que un privilegio legal es un derecho natural) en estos países donde rige la actual y modificada ideología comunista, supuestamente los ciudadanos están favorecidos por el respeto y la libertad absoluta al derecho del desarrollo financiero, que cada individuo pueda alcanzar (sin límites ni obstáculos) acorde sus habilidades y conocimientos, y creo que este beneficio es el principal interés y meta que todo ser humano se propone y desea para triunfar en la vida, por ende es lógico resumir que prohibir o negar al derecho del desarrollo económico individual, es la causa socioeconómica que caracteriza y se proyecta de forma particular y negativa en cada cubano, lo cual quizás por frustración, también induce a la acentuada conducta antipatriótica (la fidelista) en la mayoría del pueblo, donde unos no toman acción por indiferencia a cualquier situación ajena a su propio beneficio, y otros solo actúan motivados por sus propios intereses, justificando su indiferencia (de los no simpatizante e indecisos) con la excusa de que ellos no pusieron a Fidel en el poder, incluso la mayoría de la juventud acrecienta hasta con deliberado descaro, el mal que acongoja y deshonra a la patria. Por eso estimo que respecto a lo anterior señalado, y sin evaluar daños colaterales o intencionales contra la humanidad, sino solamente valorando el concepto patriótico como sean han caracterizado y destacado a otros pueblos de régimen comunistas, que es una ofensa muy deshonrosa para cualquier ideología o partido político, ser igualados o comparados con el sistema castrista, hasta incluso con el de Adolf Hitler o el de cualquier otro dictador, cuyo pueblo jamás haya cooperado o fomentado con la degradación de su patria. Estas comparaciones solo llevan el interés de tabular los principios morales, sociales y patrióticos que existían en la integridad del cubano antes y después del régimen de los Castros, como también que olvidemos el orgullo o la necedad que genera la política, para que, sin persuasión y con respeto ambas orillas desistan y cedan en pro de rescatar lo grandioso del cubano. Hay oportunidad y condiciones, los Castros, debilitados o cansados, han cedido terreno que incluso (hasta el año 2000 los disidentes activos solo vivían en las prisiones) no solo ha sido aprovechado por la actual oposición, también está permitiendo una brecha que, a mediano plazo puede llevar a una total libertad si se desiste continuar lastimando y asfixiando al ciudadano común, y se busca una forma legal que garantice las inversiones, para así trabajar en el bienestar y progreso del pueblo mediante una invasión de carácter empresarial que facilite el desarrollo económico del sector privado.

No me complace este señalamiento, que aunque no involucra política, si ha interferido entre la malsana intención del Gobierno cubano que para evitar conspiraciones masivas, diseñó una eficaz manipulación de objetivo divisionista que, inconsciente el pueblo asimila y soportan como natural principio «patrio» y social, proyectándose como conducta negativa, tanto familiar como social, en un gran porcentaje del actual cubano, y este efecto si resulta estar relacionado con el mensaje de mi libro: He conocido acérrimos defensores del machismo que se han privado del más exquisito regocijo y privilegio que la vida concede; es decir, ver crecer, participar en la formación y recibir el tierno amor de un hijo, porque estos voceros de ese mal denominado orgullo varonil, con tiránicas excusas fundadas en tabúes, oportunismo y ventajismo justifican ese código de desbalance moral y sexual entre hombres y mujeres, que provoca la más injustificada razón relacionada con la ruptura familiar por causa del sexo extramarital. Sin embargo la mayoría de esos obsesivos machistas son empedernidos y recalcitrantes mujeriegos que, con equivocada actitud, han traspasado las fronteras de la desfachatez, mancillando (no solo su propio honor, incluso también al respeto, lealtad y amor que por ley natural todos debemos, voluntaria y espontáneamente, tener por nuestra propia familia) con acciones que ofenden la moral y el amor, convierten su ignominia en traición familiar al invitar, embullar y convencer, sin el menor escrúpulo, a los esposos de sus hijas y hermanas a tomar parte en sus bacanales aventuras, sin embargo, aunque no todos los que se comportan o apoyan esta ofensa al honor familiar son Cubanos, con extrema pena señalo que el 60% de estas personas exentas de la dignidad individual y familiar, están dentro de ese círculo que corresponde a esta generación de mis compatriotas, los cuales sin límites, sin remordimientos y hasta con ostentosa desvergüenza, viajan y exhortan a que otros (los hombres de diferentes naciones) vayan a su patria, sagrada y madre tierra, a prostituirla, convirtiéndola en una envilecida fuente de sus ingresos financieros, que a otros, además de degradarlos, solo les genera inmoralidades y enfermedades. Esta repugnante actitud, ante los ojos del cubano que profesa patriotismo, orgullo y amor por la tierra que lo vio nacer, es indignante, penosa y doliente. A mi criterio y sentir: cuando alguien está lejos o fuera de su patria, lo bueno o malo que pueda expresar de su país y pueblo, es como si lo hiciera refiriéndose a la moral de su propia familia y al honor de su original y sagrado hogar.

Existe una verdad en Cuba la cual por conveniencia es intencionalmente omitida por todos los analistas del exilio. La mayor parte del cubano residente en los Estados Unidos, fueron integrantes de esa parte activa que respondieron y complacieron a los Castros formando esas turbas que agredían, vejaban y maltrataban con palabras y hasta con violencia física al que profiriera cualquier tipo de manifestación contra el sistema Castro/socialista, los cuales no fueron militares cuando participaban en los famosos actos de «repudio» no solo en contra de los disidentes, sino hasta en aquellos que pacíficamente solicitaban la salida del país. Esta turba estaba compuesta por personas muy allegadas, como vecinos, amigos e incluso hasta parientes que intoxicados por esa ira y venganza que provoca el sentirse traicionado, con placer y orgullo lastimaban a niños y ancianos con sus tiraderas de todo tipo de cosas. No seamos hipócritas con el objetivo de enviar un falso mensaje a la opinión mundial con que el pueblo detesta a los Castros, y tampoco hagamos totalmente responsables a los Castros de los crímenes cometidos por esas hordas, porque estamos consciente que fueron turbas iniciadas por unos agitadores castristas, pero en el desarrollo y desenlace fue, porque la mayoría de eso civiles amotinados, se unieron espontáneamente por su propia voluntad, por placer y hasta por solidaridad a Fidel para infringir castigo a los no simpatizantes, incluso muchos opositores a los Castro por la sola satisfacción de saciar venganzas personales. Las grandes masas de manifestantes en Cuba, son en favor a los Castros o para sofocar a ese mismo e insignificante grupito de disidentes que protesta o proclaman "libertad". Cuando el pueblo reacciona por algún evento no programado, se lanza a maltratar sin estar directamente dirigido por el alto mando del gobierno cubano, ese argumento es una estupidez con que el exilio justifica su teoría anticastrista y su vez solapa a la plaga que sin tregua nos azotó allá, para así permitirle vivir en los USA sin castigo ni censura. Esos que ayer y desde allá se proyectaron contra todo lo que pudiese dañar u ofender a los Castros, además de ser los mismos que desde aquí ofenden y se burlan del exilio, también son los que se oponen contra toda disposición que pueda afectar a Cuba, e incluso hasta son los que con mayor desvergüenza infringen la ley en este país y también son los que prostituyen su patria.

Para no generalizar o ser totalitario, solo diré que la mayoría de los cubanos de esta generación que deserta, necesitan y desean a Cuba con los Castro para su progreso. Porque unos alegan que «ellos» al igual que «otros» también tienen el derecho de buscar nuevas oportunidades, pero es preciso hacer saber que ese grupo al que con despotismo «ellos» llaman «otros» son verdaderos patriotas que en el comienzo de la Revolución (momento que en Cuba el 99% de la población predominaba una total esperanza y confianza inspirada por la simpatía, solidaridad y respeto a Fidel) a pesar del antifaz con que Fidel hábilmente disfrazó su verdadero objetivo, los opositores de aquel momento sintiendo la mentira, visualizando el futuro de Cuba, en vez de huir, unos prefirieron levantarse en armas, otros luchar con palabras para derrocar la dictadura de los Castro, no por interés individual, sino por el orgullo de saber su patria libre y soberana, sin embargo, por premio a su valor y heroísmo, fueron literalmente expulsados de la isla de la forma más extremista y reaccionaria, por esa horda de simpatizantes fidelistas que persiguió, vejó y acorraló a esos opositores, incluso hoy y desde este exilio, orgullosamente conformado por ese grupo de cubanos que con demasiada moral, honra y valor han sabido elevar el orgullo de ser cubano, esa misma horda compuesta por oportunistas, irónicamente ahora los vuelve a perseguir con "su" nuevo y grotesco concepto de política pro bienestar cubano, pero creo que si en Cuba no se hubiese acabado el chícharo, los huevos y hubiese tela aunque solo fuera para confeccionar el uniforme de miliciano, jamás "este" grupo de oportunista económicos hubiese venido a este país. Directa o indirectamente hicieron daño a conciencia y con satisfacción, y ahora descaradamente disculpan su indecorosa actitud exponiendo no haber tenido otra opción debido a su trabajo. Esa excusa es una grotesca ofensa al disidente, porque parece que "ellos" eran necesario e imprescindibles para la nación y que la prisión política estaba llena de ignorantes, indigentes y personas sin nada que ofrecer. Ratificando que en la actualidad el 80% del propósito de desertar, tiene como base la economía y no la ideología, incluso no lo niegan, y sin vergüenza la mayoría alegan que el Gobierno de los Castro jamás les hizo daño alguno, que están aquí para alcanzar un mejor estatus financiero que proporcione una vida más holgada a ellos y sus familiares en Cuba; a este grupo de desertores no les interesa triunfar en este país, sin importar cuál sea su objetivo, sus metas están en Cuba. Yo creo que estas personas, motivadas por algún tipo de admiración o simpatía, no quieren darse cuenta que todos estamos vinculados con el mismo daño que Castro nos ha hecho, aunque sea en diferentes escenarios: la desintegración familiar. El dinero jamás reemplaza las emociones implícitas en tus raíces; tu tradición; vivir literalmente fuera y sin acceso a la tierra que te vio nacer; convivir lejos del seno y amor familiar; estar privado de esa radiante alegría y confort espiritual que solo se puede encontrar en los amigos que nos acompañaron desde la pubertad hasta el comienzo de la madurez, y hasta llegado algún momento de reflexión, compartiendo problemas y compromisos de adultos, los cuales sin importar la solidaridad y confianza con que en la adultez se identifiquen con nosotros, son los únicos dotados con la magia de revivir la etapa más feliz del ser humano: La adolescencia, porque en cualquier reunión que alguien tenga con su círculo de amigos, el grado de euforia en las anécdotas, solamente estarán basadas en el recuerdo de las experiencias juntos compartidas, ya sean felices o tristes. La única etapa del ser humano (sin distinguir entre pobres o ricos) que existe la dicha es desde la infancia hasta la adolescencia.

Valorando la trayectoria y la brillante moral que por siglos ha distinguido al cubano en el mundo, como también observando la abismal diferencia entre ayer y hoy de mi Cuba, considero este individualismo que significativamente enmarca y separa a un gran porcentaje de cubanos, como una consecuencia colateral de los resultados que se derivan de esa efectiva y premeditada formación antipatriótica que el Gobierno cubano se empeñó y logró establecer; sembrando y cosechando en su generación esa doctrina inmoral de apatía, cuyos efectos secundarios han influenciado negativamente en los conceptos familiares, individuales y sociales. Como yo lo siento cabe destacar que el 70% del cubano educado bajo la doctrina de los Castro, (sin importar si vive aquí o allá) influenciados por el resultado que provoca la mezcla de la ignorancia con la admiración, interpreta patriotismo como sinónimo de fidelismo, por lo que es lógico que (hasta que se identifiquen con su verdadero carácter) por confusión y fanatismo defienda y favorezca los intereses de la Revolución… ¿De y para Cuba o de Fidel para la dinastía de los Castros?... Yo presiento que el sistema político y/o el régimen Socialista cubano solamente desaparecerán de Cuba con la muerte y el olvido de Fidel, porque mi experiencia adquirida por conocimiento bajo el sufrimiento, me dice que la mayoría del pueblo cubano, más que castrista es fidelista, por ende mientras Fidel este vivo en la mente y corazones de sus seguidores, es lógico que en la mayoría del pueblo, por fanatismo este latente algún apoyo incondicional intentando preservar su legado, velando que siempre haya un Castro en el poder, por fortuna es tan imposible como innatural que por ley existiese otro Castro con el carisma de Fidel.

No podemos dudar del exitazo logrado por la simiente que estos dos hermanos se propusieron implantar en la conciencia del pueblo de Cuba, los cuales usando una eficaz demagogia y manipulando con una muy sofisticada formación ideológica, cuya raíz es Fidel, que por encima del miedo o el valor; de las dudas o la razón; inconsciente o voluntario, se traduce en lealtad, admiración y respeto. Yo deduzco que con el objetivo fue establecer y definir el carácter político y los sentimientos patrios del Cubano nacido bajo su tutela o liderazgo, germinó en la conciencia de esa generación como un tóxico incentivo; como un virus sin antídoto que espontáneo e involuntario funciona convirtiéndose en el principal vehículo que dirige esa conducta de características propias de un zombi, la cual concluye en esa degradante y masoquista simpatía que causa desorientación y ellos aprovechan para garantizar su larga y no funcional dictadura.

A pesar a mi sólida percepción, pero otorgando el beneficio de la duda, admitiré como una posibilidad a largo plazo esa retórica usada por los políticos del exilio que, además de ser la excusa que pretende eclipsar la realidad cubana y se presta para jugar con las mentes de otros con el fin de justificar sus acciones y propósitos, que a mi juicio los resultados obtenidos no tienen proporción en la balanza ni tampoco equilibrio, porque además de que jamás las consecuencias afectarán a ese exilio que se empeñan en legitimar la ejecución de esas medidas, hasta hoy tampoco ha debilitado ni afectado a quienes supuestamente debe asfixiar, al contrario esas medidas, además de haber servido para fortalecer el régimen, como arraigar los principios ideológicos del pueblo, también ha sido el arma pujante para victimizar y sumir en la miseria a un pueblo, cuya mayoría, por lealtad, confianza y hasta amor decidió que los Castros sean quienes los represente y dirija. A escala desproporcional yo odio a los Castro y detesto ese tipo de régimen, por eso aunque yo reconozca la realidad entre pueblo/gobierno, sin la menor confusión no existe en la base o sentir de mis conclusiones el menor ápice de simpatía, afinación o reconocimiento al régimen de los Castro, sino es buscar sensibilidad, compasión y comprensión para encontrar y brindar algo de sosiego a ese pueblo que ya ha sido demasiado flagelado por todos, incluso presa por el síndrome de la perturbación, hasta por ellos mismo.

Siempre me preguntaba ¿Cuáles intereses o beneficios tendrá el gobierno de los EE.UU. para complacer a ese poquito de sádicos cubanos que se empeñan en la imposición extrema de ese abusivo embargo? ¿Por qué razón los EE.UU. no se atreve a ponerle un embargo económico o comercial a Rusia o China? Con la tolerancia de Obama llegué a pensar que por temor, pero por las amenazas y el peligro que presenta Corea del Norte asumí que: Por cuestión de tranquilidad y seguridad continental, como para mantener la hegemonía política, militar y social, yo puedo entender la preocupación o necesidad de los EE.UU. en tratar de impedir que en el continente haya algún tipo de formación y desarrollo de gobiernos con políticas comunistas, por el peligro que puede causar la presencia rusa, norcoreana o china en el área, si algún país de estos fragua alianza militar/económica con alguna nación del territorio continental americano. También considero que por el régimen dictatorial los países con sistemas comunistas son más reaccionarios, peligrosos y más propensos a perturbar la paz mundial, pero aun así no estoy de acuerdo con el método que se está aplicando a Cuba, que a como yo lo interpreto, además de ser chantaje y abuso, solo ha servido para alimentar, tanto la solidaridad con el gobierno como la rebeldía del pueblo en contra de esas medidas que lo azotan. No hay moral para castigar, reprochar o criticar a ese pueblo por su espontánea voluntad a ser fidelista, porque remitiéndonos al resultado obtenido, parece que el objetivo de esa gastada estrategia en sitiar a Cuba, es (por venganza al destierro que la sociedad de esa nación los condenó) cerrarle todas las opciones y acceso de negociación económicas con el mundo, para por asfixia financiera transformar al régimen en el verdugo del pueblo, y esto no es mi visión, además de ser el total «convencimiento» del cubano de a pie, es la realidad del resultado arrojado por esa misma y repetitiva prueba que supuestamente ha sido diseñada y destinada a debilitar o desacreditar al régimen, sin embargo los Castros continúan en el poder con igual o mayor fuerza y el pueblo es quien ha sufrido las consecuencias de esas medidas y sanciones.

Con toda honestidad y admiración reconozco el talento, el dominio que brilla en esos historiadores, economistas, analistas y estrategas políticos de origen cubano, que con distinguida elocuencia debaten y exponen sus disertaciones en la TV nacional y con honestidad expreso que comparto su opinión, porque por conocimientos y sentimientos sé que tienen la razón, y aunque yo haga algunas declaraciones en contra del propósitos de sus análisis, les juro que quiero para Cuba lo mismo que ellos, (solo que a diferencia de ellos, yo si tengo a mi familia allá) pero deben comprender que ellos llevan años calculando, diseñando y vaticinando resultados, sin jamás haber acertado en ningunos de sus pronósticos; nuestros hermanos están sufriendo y padeciendo, no solo por los Castro, sino también por el método tan inhumano con que el exilio los castiga por aceptar y conformarse con esa dictadura. No dudo de su inteligencia, pero no logro encontrar con exactitud la congruencia del objetivo de sus intenciones con la realidad o el móvil de su insistencia, por tanto, hay que desistir de esa absurda imposición del embargo. Es tiempo de poner fin a esa terquedad, si no podemos sacar a los Castro del gobierno y de sus corazones el «fidelismo», entonces por el bienestar de nuestros hermanos, esforcémonos en buscar la forma de modificar, el socialismo castrista al estilo del comunismo asiático, porque el cubano ya se adaptó a ese régimen, y la prueba no solo la podemos encontrar en esa pasión en los cubanos de la isla, sino también en el fervor de los que viven aquí. El campo capitalista solo es funcional en los que aman y gozan de la libertad y no debemos confundir libertad con seguridad. Recordemos: ya Rusia se fue y volvió y por apariencia es lógico asumir que los países asiáticos jamás por voluntad dimitirán del comunismo, además si se continua con ese juego de desgate y Cuba acorralada, sin más opciones, se alía a Rusia, China, etc., buscando una vía para adquirir recursos y mitigar su precaria economía, no solo le facilitará a los Castro reforzar y estabilizar su poder, sino que podrá frente a los EE.UU. un enemigo peligroso y potencial.

Analicemos la inmigración cubana: El cubano que no deserta es aquel que legalmente ya ha triunfado o está encaminado con algún tipo de negocio potencial; aquel que sin haber tenido una educación profesional está muy bien ubicado; el que manteniendo un bajo perfil de delincuencia le va bien con los trueques; el holgazán que vive de la estafa. ¿Quiénes vienes? El 90% del inmigrante está buscando un progreso financiero, porque en la isla no lo pueden conseguir: Profesionales que después de adquirir títulos y experiencias, buscan la gloria con sus carreras; los que valiéndose de sus habilidades (honradas y delictivas) vienen a recaudar algún monto de dinero para luego volver a la isla y convertirse en empresario minorista; los que vienen a quedarse, unos y muy pocos huyéndole a la represión política; otros, la mayoría, buscando la oportunidad financiera lo cual, por propósito, no los hace diferente al resto de la migración latino americana, por consiguiente no existe un éxodo político.

La necesidad del cubano no es provocada por escasos salarios, sino por la escasez de lo más elemental para vivir. Los altos precios son consecuencias de la escasez. Por crisis económica o abastecedora, el equilibrio salarial puede ser altos o bajos, pero si no hay escasez, los precios estarán acorde al costo de la vida. La escasez de un país solo puede estar asociada con la corrupción o inaptitud de un gobierno y no con las consecuencias del sistema, ya sea comunista o capitalista. Cuando la escasez finalice y los precios se equilibren con el salario, tendremos el otro problema: La simbiosis castrista es parasitaria y la interrogante es: ¿Se adaptará la mayoría del cubano a la realidad capitalista? ¿Trabajará en cualquier sector laboral cumpliendo con el ritmo y rendimiento productivo que el empleador exija de una jornada de trabajo? Se sentirá conforme con las nuevas demandas que hay que cubrir como, seguros médicos, impuestos, costo de estudios profesionales, etc., porque, aunque sean razonable el costo de los insumos y alimentos, ante las nuevas demandas de pagos el salario no alcanzará para sofocar la vida activa y especuladora del latino, en especial el cubano metropolitano. Es cierto que habrá un considerable porcentaje, que con honradez se adaptarán con rapidez al sistema capitalista, pero otro porciento hará temblar el país con un nuevo estilo de «mafia» provocando que el costo de las primas se eleven por causa de la cantidad de fraude, y esta realidad ahogará y agraviará a la mayor parte de la sociedad: el ciudadano ordinario, y por la libertad de elección y derechos políticos, el partido socialista jamás desaparecerá de las urnas electorales y lo más probable que, tampoco del mandato gubernamental, aunque cambie de presidente cada cierto tiempo. Esto, mi exposición, no es economía, es realidad hasta con argumentos demostrables y comparables.

Yo no soy ni pretendo ser crítico, pero como receptor puedo ser afectado o favorecido por la intención del mensaje, por consiguiente, expongo a como yo lo interpreto: El conflicto más grave que golpea nuestra época, es el cinismo de cómo muchos dramatizan la información o politizan la realidad, para por medio de la exacerbación buscar adepto. Periodistas como políticos tuercen, disfrazan o exageran cualquier evento o situación, convirtiendo la realidad en sensacionalismo, y con propósitos egoístas y ambiciosos se alejan del objetivo de esa veracidad que el pueblo precisa. Muchos con fines financieros o políticos, al soslayar la esencia de la verdad para convertirla en un mensaje complaciente, trasmiten lo que a ellos le interesa, o lo que las personas poderosas de ese entorno quieren escuchar. Como ejemplo comparativo y valorativo, en el caso específico de América Latina y el Caribe, deberíamos tomar la población obrera de los diez países con mejor estándar de vida, y que además de poseer sistemas capitalista, sean aliados de los EE.UU., entonces compararla con la población obrera de Cuba, para así valorar la perspectiva infantil, los servicios médicos, el desarrollo humano, la peligrosidad criminal y la educación profesional o vocacional, pero si a además le sumamos el acorralamiento económico del cual Cuba es víctima, comprendiéramos que, de no haber existido ese obstáculo, para todo aquel que le gusta vivir bajo los estatus del «sistema socialista», Cuba no solo hubiese sido el mejor país de América Latina, sino uno de los mejores del mundo. Mi reconocimiento no es por preferencia política o simpatía al sistema socialista, sino porque lo anterior expuesto es RESPETO y EQUILIBRIO a los derechos de libre elección que a cada humano por naturaleza le asiste.

Estoy consciente que el poder engendra endiosada locura, por eso desapruebo la imposición de un régimen dictatorial vitalicio, a las dinastías, sin importar que sea de derecha o de izquierda la elección partidista. La gobernación (sin importar el partido ni tiempo de duración) debe ser por méritos, capacidad, sensibilidad e integridad como también (aunque no se haya establecido un específico período gubernamental) por la elección de la mayoría, podría ser hasta cuando el pueblo lo considere necesario, porque estoy seguro que el mundo precisa de evolución, modificación, superación y esto solo es posible mediante a la diversidad de ideas y demandas de reformas, propias de cada civilización, y esto solo es posible de la libertad bipartidista que rija en cada nación, porque la interacción de teorías y normas de los diferentes políticos, aportando mejoras a la evolución de cada generación, pueden contribuir a la solidez de su partido, como al beneficio del pueblo que dirige. Ratifico: aunque yo no quiero vivir en un régimen comunista; mi ataque no tiene una connotación política o tolerancia partidista, sino es a la conforme aceptación que por el derecho al respeto y la libertad, con igual admisión a como las distintas denominaciones de la ideología religiosa son aceptadas, asimismo debe ser aceptada todas las distintas ramas de la ideología política, para que por cooperación e interactuación, erradiquen sus pugnas ideológicas y busquen un consenso que les traiga respeto, armonía y equilibrio entre los fundamentales derechos multipartidista, porque considero que la función de todo político, es representar y preocuparse por el bienestar de, no solo por la comunidad que lo eligió sino para velar por el pueblo de su nación. Un escaño político no es la competencia para quien quiera estar, sino para que el pueblo sin imposición y por mayoría decida, acorde calificación, quién debe representarlo, por ende, sin importar si su partido es de ideología de derecha o izquierda, todos le honremos con respeto y apoyo, porque aún sin ser de nuestra preferencia, será quien nos estará representando por un periodo de tiempo determinado. El interés y propósito de mis argumentos es solo para pronunciarme contra el embargo.

Tal vez en un régimen dictatorial (ya sea de derecha o de izquierda) las personas con funciones públicas, políticas o educadores, estando obligadas a obrar bajo dirección gubernamental, por ende, la información aunque siendo parcial y manipulada por propósitos a una orientación, en el mejor de los casos, solo puede ser objetiva y educacional, porque bajo un concepto de información pública carece de total credibilidad, pero en un gobierno con sistema demócrata, por derecho, por libertad de elección y opinión, por múltiples intereses, por la verdad partidista, la información en medio del pugilato y sensacionalismo partidista, está descendiendo o dejando muchas ventanas abiertas a la imaginación y especulación, porque muchos periodistas en su función involucran, tanto su perfil político, que intencionalmente o por descuido los conlleva a conducirse como efusivos activistas opositores, o como desesperados asesores políticos, creando en el pueblo confusión, decepción y hasta división. Opino que tampoco los político deben ser oportunistas y aprovecharse del caos, o en ausencia que algún derechos fundamentales pueda azotar al pueblo, tomando dicho desbalance como una promesa de campaña para solo escalar a la cúspide de su meta, sino (sin convertirlo en una gestión o triunfo político) deben priorizar la solución de cualquier crisis de carácter humanos, ejemplo: el sistema de salud debe ser un derecho inalienable que no debe ponerse en la agenda del pugilato y cabildeo de ningún político, porque esta necesidad es obligatoria por su vínculo de vida, posee igual valor o significado que nacer y morir, por ende al no ser un tema con raíces de civilización, de cultura, ni de un relativo derecho o privilegio, no le pertenece ni atañe por separado a ningún partido de la izquierda ni de la derecha.

No es que sea comunista o que simpatice con el régimen de los Castros, lo que me molesta es la discriminación, el chantaje, el ensañamiento, la hipocresía. Tal vez conmovido por el irracional ataque que solo afecta al cubano ordinario, es lo que me motive a caminar por esa senda que divide ambos partidos, que sin entrar en conflicto ideológico me permite, desde un punto de vista neutral e imparcial, criticar ambas políticas, para así al analizar las consecuencias de daños y beneficios que la obstinación ideológica provocada por ambas orillas, me permitan comprender y también demostrar la realidad partiendo del principal precepto demócrata ¿qué la mayoría prefiere? Por honor y (en este específico caso) por compasión la verdad debe ser reconocida, aunque afecte nuestros intereses y decepcione nuestros deseos: La comunicación corporal que se manifiesta en la posición del cubano es mínimo un 75% y a grito expresa: ¡Soy fidelista! Lo que me molesta es el cinismo con que los medios de comunicación, los políticos, los que se quieren congraciar con un partido buscando algún tipo de provecho, dramatizan esa típica y viral verdad que es endémica y mucho más crónica en toda latino americana que en Cuba; politizan esa común y vulgar realidad, propia de cualquier país del tercer mundo, para presentarla como una situación exclusivamente cubana, o como si antes del gobierno de los Castros esas pesadillas, miseria e injusticias no hubiese existido en Cuba en gobiernos predecesores, además es una estupidez hacer comparaciones de cualquier índole entre Cuba y los EE.UU. porque el único país del continente americano con característica comparativas con los USA, es Canadá. Esa comparación que extremistas anticastristas hace entre Cuba y los EE.UU., es como si eligiendo cualquier país capitalista de Latino América y lo quisiéramos comparar con China, eso es ridículo porque el único país en el mundo que se puede comparar con China es EE.UU. China es la contraportada de los EE.UU. y viceversa. Estos dos países son las dos potencias militares y económicas más poderosas del mundo; son estos dos los que tienen mayor concentración de comunidades; son los dos con mayor migración extranjeras, no por libertad sino por estatus financieros, entonces ¿Funciona el sistema comunista? Las estadísticas muestran que el nivel de vida de Cuba es superior al de muchos países integrantes de los continentes África y América, incluso dichos países gozan de régimen demócratas o capitalistas y esto deja al descubierto que la situación que enfrenta el pueblo cubano no es típica de una política o administración socialista, sino de ineptitud mezclada con «sitio». En esos países latinos americanos que son significativamente superados por Cuba en lo que respecta el sistema escolar, tanto educativo como profesional, como también por la calidad de servicios y atención médica generalizada, también debemos ser honesto y reconocer que muchos o todos de estos países se destacan superando a Cuba en índice de miseria, corrupción, crímenes y prostitución, y esto pone de manifiesto la gran verdad: Si Cuba estuviera "libre" de esos obstáculos que impiden o limitan al desarrollo comercial, los cuales son causados por el embargo económico, lo correcto sería decir "fuéramos China" porque superaríamos a Taiwán sin importar que sistema político estuviera rigiendo en Cuba.

Citaré un vivo ejemplo de extremismo, aversión y de odio: Artistas famosos de origen cubano y de talla internacional, los cuales por sus logros y triunfos se han colocado en el top del orgullo de cualquier cubano, y aun sabiendo de la admiración que gozan dentro de la isla, se niegan visitar su patria para llevarle a esa población devastada un poquito de buenas intenciones, de amor y alegría; para hacerle saber que los de esta orilla sufren su desgracia, pero como excusa alegan que no les van a rendir ningún tributo a los Castros y yo me pregunto: ¿Acaso estos radicales artistas creerán que cuando lleguen a Cuba los Castro los van a secuestrar, llevándolos a un sitio privado para obligarlos a realizar el espectáculo solo para el entretenimiento de ellos? ¿Qué su música es tan influyente que terminará dándole más poder y valor a los Castro? O su negativa tal vez responde por venganza contra ese pueblo por no amotinarse o rebelarse debido a que algún extraño sentido de simpatía, conformismo y aceptación han decidido con espontáneo agrado apoyar al régimen, o por masoquismo se han mantenido pusilánime contra la dictadura, o peor aún todavía, que su repulsa contra el pueblo está fundamentada porque estos artistas del exilio ven y siente la realidad: "El pueblo es Fidel" y parece que por esta visión y sentir, es por lo que exteriorizando su odio y repudio, por venganza descargan su ira sin medir consecuencias, ni diferenciar a quienes en esa población, con su actitud afectan. Incluso también, sin importar la nacionalidad, agreden la integridad o intentan boicotear la carrera profesional de cualquier otro artista que, por cualquier tipo de sentimiento o interés trate de solidarizarse con ese pueblo. Quizás a este irracional ataque muchos artistas cubanos, por temor optan por una fachada hipócrita y alegan ser apolíticos, payasada, los que se presentan así son fidelistas de corazón, porque nadie es apolítico, todos los seres humanos participamos con efusión de los eventos políticos y gubernamentales que involucran el destino de nuestra nación. Cuando un artista sabe cuánto vale no teme al rechazo, con orgullo se muestra al mundo sin separar arte de su personalidad, puedo citar a muchos grandes, pero para evitar controversia solo expondré un ejemplo, emblema de dignidad y de gloria profesional, el cual jamás claudicó: Juan Formell, quien fue, no solo para el género son/salsa, sino para la música en general una de las figuras más transcendentales a nivel mundial, sin embargo muchos inferiores, de igual o superior a la calidad o nivel musical, por diferencias políticas se negaron a compartir la gloria de este gran maestro. Estoy seguro que al igual a mí, más del 80% de los cubanos que nos encontramos fuera de Cuba, disfrutamos con mucho orgullo cada vez que un artista o atleta cubano triunfa, incluso también, si cualquier profesional, sea cual fuese su especialidad, se destaca por su talento, conmovido por el entusiasmo, comparto su gloria, esto es patriotismo, hacer diferencias, es como negar reconocimiento y suerte a un hijo o un hermano por divergir de nuestros conceptos.

De ser cierto ese eco de aversión contra la tiranía castrista, (según exponen los medio informáticos) que retumba en esa ola de cubanos que desertan, entonces es posible derrocar esa dictadura sin armas que derramen sangre, ni acciones que acreciente la miseria y mucho menos imponer sanciones inhumanas, las cuales solo castigarán a ese pueblo, (también compuesto por inocentes y niños) cuya única culpa ha sido aceptar, la mayoría por agradecimiento, Fe y amor a "qué", no lo sé, esa incertidumbre es parte del crucigrama en el enigma humano, pero sí sé que los que no son conscientemente firmes fidelista, se dividen en su definición, unos por conformidad, otros por confusión o resignación, pero interpretan y aceptan con beneplácito a ese régimen, como una condicionada libertad a cambio de seguridad. De ser verdad que existe un cierto nivel de descontento y aversión contra los Castro, entonces únicamente se necesita buscar y ofrecer un incentivo que motive, aunque sea al 25 por ciento de la población civil, a solidarizarse en una pacífica manifestación de protesta, junto a esos pocos que están activos en esa ardua y peligrosa lucha, para así demostrar (no solo a los activistas internos y al exilio radicado en los EE.UU.) el agradecimiento y respeto que merecen esos opositores, sino también al resto del mundo, como al gobierno de los Castros, que es tiempo de cambios; que aunque sea un día, ese 25 por ciento del pueblo marche unido en manifestación de protesta demostrando su descontento al régimen; que en solidaridad a la causa, sean activos opositores brindando algún tipo de tributo a la lucha, intención y arrojo de esos pocos y pequeños grupos de disidentes esparcidos y ubicados en distintos, pero escasamente contados, puntos de la Isla (acorde a mi percepción y escepticismo el total de todos los activos y declarados opositores no excede al 0.05% de la población residente en Cuba) los cuales sin más incentivo que su moral ideológica, abierta y valientemente (con muchos obstáculos y prácticamente sin apoyo interno) se manifiestan contra la política, opresión y crímenes del régimen de los Castro. No estoy poniendo en duda ni negando la existencia de partidos políticos opuesto, ni de algún descontento al régimen gubernamental dentro de la isla, eso es común o normal dentro de cualquier país, y prueba fehaciente es que el porcentaje en desacuerdo y descontento con el presidente que hay en los EE.UU., es tan elevado que, hasta casi por mitad tiene el país dividido, incluso el Sr Donald Trump ocupa legalmente la presidencia por un tecnicismo electoral, no por popularidad y mayoría de votos. Para evitar contradicciones señalaré que soy Trumpista y que estoy incondicionalmente de acuerdo con todas las medidas de Trump, excepto con su política y posición hacia Cuba. Vivo agradecido y orgulloso del exilio cubano porque reconozco que el valor, moral y prestigio con que ellos se han erguido e identificado, es el estereotipo que universalmente distingue con mucho orgullo y honor al cubano, pero estoy en desacuerdo con su política a Cuba, porque acorde a mi sentir y visión en las medidas impuestas, aunque sean diseñadas dentro de un contexto positivo, por resultados derivados, indiscutiblemente lleva implícito un objetivo de transformación devastadora, tanto social como individual; tanto económico como moral, y sin valorar las consecuencias, se continua insistiendo en perpetuar a pesar que, a quienes menos o nada ha afectado ha sido al gobierno. No obstante, de ser liberal jamás voté por Obama, pero siempre estuve muy agradecido por su postura hacia Cuba.

En conversaciones que he tenido con la inmigración cubana le hago entender que no tienen motivos para abusar de los opositores que se amotinan en Cuba, porque aunque los opositores representan ideales diferentes al de los Castro, en sus manifestaciones pacíficas ellos intentan despertar en la población civil y/o militar el concepto y derecho de absoluta libertad que las dictaduras no solo vetan, también con abuso físico y mezquindad intelectual, con extrema saña pretenden sofocar como si estuvieran extirpando en los disidentes sus ideales. A continuación, no me estoy refiriendo al exilio con el más mínimo vínculo, al contrario, excluyéndolo de esta visión mía: Yo puedo hasta alegar que el mensaje de la disidencia interna cubana, no lleva la intención de incitar con argumentos subversivos e insidiosos a una violenta sublevación, porque conocen las consecuencias y que tipo de sangre se derramaría provocado por la ceguera del fanatismo fidelista. La misión es exorcizar al cubano del adoctrinamiento fidelista que, con premeditación el gobierno implantó en el cerebro del pueblo durante su infancia y juventud, para que libre de ese monstruo perturbador, y mediante de una transición pacifista, educar y mostrar al pueblo que el derecho de ser libre, es el complejo respeto a la elección de las opciones; que la grandeza del bienestar social consiste en el multipartidismo político; que el derecho y respeto a la ilimitable adquisición procede del honesto desarrollo financiero, como la superación personal es el triunfo de la meta que por condición natural o fundamental el humano persigue con esfuerzo.

Incluso le explico a esos simpatizantes y asolapados fidelistas que residen aquí en los USA, que ellos por ser la mayoría del pueblo, tienen la opción de pelear y lograr el bienestar que a ellos los hizo desertar de Cuba: «una mejora financiera que persigue un superior desarrollo económico», lo cual solo puede ser posible, si desde la isla se amotinaran en una enérgica, pero decente protesta contra ese embargo, que demuestre al exilio y al mundo que la mayoría del pueblo, desea a los Castro en el poder, incluso, considerando que además de estar acostumbrado, también le gusta pasar hambre, sin conflicto podrían, si fuese necesario, levantarse en una férrea huelga para que la opinión pública y mundial intervenga obligando a los EE.UU. a suspender esa criminal sanción. Subrayo: El que yo me pronuncie contra el abuso y la discriminación, para abiertamente abogar por la libertad, derechos y respeto acerca, tanto la libertad sexual matrimonial como el respeto y aceptación por la preferencia sexual y política, no significa que mi matrimonio esté dentro de ese contexto liberal o que yo sea homosexual o comunista, pueden estar seguros que no experimento la más mínima inclinación por ninguna de ambas preferencias que con fervor defiendo, mi mensaje es: Aunque discrepemos de las preferencias de otros, por el derecho de libertad, todos debemos pronunciarnos, tanto en contra de los perjuicios, discriminación e injusticias, como en favor del respeto y a aceptación al libre albedrío. En mi caso yo prefiero vivir en una sociedad capitalista, pero por democracia señalo: Si en los EE.UU. hay derechos y sentimientos para los animales, y hasta derechos de igualdad y respeto en la elección sexual y religiosa, pregunto ¿Qué pasa con la libertad o el derecho político? Sin embargo, me complace señalar que no existe la más mínima comparación en moral, compasión o represión que diferencie a uno de extrema derecha con un comunista; entre un radical religioso con un comunista; pero hay diferentes valores y moral entre uno, desde moderada a extrema delincuencia, con un político de convicción comunista, dicho esto entonces ¿cuál es la peligrosidad o temor? ¿Por qué la persecución y discriminación? La droga y el terrorismo son crímenes contra la humanidad, el cáncer de cualquier sociedad y civilización, en estas calamidades ambos partidos unidos deben combatirlas sin tregua ni compasión.

De ser hipotéticamente cierto que tan siquiera el 50% de la población quieren libertad y repudian a los Castros, entonces, (con todo el derecho que por lógica y deber, concede tanto la razón como el patriotismo) que se amotinen en Cuba exigiendo libertad, como lo hicieron en Costa Rica, Panamá, Ecuador, etc. porque en esos países, a ellos no les asistía ningún tipo de derecho legal, constitucional o moral, para hacer exigencias y mucho menos, bajo ningún tipo de protesta, sublevarse contra las disposiciones de esos países. Esta actitud de arrojo o desespero, no solo demostró la valentía de morir por libertad, sino también que jamás se levantarán contra su líder, ya sea por agradecimiento o por la inspiración de algún retorcido respeto, jamás agraviarían, ofenderían o decepcionarían a la revolución ni a la memoria de su comandante. De yo estar en un catastrófico error, entonces es más simple encontrar otra respuesta: No se rebelan en la isla por ser conocedores del insignificante grupillo que son, pero aun así, deben pelear desde adentro conciliando unión y colaboración entre los opositores, y estoy seguro que si los del interior asumen esa postura, también lograrán con éxito unificar a los cubanos que viven en el exterior de la isla, pero alerta, de ser cierto que aunque sea existe una cuarta parte de la población que desea cambio, entonces no pueden darse el lujo de continuar dilatando el momento para comenzar la lucha por la libertad a través de, manifestaciones pacífica, o agresivas protestas, porque ya no queda mucho tiempo, no solo los Castro están en el ocaso de sus vidas, también están en el umbral de la extinción, el exilio cubano de esa generación que, dotado de firmeza patriótica, son los que realmente sienten y lloran por el mal que asola su Cuba, y por esta última razón, más la resolución del presidente Obama que deja en un muy incierto limbo a la situación de Cuba, es por lo que considero que los cubanos, aclaro, de ser cierto que, aunque sea el 25%, están en contra del fidelismo, no deben abandonar la isla sin antes haber intentado el cambio. Ya pudieron experimentar (sin base ni unión ideológica, protestar y amotinarse desde inapropiados territorios) la satisfacción y el honor de luchar juntos por una causa común; pelear, aunque haya sido, por la esperanza de libertad y mejoras económicas personales, por eso ahora, con moral y derechos que por ley le asiste, desde su propio terreno, aunque sin exacerbar la dictadura, para evitar el riego de confrontaciones con hordas violentas, mezquinas y de fanatismo fidelista, y así, con una oposición moderada, pueden enfrentar al régimen castrista con protestas a través de manifestaciones pacíficas, para que la fuerza y poder del exilio, tenga, no la excusa sino el motivo de intervenir y encontrar los medios de apoyo y de ayuda internacional que, por solidaridad con los derechos de libertad, intervendrían para detener la maquinaria Castrista. Sé que debido a la posición de la orilla que estoy, esta es una petición que carece de moral y sentido razonable, pero sin temor a equivocación, estoy plenamente seguro que el exilio, sin reparar consecuencias, de inmediato se uniría y sin demora, no solo estarán presente con todo tipo de ayuda, sino con mucho honor y regocijo, por tener la oportunidad de vivir sus sueños, estarían codo con codo en la resistencia y lucha, incluso desde Cuba si es preciso, para evitar que el triunfo de libertad se escabulla entre los simpatizantes del castrismo.

Con el objetivo de exhortar a que la historia no continúe repitiéndose, recordaré que en los primeros 20 años de la

Revolución Cubana, los disidentes y no simpatizantes de aquel momento, de haber tenido la opción del éxodo o la insurrección, estoy seguro que por convicción patriótica y moral, no hubieran elegido la opción del éxodos, sino, con la fe de triunfar, la de sublevarse buscando la libertad de la patria, con la esperanza o posibilidad de encontrar apoyo en el pueblo que se intentaba liberar, pero era lógico que en ese momento, el pueblo en vez de ayudar, atacara con saña a quienes pretendían arrebatarle el paraíso que Fidel les prometió. Era demasiado temprano para conocer las intenciones de Fidel, o vaticinar la realidad que hoy atraviesa el pueblo. La revolución no solo era promesa, también la esperanza al cambio y al equilibrio que el pueblo necesitaba, y aunque suene extraño, antes de Fidel, aunque fuera por esa apariencia que trasmite seguridad, Cuba no había tenido un gobierno 100% auténtico y soberano. La oposición que luchaba contra Fidel, podría interpretarse como la continuidad de sistemas políticos abusivos y corruptos muy parecidos al recién derrocado por la Revolución; Fidel en aquel momento era venerado como un redentor, incluso hoy todavía (bajo distintas percepciones) es amado y respetado, no solo por la mayoría de los cubanos, sino hasta por muchos o la mayoría de los pueblos de Latino América. Cada vez que toco el tema pueblo/régimen, aunque muchos se ofusquen o se desorienten con mi interpretación y exposición, es porque quizás bajo algunos aspecto de la realidad, aparentemente pueda haber sucumbido en un círculo de contradicción, pero para ser imparcial, es preciso navegar en ambos lados, solo para poder hallar y citar ejemplos con resultados comparativos en referencia del tema que abordo, no obstante, no por mi escepticismo, sino por «mi» respeto a la libertad de expresión y de opinión, aun contra mi voluntad, debo aceptar criterios concernientes o de cuestionables circunstancias. Consciente que por comportamiento y conocimientos en lo que atañe política y psicología, existe una abismal diferencia en la conducta moral entre los primeros y los actuales seguidores de Fidel, unos sabían lo que querían, otros obran por lo inculcado. Siendo circunstancias diferentes ya que, en aquel momento, al no existir «ese» gran porcentaje de descontento y desengaño, (según algunos presumen que hoy, una gran parte del pueblo siente contra el régimen de los Castro) esa admiración de ayer fue la realidad que sirvió de base para que, tanto militares como civiles, persiguieran como si fueran viles alimañas, a esos visionarios que, encarcelándolos como si fuesen vulgares criminales, para luego, después de estar en prisión cumpliendo largas y crueles sanciones, fueran aislados de la protección y opinión mundial, incluso no solo ellos, sino también sus familiares fueron privado de todo derecho, los cuales como escorias fueron marginados de la sociedad y en la primer oportunidad, prácticamente expulsados como si los fidelistas estuviesen depurando su inmaculada sociedad, por ende esto significa que los primeros disidentes no están aquí por propia voluntad, e incluso ni por elección, sino obligados por la resignación y por falta de opción a causa de ese hostil y sofocante acorralamiento, con que la venganza y el rechazo del pueblo los marginó, unos por consecuencia al honor de su insurrección o conspiración contra el sistema, otros por preferir identificarse con un perfil moral o ideales políticos opuesto al de Fidel, pero todos antes que, por instigación, hipocresía o conformismo, claudicar optando por una postura sumisa para vivir con una doble identidad, la cual dio lugar para que oportunista ideológicos, incitados por el odio, la maldad y con desmedida autosatisfacción de complacencia al régimen, fueron motivados a cazar y atacar a los opositores, incluso esa dirigida horda, además de algunos obrar bajo la manipulación del régimen, otros obraron por iniciativa propia para saldar algún motivo personal, como: venganza ideológica, envidia, inquina, rencor, etc., arbitrariamente se auto atribuía el derecho de hostigar, y clasificar colaboradores o no simpatizantes sin diferenciar entre un culpable o inocente, triste y oscura realidad cubana.

Significo que tanto el maltrato físico como la humillación emocional con que victimizaron a estos disidente, la responsabilidad provino de muchas personas públicas que, en su sumiso afán de congraciarse o ascender se confabularon con la política de los Castros, los cuales, por su nefasta actitud de complacencia y por la envilecida intención de obtener beneficios propios, a costa de los daños que su insidia causaba en personas no simpatizantes, también sirvió para que ellos fuesen compensados con prebendas y regalías que los liberaban de sufrir los rigores y efectos de ese embargo económico que, acorde estragos, solo ha servido para diferenciar a quienes realmente perjudica o, al parecer, a quienes intencionalmente va dirigido, además teniendo en cuenta que el régimen posee el control absoluto de todos los medios de comunicación, y conociendo que todo aquel que trabajó en ese departamento debió estar incondicionalmente comprometido y obligados a favorecer al partido comunista, por eso es admisible asumir el daño que hicieron, cuando con pérfidos mensajes alimentaban, la pérfida venganza del castrismo en el sentir del pueblo, pero peor aún, al llegar aquí, a los EE.UU. es: inaudita la pleitesía que le rinden; ofensiva la estrecha alianza con que ese radical exilio, promotor del embargo los retribuye, porque aún, ese exilio convencido que las sanciones aplicadas a Cuba son las mejores y más justas, bajo ningún parámetro deben facilitarle a estas personas la satisfacción de continuar castigando al pueblo, eso es «inmoral». Por la influencia que puede ejercer en la multitud, una destacada figura pública con algún comentario insidioso o mensaje subversivos, que por simpatía de sus seguidores o admiradores, es lógico adivinar cómo reaccionaría esa oportunista turba fidelista que, manipulados por influencia o la confusión, tal vez muchos de esas turbas, en sus denominados actos de repudio, pudieron obrar bajo presión, satisfacción o inquina personal contra disidentes pacíficos e indefensos, incluyendo niños, ancianos y mujeres, personas cuyo único crimen fue ser aspirantes a vivir dentro de una sociedad demócrata.

Por ahora, en este libro y en este párrafo reflejaré perplejidad en referencia al objetivo que se persigue con algunas conductas y posición, entre algunas se destaca: Los activistas del exilio no solamente premian "algunos" disidentes que hayan desafiado al régimen con algún tipo de acción, también, debido a la miseria que fueron sometidos, puedo ver lógico y honorable que extiendan su apoyo y reconocimiento a esos que se mantuvieron al margen, e incluso hasta en aquellos que de forma desapercibida hayan militado en el Partido Comunistas sin causar ningún tipo de daños a otros, tanto maltratos corporales como emocionales, pero lo grave es que premia con más cordialidad y euforia, con algún privilegio, reconocimiento y apoyo a "todos" aquellos que con actitudes avasallantes, escalaron y se destacaron en Cuba ejecutando, exhortando y disfrutando el abuso, la tortura física y mental, los cuales para congraciarse con el régimen fue mediante una infame y criminal estrategia. De este cuestionable tipo de desertores tengo la impresión que ellos hasta disfrutaron el modo y método (acorde posición y facilidad) de acorralar a esos disidentes con la intención de físico/mental vejarlos y someterlos. Mi criterio sobre la solidaridad no es con el cubano que llega y aboga por el embargo, sino (sin importar su preferencia ideológica) con el que aún está en la isla devastado por la implacabilidad de la miseria, aunque (sin cuestionar su actitud) no se haya identificado en pro o en contra con el régimen, con solo mantenerse al margen, no es alivio, es un gran apoyo a la causa del opositor, no solo es un golpe al régimen, también es un estrepitoso grito de victoria para la lucha del disidente, sin embargo se han tomado medidas que lejos de causar el más mínimo daño o inconveniente al régimen, a sus gobernantes o a sus lacayos, no solo parecen estar concebidas para el beneficio político y financiero de muchos en el exilio, sino parece como si esas medidas estuvieran destinadas como un castigo o chantaje, principal y únicamente para el sufrimiento del isleño común o como si fuese el objetivo para que la miseria y no la ideología cause el motivo de una sublevación. Estoy consciente que no es importante ni determinante lo que alguien haya sido en el pasado, sino lo que cuenta y vale es el honor de la postura que distingue la integridad presente; que todos tenemos el derecho y hasta la oportunidad de cambiar cualquier conducta pasada que por fuerza o bajo influencias nos convenció a optar por una actitud o situación, pero para evitar ser juzgado y condenado por ese pasado el cambio debe ser por esa honesta convicción moral que además de hacer entender equivocado que se estuvo, el arrepentimiento produce vergüenza. Lo que jamás se debe tolerar y mucho menos bajo ninguna circunstancia alcahuetear, es el cambio por conveniencias a lucros y beneficios personales.

Estoy seguro que mi interpretación acerca, tanto de la solidaria y estrecha relación pueblo/gobierno cubano, como mi repudio a la insistencia de sanciones que el exilio promueve contra Cuba, puede ofuscar ese grupo compuesto por las personas más conservadores y extremistas del exilio, pero yo analizo y concluyo, no porque esa sea la opinión de la mayoría, sino me fundamento observando desde el ángulo más humanitario; de lo que en realidad representa el respeto a la libre elección y no solo veo como a los de allá, la escasez y necesidad los acorrala a esa miseria que, por subsistencia los empuja a delinquir, a prostituirse, a emprender escapes suicidas que ha dejado miles de muertos en el intento. Como sufren los de acá que tienen allá sus padres, hijos, hermanos, cónyuges, etc., lazos familiares que ninguno de ese exilio conservador tiene en Cuba, y lo más indigno es que el factor motivador del exilio es "dinero" a sus bolsillos y no la libertad de Cuba. Un ej.: No conozco nada relacionado con Radio Martí, pero asumo que de esa millonaria cantidad que el gobierno asigna, la mayor parte es para jugosos salarios que ellos mismo se asignan por realizar una tarea bastante negativa y confusa

Ante la ignominia y opresión con que los Castros ultrajan y aplastan al pueblo, las palabras más comunes en el 80% de los cubanos menores de 40 años, y hasta en muchos menores de 60 años, incluyendo los residentes dentro y fuera (esos que migraron reciente) de la Isla es: «Yo no voy hacer patria para nadie» «Que lo quite quien lo puso» Por quien debo preocuparme es solo por los míos... que cada cual busque como arreglársela... sin tener en cuenta que la libertad de Cuba y el bienestar del pueblo es, un asunto de todos los cubanos pensando igual y luchando unidos. La nocividad o peligrosidad no está en lo que deliberadamente expresan, sino en las consecuencias de ese individualismo y conformismo, porque al no estar involucrado en la lucha, una juventud con espíritu patriótico y con verdadero sentir en el sector político, en lo que respecta, tanto el amor y respeto su tierra natal, como en el interés por el bienestar de su nación, la intervención de un tercero, sin encontrar resistencia política/moral, sin oposición y por deuda, constituye el riesgo que se convierta en un tirano extranjero, aunque hoy pienso que en beneficio, no de la Patria sino por el actual perfil político y patriótico, en posiblemente más del 75% del pueblo, lo mejor para Cuba sería una alianza o anexión bajo iguales, o parecidos términos que enlazan a los EE.UU. con Puerto Rico.

A continuación, en este segmento comparativo no me fundamento en la actitud ideológica, sino en la identificación moral. Todos sabemos que de forma innata y subconsciente a todos nos rige un existente código ético que, como honor a la integridad es un común patrón, sin distinción es aplicable a todo tipo de sociedad capitalista o comunista, y esta virtud evita o facilita que unos sean diferente o mejores que otros, siempre que, sin importar qué o quiénes son, por igual ostenten con dignidad los preceptos morales con que se identifican, sin importar reglas de conservadores y liberales o normas de religiosos y ateos. Seré breve, pero antes de proseguir señalo que solo me refiero al cubano común, al de clase media y pobre, porque son los únicos afectados por las circunstancias, los otros han tenidos opciones que les han permitido camuflar quiénes son y qué realmente sienten o admiran, porque por mucho tiempo vitorearon a Fidel y hoy cambian su postura con una ladina y moderada crítica. ¿Quiénes son realmente estas volubles o inestables personas? ¿Qué clase de respeto, mérito o premio merecen? En este comentario sobre la genuinidad, dinámica y carisma que simboliza ese cubanismo que, por más de medio siglo ha hecho brillar al cubano en el mundo entero, como ese verdadero estandarte de integridad y valores que honran al humano. Espero ser bien entendido, porque es vergonzoso que todo aquel que haya nacido después de 1965 y que haya tenido la oportunidad de abandonar la isla antes de los 10 años de edad, pudo esquivar ser alcanzado por la tóxica formación castrista, incluso en comparación el sentir patriótico de los hijos nacidos en el extranjero, ya sea de uno o ambos padres que aun educados en la isla, pudieron salir antes de 1980, el porcentaje de con honor pensar o sentir por la patria y el pueblo, ha sido por esa dignidad que, con ardua misión con que el exilio cubano ha sabido trasmitir y mantener en sus hijos, por eso es significativamente mayor en los educados afuera de la isla, se destaque “ese” cubano que se identifica con la integridad que, simboliza ese reconocimiento, con que se ha honrado y respetado al cubano, porque la mayoría de la juventud educada por los Castro, responde muy cegados al «fidelismo» que al patriotismo, y por este tipo de radicalismo mueren defendiendo, no loables ideas, sino censurables y personales intereses de un dictador. Es lógico admitir que, en consecuencias al enclaustramiento que Fidel sometió a la isla con el premeditado objetivo de negar e impedir a la juventud que él formaba, el acceso a variedad y comparación de opciones, es lógico que, sin competencia, «sus» propuestas e ideas, sin importar que solo fuesen en teoría y no prácticas funcionales, poseyeran un coqueteo pegajoso muy seductor. La acción amoral y corrupta no está en promover o en la práctica de enseñar una idea, el crimen consiste en, privando de la libertad de elección, imponer sus intereses personales.

Considerando que para mí el honor de un político no se vincula ni se diferencia por la afinidad o preferencia política de alguien, sino con la moral y la integridad de cómo se proyecta, es por lo que señalo: no estoy generalizando, y mucho menos deseo que mi opinión en relación a la realidad, sea objeto de ofensa, discriminación o humillación entre comunistas y capitalistas, porque sería, no solo ignominia, sino ignorancia juzgar, incluso hasta opinar que todos los políticos comunistas son iguales, solo creo que la corrupción y abuso es originada por la dictadura, sin importar el tipo de ideología. El honor a uno mismo es, siempre ejecutar acción y palabra por conciencia, y no por conveniencias para así, sin conflictos, podremos tanto reconocer como aceptar que el valor de alguien, solo consistirá en cómo actúan y defiende su ideología política. Es obvio que, al igual que excluyo opositores, también excluyo a esos simpatizantes de un sistema socialista que no están intoxicado con el adoctrinamiento que, Fidel es la Patria, incluso espero que no sea mal interpretada, o tergiversada con la intención de restar brillo y prestigio a la causa de ese Cubano que, por ideales y patriotismo ha preferido, contra todo pronóstico lógico o favorable, no emigrar, unos por su admirable integridad moral/política de tendencias izquierdistas, otros, con arrojo arriesgarse a combatir al mal en su propia guarida, sin reparar que en el resultado de esa lucha, puede ser para su desgracia, o para la gloria de todos los cubanos. Por como lo he vivido sé que si no es muy ínfimo, es bastante pequeño el porcentaje de jóvenes que habiendo nacido, crecido y educado en Cuba, posean una identidad ideológica opuesta al socialismo, pero también reconozco que no solo es una excepción encontrar entre los oponentes Castrista, esas minoría de jóvenes que con dignidad se identifique con los valores y honor de ese cubanismo simbólico, en la ideología de ambas filas con orgullo, dignidad e integridad existen ese joven cubano, sin embargo, dando lugar a que en la mayoría de jóvenes que migra, está esa multitud negativa que logra acaparar (por críticas y conductas) toda la atención, sin dejar espacio a porcentaje positivos por medios de los resultados de comparación, lo que dentro de un contexto de impresión u opinión pública, conlleva a catalogar por igual a justos y culpables, aunque es imprescindible destacar que gracias a la integridad de ese ínfimo porciento de cubanos que, con dignidad se comportan, ya sea dentro o fuera de la isla, como debido a esa inmensa y virtuosa moral de esos que aún continúan luchando por la libertad contra quienes oprimen y envilecen la patria, ha sido el fertilizante que ha servido para mantener activo el estandarte de ese reconocimiento y respeto que simboliza el orgullo de ser cubano. Sin embargo, con mucho regocijo y honor admito que conozco una vasta juventud con una férrea convicción socialista, incluso en algunos de esos que, por confusión son fanáticos fidelista, cuya moral y respeto es digna de reverencia, es el tipo de juventud a la que hago referencia que, además de poseer esa insuperable moral, también poseen sueños de una vida mejor, pero convencidos de la adversidad ideológica, por no traicionar, no al déspota de su comandante, sino por la inflexibilidad de sus ideales han preferido no emigrar a los USA, porque poseen con mucha integridad el honor de ser socialistas. Reconociendo que, para concatenar el respeto con la armonía, (que es lo que los humanos necesitamos) es preciso concientizar que el honor, no solo radica en aceptar, sino es menester y obligatorio, hasta defender el derecho del libre albedrío, aun siendo de cualquier índole de preferencias o ideologías adversa a la nuestra. Tal vez, prácticamente aun en mi adolescencia, por el resultado de mis experiencias a todo cuanto sufrí, atravesé y me sucedió por causa a mi rebeldía y oposición a la revolución, me asiste, por motivos y razones fehacientes, el absoluto derecho de acudir lleno de odio y venganza contra los Castro y sus simpatizantes, incluso, al valorar el panorama histórico que el año 1968 podría, en ese momento, significar entre pueblo y Fidel, más mi edad en aquel entonces, y aunque haber pasado más de 48 años, continúo con igual vigencia ahogándome en lágrimas cada vez que lo recuerdo, considero que no es honorable ni justo que mi dolor o decepción se levante por encima de mi integridad, y por este concepto de verdadera democracia debo admitir que, «muchos» de esa juventud residente en la isla, aun siendo fidelistas, sus posturas morales, tanto personal como social, es impecable, y con desmesurado orgullo digo que este tipo de juventud, también ha colaborado con el enriquecimiento mundial de la epopeya «cubano»

Uno de los aspectos que más me intriga es saber que la isla, desde el Cabo San Antonio hasta la Punta de Maisí, está llena de un árbol leñoso, espinoso e infructífero llamado Marabú, el cual, hasta donde tengo entendido, solo sirve para fabricar carbón. Esta realidad lo que me induce pensar que, si los que residen allá se pusieran a trabajar desmontando esos bosques, para luego utilizar esos terrenos sembrando frutos, granos, viandas, etc., entonces, además de abolir ese ocio que da espacio para intentar o tramar como perfeccionar la maldad, creo que en Cuba no se padecería de tanta hambre. También al igual que muchos, algunas veces también creo que los éxodos de los cubanos se debe a que, quizás ellos piensan que la yuca se cultiva y cosecha en New York, el boniato en Florida, el plátano en California, por lo cual, muchos de estos agrónomos vienen a los EE.UU. con el afán de desarrollar sus técnicas agrícola, pero igual que la avispa que, por mucho empeño que pongan no logra producir miel, tristemente igual pasa con los sembradíos caseros de muchos de este tipo de cubano, que para fortuna de unos y para desgracia de otros, su moringa se convierten en hierba tóxica, no es sarcasmo es realidad. Aunque la actividad delictiva bajo todo concepto de Ley y moral está exenta de excusa, aceptación y justificación, en exclusiva atención al cubano residente en la isla, siendo flexible o prescindiendo un poquito del honor, tal vez por humanismo o compasión, se pudiese tener algún grado de comprensión o admisión justificable, por supuesto, valorando como atenuante en cada escenario en particular, la intención y motivo de una acción delictiva, para tener en cuenta todas las alternativas que por ley de instinto natural, por supervivencia aplicamos sin medir o temer consecuencias, y así al poder compensar circunstancias reales contra la miseria que abate a Cuba, podríamos entender la batalla de conciencia cuando personas dignas se enfrentan al conflicto entre necesidad y moral. La gravedad está cuando por ambición corrupta se persiste en una conducta inmoral, porque a diferencia de Cuba, este país, los EE.UU., está muy bien estructurado y lleno de oportunidades y beneficios para que, todo inmigrante con moral y honor hagan realidad sus expectativas sin la necesidad de delinquir, porque en los EE.UU. además de brindar todo tipo de apoyo y ayuda con verdadero entusiasmo e interés, existe la verdadera libertad de, encontrar y emplear las adecuadas herramientas para acorde los esfuerzos y entusiasmos cada cual, sin preguntarle ni importar sus preferencia política o religiosa, con honorabilidad y dignidad puedan triunfar en la vida dependiendo de sus propias habilidades y conocimientos. No importa la nacionalidad del inmigrante porque no hay que olvidar que quien delinque en casa del vecino, no solo él se deshonra, al mismo abismo arrastra consigo la moral de su casa y familia. Sin pretender o atribuir excusa al crimen, creo que si profundizamos en los resultados relacionados con las limitadas posibilidades, como en las prohibiciones que ha influenciado en la conducta del cubano, no solo encontraremos la unilateral responsabilidad por las opciones que el régimen castrista ha dejado al pueblo, yo siento que al sopesar hechos y actitudes, también hay, no algo, sino tanta o más de culpa en el acorralamiento que ha provocado la insistencia de una parte del exilio con la solicitud de sanciones y con la imposición del embargo.

Todos los que estamos viviendo en este gran país, estamos consciente que se debe respetar y contribuir con los millonarios, porque son los que tienen el capital para mover la economía de la nación, creando empleos, resolviendo o ayudando a resolver todos los problemas de la población, ahora bien, si ahogamos al régimen de los Castro... ¿Cómo ellos podrán resolver los problemas de esa nación? En esta o cualquier sociedad capitalista no importa ni cuenta cuan rico se vuelvan los empresarios, lo que cuenta y vale es que puedan o ayuden a resolver las necesidades de sus empleados o del pueblo. Muchas personas se preguntan... ¿Cómo es posible que ante tantas carencias ese pueblo no se rebele? Creo que solo se necesita tener sentido común para darse cuenta que la mayoría del pueblo cubano, no por temor ni imposición, sino por solidaridad, respeto y voluntad está con los Castro, por tanto ¿A quién se castiga? ¿Por qué se castiga? Creo que la honestidad de reconocer una realidad, no resta valor al honor ni credibilidad a la verdad, en la manifestación de una política adversa.

Sé que muchas personas, incluso periodistas cegados por la pasión de sus ideas políticas, que prescindiendo de la honestidad y justicia que debe caracterizarlos, tratarán de ridiculizar mis cálculos en los que hago comparaciones o referencia, cuando en discrepancias con sus intereses ideológicos, presumo en algunas cifras el porcentaje de opositores y adeptos, y alegando que carecen de encuestas o de una fuente veraz y confiable, sin embargo señalaré que yo no he entrevistado a nadie, sino en medio de un cordial ambiente solo he conversado con personas que, libres de prejuicios y perjuicios han hablado mostrando su verdadero sentir. Tampoco ha sido con el tipo compuesto por esos dos grupos de personas, con quienes ellos han realizados sus entrevistas:

1) Esa elite, en mi opinión fidelista, de reconocidos personajes que, extraña y sorprendentemente cambiaron su forma de expresarse y comportarse en el momento de estar solicitando asilo político, dentro o fuera del territorio de los EE.UU. y con este maleable grupo que, acorde circunstancias sabrá muy bien

elegir que contestar, no se pueden valorar palabras, sino medir la trayectoria y sopesar las consecuencias de sus actos pasados, además este tipo de inmigrante jamás rechazará la oportunidad de (por azar, premeditación, o confusión) usurpar un mérito que no le corresponde, pero que le facilite beneficios, por tanto, por medio de la manipulación para extraer ventajas, los resultados de estas entrevistas o encuestas carecen de autenticidad, sin embargo, todos sabemos que, con los tributos que este tipo de asesinos son premiados por los «poderosos» del exilio, como si estuvieran ratificando la gloria que estos oportunistas están indebidamente ostentando, sin tener en cuenta que esa gloria es la que estos castrista le están arrebatando a esos que ellos mismos en un pasado pisotearon y acorralaron.

Yo creo que con el objetivo de conocer el verdadero sentir patriótico e ideológico de la mayoría de ese grupo de cubanos, correspondiente a la generación de la Revolución, para así después utilizar ese conocimiento para juzgar y conceder con orgullo, el valor y privilegio que merecen cada uno de los dos grupos que hago referencia, no es entrevistando, sino encubiertos conversar con el cubano común, así evitarán que con fingido repudio a los Castro, estos volubles oportunistas intenten congraciarse con su entrevistador, y camuflados sean vanagloriados con un mérito que no merecen ni les pertenece.

2) El otro grupo son, esos declarados disidentes a quienes destaca la valentía de buscar adeptos por medio de la peligrosa libertad de expresar su sentir y verdad, pero aunque esta manifestación glorifique su causa, por ser un grupo tan pequeño, las consecuencias y la moral que destacan su acto de rebelión, contra el mal que devasta la Patria, más ante esa verdad de todo tipo de desamparo y no cooperación que enfrentan, su lucha más que heroica, es épica, pero aun así, por estar práctica e internamente exenta de ayuda y apoyo por parte del pueblo, es lo que no afecta al régimen de los Castros, pero sin embargo, su lucha de allá, aquí sirve para que ese grupo que se destaca con una moral adversa, pueda fomentar esa base que da lugar a, continuar beneficiando y aumentando a ese tipo de

delincuentes desertores que, aprovechando los beneficios, para su rápido crecimiento económico dentro de la isla, le facilita en mejorar y acelerar su actividad fraudulenta (grupo que arriba en el número uno menciono) y al cual cada día, no solo se suman más de los de este tipo de cuestionable disidentes, sino este grupo, también incluye esos depravados que por beneficios e intereses propios, aprovechando la calamidad que azota al país, se empeñan y elaboran estrategias más ladinas que les facilite crear condiciones, para con impunidad operar como una red, cuya acción convierte nuestra patria en un burdel.

Aunque, en lo que respecta cualquier injerencia o represalia política, económica o de otra índole contra Cuba por los EE.UU. ya sea en pro o en contra del bienestar y progreso del pueblo, por temor al resultado de las consecuencias provocadas de cómo se ejecuten acciones y medidas para alcanzar el objetivo, es la preocupación que incita a las distintas organizaciones del exilio a estar divididas, porque hoy, a casi 60 años de esa proyección o reinado ideológico que diferencia, no solo en esencia sino hasta en apariencias, por lo que lucharon los primeros disidentes, es lógico que los intereses y los sentimientos sea más congruente con la visión del cubano actual, porque además de por vivencia, conocen lo que el pueblo necesita y como lo prefiere, es a quien, directo o indirecto; positivo o negativo, más o únicamente le afecta el efecto de los resultados o evolución de cualquier disposición, debido que, no obstante influenciado por algún iceberg del adoctrinamiento aun flotando en su conciencia, también son los únicos que tienen, cautivos y sumido en la miseria, dentro de la isla a sus familiares más allegados, que hasta cierto punto ese infortunio pudiese ser provocado por "ese" exilio que, se ha identificado con esa fallida y recurrente dependencia de esperanza que, el gobierno de los EE.UU. es quien debe intervenir, con presiones y sanciones, para liberar a Cuba de la tiranía Castrista. Aunque significativamente son muy pocos los grupos y activistas establecidos dentro de la isla, es sabido que operan con sus manifestaciones, desde el centro de zonas urbanas y a la luz del día, sin clandestinaje ni temor. Hoy gracias a la lucha del disidente actual, que aun teniendo posibilidad de acogerse a los beneficios que otorga el estatus de «refugiado», no dimite a su esperanza y no obstante conocer la magnitud real de las consecuencias implícitas a su patriotismo, regresa a su lucha, sin medir que además de militares, también, y con más saña, deberá enfrentarse a la población civil. Creo que, aunque desde distinto concepto moral y político, todo estamos de acuerdo que el tema Cuba solo corresponde a nosotros los cubanos, esto deja claro que, sin la intervención de terceros, por eso es tan razonable como moral y legal que los que están en esta orilla solo escuchen y ayuden; que desistan de intervenir buscando o decidiendo cuales acciones o estrategias son idónea para que, los de la otra orilla luchen bajo sus reglas y condiciones, buscando el mejor medio que facilite o precipite al derrocamiento del régimen actual con la menor violencia y tiempo posible; que sean aquellos disidentes que no han abandonado la isla y al frente al peligro, están en medio del fuego de la lucha; que, sin influencias ni persuasión, sean quienes posean total autoridad y respeto de decidir qué tipo de ayuda o apoya ellos precisan. Estoy seguro que solo a esos que están expuestos al alcance de la ira de los Castro; esos que están arriesgando mucho más de lo que pueden ganar, son los únicos a quienes les corresponde el total derecho del autónomo liderazgo, como la absoluta autoridad en dirigir la estrategia del tipo de lucha que, acorde a las circunstancias y condiciones, sea más sensato y factible a ellos y al triunfo o desarrollo de su causa, como también decidir cuál tipo de ayuda es más humana, conveniente o precisa para buscar la solución al conflicto interno que abate y divide al pueblo cubano.

No me pierdo tres programas de televisión, dos de la Mega y uno de América TV porque son donde se debaten, discuten o analiza todo lo relacionado a Cuba con mayor profundidad y conocimientos. Aunque reconozco el alto grado de dominio político de los panelistas, no sé (acorde a su inteligencia) en que cifran las esperanzas e insistencia en su propósito, porque hasta ahora el resultado de todo cuanto se ha hecho y pronosticado, ha sido fallido y de terriblemente desacertado el efecto de todas las medidas, sanciones y estrategias diseñada contra el régimen de los Castros, más por los estragos que tanta negatividad, rencor y odio ha causado en la población, pienso que es hora que reelaboren sus estrategias, y analicen con otros objetivo, porque el dominio y la elocuencia de su disertación, jamás podrá contra la escenográfica dramatización de los trucos Castrista. Es tiempo de procurar el bienestar de la nación, si en esa ruta los Castro se fortalecen, no se frustren, eso es parte del proceso en todo gobierno que responde de forma democrática, y aunque sea decepcionante, es aceptable, ya que será por interés colectivo y voluntario de lo que quiere y necesita la mayoría de ese, nuestro pueblo, que son y serán los mayores beneficiados. El presidente Obama tal vez habrá concedido más respeto y concepciones de las que merecen los Castro, pero siento que está tratando, que sin condiciones, de incentivar a cambios positivos sin represiones ni tragedias, por eso, aunque estoy convencido que la política doméstica y acciones del presidente Obama a largo o corto plazo será un fracaso para los EE.UU., en lo que respecta a Cuba, solo por el alivio con que favorece al cubano común, me regocija de todo cuanto ha hecho, porque esta puerta que el presidente Obama ha abierto, permite al cubano valorar y comparar en que mundo ha vivido y eso será, lo que además de beneficiar al desarrollo de la economía en bienestar del pueblo, también servirá como el arma para combatir el adoctrinamiento, permitirá el desarrollo político para que a mediano plazo podamos ver más unión, aceptación y apoyo con los opositores, permitiendo más seguridad y mejores logros en la lucha por la democracia. Tregua, que, si por medio de la lucha no se alcanza lo soñado, el tiempo siempre decide y da lugar a la evolución, las reformas y los cambios. Estoy consciente que el partido comunista o socialista jamás desaparecerá de Cuba, pero también estoy seguro que, después del cambio, nunca más volverá a ser el único que rija en la isla. El tiempo y ciclo de los Castro, sin importar que tengan todo el apoyo y amor del pueblo, incluso sin desearle ningún mal o bien, por ley natural ya está finalizando.

Como siempre he dejado saber que: En referencia de cualquier tema que yo navegue, la redacción y coordinación de mi libro, siempre estarán exenta del profesionalismo intelectual que, con maestría logre expresar una idea acerca de una verdad que nos abate, pero mi vocabulario siempre será más congruente con la visión y el análisis de un simple ciudadano que, en protesta por cualquier irregularidad que lo pueda afectar, será la cuestión que servirá de base, y mis definiciones solo estribarán en la realidad de una manifestación o conducta que se pueda palpar, para que con realidad y sin complicaciones se preste para establecer comparaciones. Respecto a la simpatía o afinidad con los Castro, que se pueda relacionar con el interés y necesidad del pueblo en mantenerse o buscar cambios, citaré como ejemplo a Venezuela, y aunque no he estado en ese maravilloso país, ni tampoco tengo ningún tipo de conocimiento sobre la relación entre pueblo y gobierno, en este caso por similitud al vínculo que ha entrelazados a ambos gobiernos, para opinar es lógico que me asista, la base o fuente el conocimiento que tengo de la doctrina y estrategia del manual de los Castro, entonces presiento que no podremos negar que, tal vez por algún tiempo, como mínimo el 60 por ciento de esa población venezolana, experimentó extrema simpatía por el gobierno de Chávez, sin embargo, y aunque tampoco puedo aseverar si hoy es la mayoría o la minoría quien se opone al sucesor de Chávez, si puedo garantizar que hoy, una gran parte de ese pueblo demuestran al mundo que no prefieren continuar con ese régimen dictatorial, que luchan y precisan de cambios para que inmediatamente sea restablecido un sistema democrático, donde la mayoría del pueblo decida, cuál partido y presidente deberá gobernar. Puesto este veraz ejemplo y exagerando, imaginaré en la población un tercio de opositores al régimen, entonces valoremos a lo que demuestra esta realidad: Cual sería el proceder y actitud de casi la totalidad del pueblo cubano, de cómo o con qué tipo de acción, (excéntrica y fanática) respondería a un similar escenario de sublevación, como, cuál será la actitud que la turba optará en dependencia a cuál será la manifestación en la que ellos deben tomar participación, ya sea para apoyar o sofocar, por ende, con el objetivo de demostrar que quieren la mayoría de los cubanos, tomaré como patrón dos escenarios para comparar, ejemplo: Actitud aguerrida del pueblo Venezolano con que se manifiesta y demanda por lo que desean para su país, contraria a lo que demuestra el pueblo de Cuba, sin embargo algunos de los eventos protagonizados por cubanos fuera del territorio nacional en ese reciente éxodo ocurrido en el año 2016, ha demostrado que el cubano no es sumiso ni cobarde y no permite que se le ultraje, que más allá de toda perspectiva es capaz de morir por sus metas. Utilizando estos eventos como campo informático, de ahí podremos obtener, a simple vista, suficientes elementos muy reales y competitivos, para con objetividad evaluar y comparar ambos pueblos, con el propósito de buscar y aceptar las prioridades, simpatía y deseos del pueblo cubano. En los primeros 20 años del régimen de los Castros, al menor indicio de oposición, el régimen, por temor desaparecían en una prisión con largas condenas a ese disidente para evitar que pudiese desarrollar cualquier influencia negativa a su sistema ideológico, hoy día por un acto que antes fusilaban, ahora ni con una leve sanción te ponen en prisión, esto demuestra que el régimen ya no tiene miedo ni preocupación, que está seguro y confiado de la lealtad y amor que el actual pueblo siente por ellos. Del mismo modo que los pueblos de Rusia, China, Vietnam, etc., por libre voluntad jamás dejarán de ser comunistas, es por lo que opino que, si hubiera una mejora económica, el pueblo de Cuba, sin presión ni persuasión, sino con satisfacción y convicción, siempre elegirá un régimen a ese o similar sistema socialista. Yo creo que, si no se quiere ayudar o apoyar, tampoco debemos interferir en la voluntad y la decisión individual o social de otros, y esto ha demostrado que el énfasis en el trabajo y la dedicación colectiva de los interesados, hará posible que a corto o a largo plazo una idea triunfe, si estamos seguro que el comunismo es disfuncional, dejemos que por sí solo colapse, no hay necesidad de manchar con ignominias la honra de la gloria. Seamos realista y objetivos, en este sentido que, todos los que bajo cualquier situación se manifiestan o interpretan la realidad en favor a los Castro, obedece a que experimentan ese típico estado de sensación que, (igual que los religiosos) por fanatismo trasmite esa inaudita seguridad y confianza que imposibilita diferenciar entre fantasía y realidad, y esta plataforma de esperanza, la cual como un oscuro proceder masoquista, es un fantasma inherente en la condición humana, y el ejemplo más irrefutable es la fuerza de obediencia y aceptación (total o parcial) que ejerce en la humanidad la doctrina que, no obstante ser la que tiene en su trayectoria más crímenes, explotación, mentiras, maldad e imposición, es la que más fanáticos y adeptos tiene en sus filas: El Cristianismo. Incluso el manual más hipócrita, fantasioso, terrorífico e impositivo es por el que ellos se rigen: La Biblia. En mi caso prefiero y encuentro más beneficiosos los manifiestos de Marx. Si reflexionamos con justeza y parcialidad comprenderemos que las dos doctrinas que más se parecen en su predicación, objetivos y consecuencias, son los comunistas y los cristianos, con la diferencia que uno te pide colaboración abnegada en la formación de una sociedad con una realidad que, a cambio de total sacrificios ofrece la posibilidad que en vida pueda disfrutar de los beneficios prometidos, y el otro, el clero, promete premiar tu sacrificio con la misma promesa, pero en un futuro incierto y fantasioso, que además de el paraíso de la otra vida, ante la realidad del diferente nivel y jerarquía social, incluso y principalmente al observar la descomunal diferencia entre clero y feligreses, por si solo ratifica que el objetivo de esa promesa de balance e igualdad social, sin ricos ni pobres, sin explotadores ni sometidos es una teoría mucho más irrealizable e irracional que la de los comunistas, la cual hasta ahora solo ha servido para mediante esclavitud y explotación, enriquecer a los que gobiernan o dirigen ambas doctrinas, bueno en referencia al enriquecimiento de los líderes o dictadores comunistas, solo son suposiciones con bases especulativas y alegatos de estrategias políticas, en referencia a los Castro, hasta hoy nadie categóricamente ha podido demostrar la aseveración de esta acusación, pero sin embargo está extremadamente visible en el mundo religioso, que además de poseer la propiedad del mayor y más costoso tesoro en el patrimonio universal, también es conocida la descomunal fortuna de bienes y raíces, tanto por la cantidad como por el costo estructural de sus propiedades, incluso a través de manifiestos y filtraciones, es conocido que el activo del banco del Vaticano, posee la mayor o unas de las mayores fortuna universal, y lo más sorprendente es que nadie cuestiona la fuente de procedencia de dicha fortuna, que de ser cierto la información de las filtraciones que, incluso el vaticano ha estado involucrado y beneficiado con el lavado de dinero mafioso, significa que han contribuido en el crecimiento del más temible, corrupto y abominable crimen, catalogado como el cáncer social: Las drogas.

Antes de terminar, haré un señalamiento con este tema donde hago comparaciones del marxismo con el cristianismo: solo ha sido para combatir la hipocresía con que, muchos proclaman el derecho de igualdad para que todos podamos vivir con respeto y aceptación, sin discriminación por la libre elección de sexo, ideologías políticas o religiosas, sin embargo, es precisamente la irrespetuosidad lo que tiene en pugna y guerras a todos los humanos y gobiernos. Puedo aceptar y hasta admitir que mi capacidad interpretativa, por edad y la influencia de ese tiempo de mi juventud que me dediqué a leer, tal vez hoy sea diferente mi visión actual, porque hace alrededor de 40 años o tal vez un poco más que, por pasión, pasar el tiempo o entretenimiento leí El Capital y algunos libros relacionado con la historia de la Europa de la edad media y moderna, y aunque mis recuerdo puedan ser algo vagos, mi confusión, si es que padezco de alguna, podrá ser muy leve, pero si puedo garantizar que no hay una pizca de sentir comunista, incluso creo que mi aversión por la religión es igual que por el comunismo, solo he aprendido a reconocer, aceptar y respetar a lo demás por lo que son y piensa, es más, estoy convencido que el día que todos nos comportamos así, finalizará el caos que pone en pleito a la raza humana.

Señalo: Considerando que en ningún aspecto nuestra época en lo más mínimo es comparable o similar a la época en que Marx concibió ese sistema político y económico, es porque no voy a discutir o hacer ridículas comparaciones entre socialismo y capitalismo o si el sistema de Marx es funcional, porque sería imposible encontrar una equivalencia lógica, sin embargo, yo puedo creer u opinar que, aunque en teoría ese sistema hoy es obsoleto, también puedo opinar que fue, en correspondencia, a condiciones y manifestación entre empleadores y obreros, lo más apropiado para la sociedad de esa época, incluso hasta puedo agregar que hoy día, principalmente en un sistema demócrata, las grandes reformas que han evolucionado los derechos humanos, civiles y obreros, podemos encontrar, en algún aspecto, la esencia marxista. Asimismo, igual como ha sucedido con el manual religioso: la Biblia, muchos oportunistas, aprovechando las lagunas del manuscrito han tergiversado el concepto (no por su esencia, sino por las apariencias de las ideas) para por medio de la corrupción revestir de falsa nobleza la «explotación». En lo que respecta en la parte del sistema económico, aunque es más que conocido como funcionaba la Burguesía en la Europa de la Edad Media, no puedo emitir una opinión, porque no tengo los elementos suficientes para apuntalarla si alguien me cuestiona, (no sé cómo funciona el sistema económico de China, Rusia, etc. pero todos sabemos que China es una potencia económica y militar, para unos «la primera» para otros «la segunda» lo que significa que cara y reverso en la ecuación de potencia mundial, son los EE.UU. «capitalismo» China «comunismo») pero en lo que respecta a la idea del sistema sociopolítico, creo que ha sido el concepto que más apropiado que se haya concebido en relación a sucesos y demanda. No obstante, de estar consciente que el sistema económico-social, tal y como fue ideado, para cualquier tipo de sociedad y gobierno, más que es obsoleto y disfuncional, aun así, opino que tanto en la URSS, leninismo, como en Cuba, castrismo, más que el sistema marxista, se aplicó la capacidad de corrupción, maldad y lucro de estas dos personas que, desprestigiando al marxismo, adaptaron ese sistema a sus intereses personales. Muchos teólogos y políticos, consideran que los dos libros de estudios más grande de todos los tiempos han sido La Biblia y El Capital, sin embargo, es obvio que, dependiendo de valores e integridad del individuo, sería la credibilidad que se le daría a la aseveración de su opinión, aunque opino que, en ambos manuscritos la simbiosis es parasitaria, señalo que, en El Capital, solo en la práctica, (no en la teoría). En la Biblia, ¡TODO! Esta aclaración la hice para aquellos que me acusan de marxista. Mi reconocimiento es sustentado en hechos históricos y de una base humanitaria, no política, además seamos honesto: las únicas veces que el comunismo ha tenido lugar en alguna nación ha sido en reacción a desmedidos abusos o para combatir a un rapaz capitalismo.

Un dato de la migración cubana: Aunque esto es del dominio de todos por no ser un secreto, solo para evitar lugar a dudas por aquellos que no están envueltos en la realidad cubana, significo, que muchos que se benefician de las leyes y sociedad estadounidense, es muy considerable la cantidad de acérrimos fidelistas que, aun residiendo dentro de los EE.UU., sin recato, no solo ostentan su simpatía, sino que sin importar el suelo que están pisando, hasta con peligroso fervor se pronuncia a favor del régimen Castrista.

Existen dos generaciones de cubanos muy diferentes en lo moral, social y político: Los nacidos antes y después; fuera y dentro del gobierno de Fidel Castro, quienes no solo se diferencias por sus actitudes sociales, morales y patrióticas, tanto en residentes dentro y fuera de Cuba, incluso personas de esta generación, por causa de la integridad y tenacidad de sus principios patrióticos y convicciones morales se han mantenidos desintoxicados de la influencia o malformación Castrista, los cuales además de una destacada moral, han sobresalidos por sus logros políticos y financieros, alcanzando los niveles más elevados dentro de la sociedad de los EE.UU. o de cualquier sociedad donde se hallen viviendo.

Aunque muchos curiosos por mi ambigüedad me han criticado e interpelado para conocer mi criterio al respecto, solo agregaré que lo relacionado con el carácter individualista, las consecuencias sociopolíticas y la conducta social y personal que diferencia un gran porcentaje del cubano educado bajo la influencia y objetivo castrista, señalo que por no conjugarse con el mensaje de este libro, es la razón que muy superficial he tocado algunos temas sin profundizar en mi opinión en todos los aspectos y consecuencias en ambas orillas, por ende lo relacionado con Cuba lo ampliaré en mi próximo libro, el cual que además de muy controversial por la verdad que expondré, dependiendo de la preferencia política y/o el sentir patriótico, mi criterio será de orgullo o indignación acorde al lector, sin embargo para otros, la gran mayoría, el tema y mi opinión será indiferente a causa de su apatía política.

Sin embargo, considerando que un político es alguien muy importante para el desarrollo entre pueblo y nación, puedo agregar que, (a pesar que un amigo considera que mi concepto es utópico) en realidad un verdadero político significa para mí: En lo que respecta al motivador interés, la imparcialidad de juzgar, como la integridad moral que debe distinguir un partido político consiste, sin pugna, ni terquedad ni rivalidades partidistas, que el buen funcionamiento ideológico anteponga como único beneficio y prioridad, pueblo y nación, porque considero que cuando, desde cualquier posición en un gobierno, se trabaja representando «por» o «para» las necesidades de un pueblo, ningún partido «es» o «puede definirse» autosuficiente, eso sería la más petulante barrabasada, debido a que toda población está compuesta, tanto en visión como en sentir, por la más prolífera intelectualidad política, y esta condición hará imposible la independencia a causa de la complejidad requerida en una cabal capacidad funcional, por ende, ambas tendencias (derecha e izquierda) deben tener en constantes debates y análisis sus teorías, no solo para nutrirse con las ideas productivas de otros, sino que en colaboración, hasta con adversarios, crear alianzas para con certeza poder fusionar «sus» leyes con la prioridad de satisfacer bienes y servicios que, en un rango generalizado, cumplan con la diversidad de la más básica demanda del pueblo, porque en consecuencias a la variedad de caracteres y exigencias, para un «honesto político» de cualquier partido, siempre será imposible actuar de forma independiente. Jamás a una Nación se le debe imponer por las fuerzas ningún tipo de dictadura, ni tampoco la eliminación o prohibición electoral de un partido. Reconocer esta solidaridad y cooperación es verdadera democracia, donde el único premiado será el pueblo. Solo de los que se proclaman «autosuficientes» proviene el endiosamiento que genera corrupción, tiranía y miserias, ejemplo: Cuba y

Venezuela, desde el triunfo de esas revoluciones, estos dos países, en vez de prosperar han retrocedido.

No obstante a todo lo anterior expuesto, cabe reconocer que a pesar de la actual identificación antipatriótica en muchos de mis paisanos, asumo que muchos de este grupo, es parte de esa criminal e inmoral horda que con saña persiguió y atacó opositores, hoy producto a la inmoralidad que los identifica, son los responsable de intentar cada día hundir más a Cuba en la deshonra con promociones obscenas; son los que con actividades delictivas dentro de los EE.UU. desacreditan la moral del cubano y para colmo, son los que con más fervor y desvergüenza tratan de vanagloriase, especulando con el reconocimiento de integridad que universalmente simboliza la epopeya, no del cubano fidelista, sino de ese cubano exiliado que conquistó ese prestigio, pero si no luchamos unidos para buscar alguna solución que restaure esa imagen que el abuso de unos y el encubrimiento de otros, ha deteriorado tanto, puede que llegue el momento que decir CUBANO, en vez de abrir puertas, cerrará hasta ventanas.

Cuando yo hago alguna exposición en favor a ideología o sistemas comunista no es con el propósito de sumarle mérito a ese régimen, solo lo hago por el reconocimiento al respeto y aceptación que debe coexistir entre todos, porque el día que esto suceda o al menos se admita, entonces estaremos en el camino correcto a la armonía y paz humana. A como yo lo entiendo: La magnitud del palpitar de libertad y respeto que asiste y equilibra una nación entre gobierno y población, siempre estará al nivel de la aceptación y los derechos que, sin distinción o preferencias con cualquier partido, la visionaria tesis de un líder, por encima de la rivalidad ideológica, siempre será analizada como un elemento de fusión positiva, por y para el bienestar de todo el pueblo, y no por adversidad política. La coherencia y concatenación de un debate multipartidista que, aun con ideologías opuestas, antepongan que el interés común (en concordancia al deseo de la mayoría del pueblo) es el beneficio de la nación, sin conflictos negativos, no solo conllevarán a confluir con las prioridades y necesidades de una nación, sino también ser congruentes y solidarios fundamentando honorables leyes y normas para el beneficio, seguridad y tranquilidad, no solo de esa mayoría que a través de una elección lo eligieron, sino como un sagrado deber con toda la nación.

No solo yo, sino todos estamos conscientes que es una burda politización atribuir al partido comunista el deceso, tanto de Cuba como Venezuela u otro país de Latino América, pues eso sería, por fanatismo, tildar a todos, más que ignorantes, estúpidos, porque hay una realidad que no se puede, ni por si sola se deja tergiversar: Una vez desaparecido el artífices o fundador del Partido Comunista que implantó ese sistema en su país, el desenlace y constancias en múltiples sucesos que, desde drásticas hasta radicales reformas evolutivas que (aun sin perder la esencia de la ideología de su líder) dieron lugar a esas reformas que promovieron ese cambio hacia el progreso que, hoy destaca a los países pioneros con este tipo de política. Tal vez por la censura, persuasión, coacción, intromisión o privacidad al derecho de libre expresión en estos países de sistemas comunistas, estén violando uno, o el más importante de los derechos de libertad, pero eso no es el sinónimo de la miseria, corrupción y desmanes que sucede en América Latina, y siendo realistas y honesto, todos estamos consciente que este tipo de libertad, única o los que más importa son a quienes trabajan en medios de comunicación, periodistas, los que son atraídos por la política, etc., porque a la mayoría (clase media y alta) solo le interesa el progreso de sus aspiraciones y vida personal, además que sabemos que esa parte, North Corea, no ha podido apreciar, como South Corea, los beneficios de la libertad por estar acostumbrada al sistema dinástico, incluso, por eso podemos señalar que el reaccionario sistema social de North Corea es por consecuencia de una dinastía y aunque su sistema económico no sea muy bueno, su tecnología y progreso es adversa a los países de la región americana, además por experiencias de regímenes en nuestra región, podemos, no solo comprender, sino con confianza exponer que, sin diferenciar entre dinastías o dictaduras, las fuentes de la corrupción, los abusos y la explotación, solo proviene de tiranías, ya sean de izquierda o de derechas, porque los objetivos administrativos de ese régimen no se fundamenta en los ideales o compromisos de un partido, sino en los intereses del tirano.

El caso más real que tenemos, nosotros los cubanos, es que los simpatizantes con el régimen no son ciegos ni estúpidos, todos están consciente del progreso, en todo aspecto, con que el capitalismo retribuye al sacrificio y esfuerzo honrado, incluso todos desean y luchan por mejorar sus vidas y sueñan con que algún día puedan gozar de total tecnología y progresos sociales. Todos ven y conocen las necesidades, sus miserias, la cloaca donde viven. Ven y son víctima del atropello, la violencia, la humillación, discriminación, etc. Otros han viajado, trabajado y por un periodo parcial convivido en el extranjero y aun así vuelven orgulloso a su patria para decir: Me siento orgulloso y agradecido de la oportunidad de servir a mi comandante. Estas personas no son socialistas, comunistas, patriotas, ni representan ningún partido ideológico... ¿Por qué? Porque solo actúan por representar y favorecer a su Líder; Fidel para ellos es sinónimo de patria, pueblo, partido, Fidel es la Revolución, ellos luchan y mueren por los intereses personales de Fidel y no por los de ellos; ni por el bienestar y futuro de sus hijos y mucho menos por lo de su Nación, incluso descenderán a la más baja degradación por el solo placer de causar daños físicos y morales a quien ose ofender a su comandante; viven en la más abominables de las miserias, pero se sienten afortunados y felices de ser fidelistas. El fanatismo fidelista es tan ferviente e incondicional, que por los efectos y poder de su influencia, definitivamente induce a clasificarlo como un «dogma», debido que igual que cualquier religioso, los fidelistas, por convicción y espontánea satisfacción, son incapaces de reconocer la capacidad de sus méritos y valores personales, porque todo sus triunfos, con sumiso agradecimiento, se lo atribuyen «gracias a Fidel o la Revolución» y no a sus esfuerzos e interés; a sus habilidades e inteligencia, incluso con vehemente certeza ellos creen que, sin Fidel hubiese sido imposible alcanzar esas metas y triunfos que les permitieron realizarse como brillantes artistas, atletas o profesionales en cualquier sector, «mismo esquema del dogma cristiano». Fidel Castro para su pueblo está a la altura de (solo mencionaré algunos tiranos artífices del comunista en su Nación) Vladimir Ilich Lenin, Mao, Tse Tung, Ho Chi Minh, etc., aunque por lo que está sucediendo en Cuba, induce a pensar que el endiosamiento de Fidel Castro más se parece a Kim Il-Sung que al de los otros dictadores que mencioné. Un comunista íntegro y patriota en representación de su partido, pelea y muere por el bienestar de su nación y pueblo. Opositores y simpatizantes de Fidel, no se vayan a escandalizar o ridiculizarme por mi capacidad de interpretar el proceder de la mayoría del cubano, alegando que es psíquicamente insustancial, porque bajo esta misma ley de influencias y obediencias fanáticas actúan religiosos. Como base expondré dos ejemplos que ponen de manifiesto la sumisa conducta del humano que lejos de reconocer la verdad que no solo ven, sino que hasta los castiga, aun así, continúan por fanatismo obrando contra la realidad:

1:- No se trata de que no me interese, o que no tenga algún conocimiento en relación a cuál fue el legado o mensaje que Mahoma pretendía dejar a su pueblo o seguidores, el cual me permita opinar, pero por sucesos que han hecho temblar al mundo, puedo decir que, aunque no todos los musulmanes presenta un peligro para la seguridad y paz universal, estamos seguro que a pesar de haber varias denominaciones que se desprenden de sus profecías, por las consecuencias y los resultados de las interpretaciones o fundamentos del Corán, los musulmanes solo se puede dividir en dos tendencias, unos inspirados por la nobleza y el honor se rigen por la «esencia» del mensaje; otros malévolamente intencionados, cegados por frustraciones, perversidad y rencor, con alevosa premeditación utilizan la irracional metáfora divina, la cual permitiéndoles sacar ventajas de la confusión, aprovechan la desorientada «apariencia» del pensamiento coránico, para apoyado en la ignorancia de la población, con facilidad tergiversar el mensaje mahometano en «diana» de sus retorcidos intereses, que sin conflictividad moral lo ponen en práctica de sus macabros planes, saciando sus infundadas venganzas.

2:- La nueva cepa de estudiantes de la Biblia denominada cristianos, cuando con propósitos mezquinos (a mi criterio más que desacreditar desprestigian la original religión judía) tergiversan el mensaje (si es que hay uno) de Dios para justificar sus fechorías, con el beneficio de una fantasiosa divinidad abusan, explotan estafan, incurriendo en el más vil crimen, cuando sin compasión ni escrúpulos se aprovechan de la ignorancia de indefensos y desamparados feligreses para mediante engaños despojarlos de lo más mínimo, insignificante o hasta incluso el único recurso de subsistencia que poseen estas humildes e ingenuas personas, con la sola intención en favorecer la magnánima y opulenta vida de los príncipes de la iglesia, sin embargo este abominable crimen que por Ley de Dios debe ser con extremo rigor castigado, inconcebiblemente no solo es admitido y condonado por todos los gobiernos, sino que hasta ayer, iglesias y gobiernos muy unidos, cazaban homosexuales, prostitutas y ADULTERAS para castigarlos hasta con las más inverosímiles y sádicas torturas.

Debido a esa pasión con que muchos presumen superioridad o creen ser mejores, por mi intrepidez de cuestionar y exponer la realidad que todos conocemos, corro el riego que la mayoría (a propósito, manejar o insinuar) puedan interpretar como un insulto o una acusación a ellos y no como un ataque desafiante o denunciante contra todo lo que está, no solo destruyendo la integridad moral y patriótica, sino sumiendo al pueblo en la más abominable miseria. Mi intención no es ofender o criticar, sino exhortar a que todos reflexionemos en lo que hacemos, oímos y vemos para luego comparar y valorar, tomando como ejemplo el beneficio que nos ha asistido: La tradicional moral que ha vislumbrado y que todos conocemos; para sin politizar solidarizarnos (sin individualismo ni prejuicios) en la búsqueda de una mejoría a nuestra patria y pueblo; para sin importar que tipo de régimen haya en la isla, nos enfrasquemos unidos en una lucha por rescatar la integridad y los valores que siempre nos ha diferenciado y destacado. Se que soy «nadie» y no pretendo ser «alguien» pero sin pugilatos, debemos de empezar a diferenciar el significado entre que es «reunirse» y «unirse» porque no podemos continuar «divididos» y en «pugna»

Aunque no estoy muy seguro de la coherencia y mi capacidad para exponer mis pensamientos, si estoy súper consciente de lo pésimo que es mi redacción y coordinación, pero aun así, con orgullo y razón de causa, sí, firmemente significo que la conclusión de mi sentir sobre cualquiera de los temas que he abordado, está muy bien fundamentada por la realidad del detrimento que causan las consecuencias en indefensos inocentes, como también por los estragos de las acciones negativas, como de miseria que han provocado en la población, no obstante, al empeño y esfuerzo con que analizo esas medidas, como ciertas actitudes indiferente al dolor y realidad con que algunos famosos han dado la espalda a su pueblo, tampoco logro encontrar o saber cuál es el propósito de ese desafío o estrategia política que solo devasta al pueblo, por eso, al no poder con certeza vislumbrar el móvil u objetivo de ellos, por esa razón tal vez mi opinión solamente pueda ser cuestionable o debatible.

Las personas insisten en clasificar tanto mi profesionalismo o capacidad intelectual, como el derecho que me faculta para divulgar mi opinión:

1:- Respecto a mi instrucción, aunque no puedo recordar cuantas veces lo he dejado muy claro en este libro, volveré a indicarlo con algo de especificación: Durante 8 o 9 años de mi juventud, prácticamente casi todo el tiempo, por completo lo dediqué a leer, estuve en prisión por no simpatizar con el régimen de los Castro, fui preso político. Aunque me fascinaba la historia, admito que, mi interés por la lectura, el factor motivador fue como un entretenimiento para mitigar el ocio o pasar el tiempo, y estoy seguro que esto puede interpretarse como un hobbit y no como fuente de aprendizaje o estudios. He leído muchos, pero muchísimos libros y de todos géneros, pero han pasado muchos años desde que finalicé con mi única fuente de conocimientos: la lectura, y aunque todavía estoy muy lúcido, puede que por falta de práctica o interactuación acerca de lo leído, mis recuerdos o bases pueden ser vagos, o hasta algo confuso, aun así, siempre he dejado saber que, «en lo que respecta los temas religiosos, sociales y de carácter moral», mi libro no está fundamentado en estudios, sino en opiniones y experiencias; comentarios y evidencias sobre asuntos que nos competen a todos, los cuales, por su real necesidad, no precisan de datos o sucesos exactos, para entender que, es menester exigir el derecho que nos asiste. Señalo que, si antes leí como hobbit, hoy escribo por el mismo motivo, además la realidad histórica o tradicional, puede ser voluble en dependencia como confluya con cualquier época diferente al hecho.

2:- Respecto al derecho que con energía me faculta a divulgar, no mi «opinión» sino mi «criterio» en cualquier tema político social y moral relacionado con Cuba, empezaré recordando que en la década de 1960, el 80% de la población penal política en Cuba, estaba compuesto por funcionarios del régimen de Batista y personas, militares o civiles, que no obstante haber sido miembros activos en la lucha contra Batista, volvían a rebelarse por sentir la mentira de Fidel, este señalamiento lo hice, porque en esa etapa de la revolución, era casi imposible encontrar un preso con solo 16 años y 19 días de edad, por lo menos en Boniato, con 20 «galeras» repletas de presos político, yo era el único con esa edad y esto me otorga algún respeto y consideración por todos los años, desde 1968 hasta 1992, de acorralamiento, persecución y vejaciones que sufrí o fui víctima durante (como preso o civil) todo el tiempo que viví en Cuba. Todo cubano que haya vivido ese período, es conocedor de los límites que no solo un preso político tenia, sino hasta con qué nivel de injusticia eran victimizados sus familiares más cercanos. Yo pude haber llegado a los EE.UU. en 1979 y por mi sentir cubano no abandoné la isla, pero en 1992, ahogado por la represión y los abusos me vi obligado a dejar Cuba. En el año 1980 fui dos veces víctima de los llamado actos de repudio, en una ocasión en mi casa y en la otra en la calle donde estaba acompañado con mi esposa y mis hijos, uno de 2 años, 9 meses; otro de 19 meses de nacidos, sin prever el peligro para los niños fuimos agredidos, y no continuaré añadiendo las cosas que sufrí, porque no importa lo que yo y mis hijos fuimos víctimas, lo que importa es lo que, tal vez por venganza, pretendemos castigar al pueblo por (sin importar que tengan o no razón) mantener y defender con honor su convicción política.

Para finalizar solo añadiré: Los que realmente me conocen saben que jamás, sin valorizar la clasificación, me he opuesto o peleado contra la opinión de alguien. Desde muy joven, la realidad que se desprende de esa dualidad de, experiencias y resultados, aprendí a valorar consecuencias y esto enseñó a respetar y aceptar que todos tenemos derechos a la libertad de expresión y pensamientos, por ende, hoy, al igual que siempre, en nada cambiará, porque estoy muy convencido que, aun existiendo desmedida fuerza de maldad y bajeza en el deseo, intención u opinión de alguien, jamás tendrá la más mínima influencia para generar cambios en la condición de otro. La mezquindad solo encuentra nido en las personas de caracteres mediocres y perversos, por tal, los rumores y acusaciones inusitadas por sentimientos negativos, solo de forma limitada puede afectar la reputación. Yo sé quién siempre he sido y me regocijo de contar, por lo que soy y represento, con el más solidario respeto y afecto de mis amigos y familiares.

EPÍLOGO

Espero que ahora, con la corrección y especificación que he realizado en todos los temas, que incluso hasta me conllevó a corregir el error del título, yo pueda inspirar un mejor efectos en los lectores, porque debido a los ataques que he sufrido, es por lo que opino que en la edición anterior, tal vez no supe ser muy explícito, preciso o persuasivo para convencer de la nobleza de mis intenciones; posiblemente, el rechazo también pudo provenir, porque con la exposición de mi sentir o realidad, haya ofendido el concepto de esos que se atascan en culturas falócratas, retrógradas o fundamentalistas, por consiguiente, mi visión del justo y legal equilibrio haya (no provocado sino como es habitual) exaltado en ellos un sinfín de enojos y agravios por cualquier opinión que contradiga las de ellos. Aunque no todos, pero si por igual, unos defendiendo el honor de sus criterios: Conservadores y religiosos; otros solapando sus temores: Hipócritas y oportunistas, me han prejuzgado (unos con sarcasmo otros con difamación o desdén) por mi revolucionaria opinión, acerca de la forma de absoluto respeto o aceptación, de la igualdad en el derecho a cualquier conducta elegida por libre albedrío de como muchos consideran debe proyectarse el totalitario derecho por las preferencias sexuales, políticas y sociales de cada individuo, por esa razón recordaré una realidad tan inquebrantable como tangible, la cual por conveniencia o pánico es intencionalmente omitida: Tanto matar y robar (igual a cualquier tipo de manifestación sexual ejecutada con violencia) no solo es un hábito amoral y perverso desarrollado por voluntad, interés o deseos en algunos humanos, todo lo contrario, son conductas o prácticas intrínsecamente implícitas, o asociadas con nuestra naturaleza de arrebatar por vanagloria y abuso de poder, las cuales desde la creación o el origen, cohabita como una arraigada ley de supervivencia en los instintos de todas las especies existentes, por lo que cualquier formación dentro de un ambiente hostil, que a mi criterio, en muchos no es el móvil que confunde ni mal forma, sino solo es la excusa para activar y acelerar esa innata condición que (inducidos por una malsana satisfacción o necesidad) algunos dan rienda suelta sin temor a esas represalias que se desprenden de las consecuencias de sus actos, porque en la moral y conciencia de sádicos asesinos y en compulsivos ladrones, la penitencia por castigo impuesta, jamás funcionan como verdugo, ni auto flagela su ética y civismo; en otros (los que hacen la diferencia) la compasión, pudor y dignidad funciona como un catalizador que esquiva o minimiza lo nocivo, evitando que la manifestación negativa sea igual en todos los seres humanos. Otro pragmático espejo: Un animal, incluso uno salvaje que se le haya domesticado (dedicándole en su educación igual amor que al humano) si jamás llega a estar bajo algunas circunstancias de presión o acorralamiento que despiertes sus instintos, puede vivir y morir noble; el hombre por su capacidad racional y las normas comunales es el único animal con opciones para elegir sin importar bajo qué tipo de presión o depresión pueda estar sometido. A diferencia del sexo voluntario, (ya sea por placer o necesario; marital o extra marital) matar, robar y abusar sexual si son manifestaciones amorales, nocivas y peligrosas que con rigor deben perseguirse y castigarse, y por esa razón ratifico: Presumo que por la realidad social en nuestra primitiva etapa, por consecuencias de ese natural, salvaje y agresivo instinto que habita en todo animal, fue preciso que las leyes penales y las normas comunales fueran creadas para con rigor, moral y sabiduría establecer un equilibrio de respeto y bienestar social, aunque es lógico que signifique que asesinar y saquear fueron dos leyes o prácticas que (no concebidas por fundamentalistas sino por cínicos oportunistas) hasta un pasado no muy lejano caracterizó a la iglesia, incluso en la Biblia el robo es justificado y admitido acorde a ciertas circunstancias, sin embargo 95% de las iglesias, aunque hoy no persigan ni marginen, jamás han dejado de condenar y ensañarse con aquellos que osen quebrantar el orden sexual del patrón por ellos impuesto, y opten por la libre elección de alguna faceta de la innata y amplia gama sexual, no obstante, apoyado en lo que se conjuga con la realidad de la época actual, como también respecto al justo balance de la moral/sexual que en el matrimonio debe existir, concluyo: si no somos capaces de respetar el sacramento católico o del juramento nupcial, orgullosamente señalo que cesemos con ese tradicionalismo hipócrita, que por falta de transformación, ha trascendido como una falsa teoría de bien socio-moral. Aunque mi libro no lleva como mensaje sugerir la aceptación y aplicación del método liberal, opino que más que respetar, debemos admirar los que aceptando el ritmo evolutivo que cada civilización impone, sin conflicto morales, consideran la libertad emocional de una acción sexual como ley absoluta y genuina de la condición humana, y aunque no todos deseemos acatarla, por respeto al derecho del libre albedrío, aunque sea con tolerancia podemos disolverlas sin represalias ni perjuicios y sin venganza para el ofensor.

Todos los temas que he redactado en mi libro no están fundamentados en una ficción, sino en la realidad que todos vemos, escuchamos y hasta podemos sentir. Ante estas realidades cotidianas que de formas indirectas o directas irrumpen en nuestros conocimientos sin el asesoramiento o explicación de alguien, que se inmiscuyen en nuestras vidas sin nuestra propia autorización, es por lo que no entiendo, ni encuentro la parte amoral con que algunos se espantan, no solo de lo que yo interpreto según mi época, sino también de acuerdo con lo que demanda nuestra civilización, lo cual considero un derecho fundamental de todo individuo. Por ende, no sé cómo catalogar ese ataque con que algunos de mis amigos y familiares me han agredido; unos, con el objetivo de ridiculizarme y restar prestigio a mis ideas; otros, por su incomprensión y machismo. Pero empezaré recordando que la filosofía es la más abstracta, especulativa y evolutiva de todas las ciencias, incluso, con una común aplicación a modo general, la aceptación, adaptación e interpretación, aun siendo muy parecida, siempre será muy diferente en cada ser humano, porque los parámetros que enmarcan cada carácter, harán peculiar y personal los resultados y consecuencias obtenidos de cualquier tipo de experiencia. Por ello, el modo esquemático y sistemático con que los grandes pensadores de la humanidad han estado en constante actividad clasificando la conducta y moral humanas, ha estado fundamentado de acuerdo con el tiempo y espacio de la época que a ellos les tocó vivir, influenciando y formando el concepto de moral, no solo por su conveniencias y capacidad, sino acorde el tipo de evolución que impactó la generación que a ellos les tocó transformar. Para poder concebir la acción y la magnitud de las ideas con las que desafiaron o apoyaron las reglas morales, políticas y conductas sociales de esas épocas, hay que navegar en la historia real; la conocida y apoyada en el registro de eventos tangibles de la historia y no por fábulas bíblicas. Por citar algunos para comparar y valorar el objetivo producente, creo que tanto Hegel como Marx son dos grandes padres de la filosofía universal y ambos han aportado mucho al gran desarrollo de la época actual. Aunque existen tendencias de Hegel tanto de izquierda como de derecha, creo que siempre fue idealista; contrario a Marx que fue materialista y en mi próximo libro detallaré como que yo interpreto el valor intrínseco existente en la esencia de esos beneficios sociales que este gran hombre, Karl Marx, dejó como un gran legado a la humanidad. No soy simpatizante al Socialismo ni al Comunismo, pero eso no me impide a que yo reconozca que de forma muy positiva la esencia de algunas ideas de Marx sirvió en pro al bienestar en muchas reformas evolutiva de la democracia, por eso, en muchas leyes que hacen grande esta sociedad, capto en la fusión, las influencias positivas de la «apariencia o esencia» de algunas propuestas para establecer algún orden justo de aquella época. Debemos de abolir esa connotación peyorativa que, hasta inconsciente o resentidos aplicamos a la dialéctica materialista, para luego poder curarnos de ese traumatismo que auto flagela, porque aun siendo el marxismo la principal teoría en que se fundamenta el comunismo, no es su único significado y tampoco propósito. Sin importar cuan desprestigiado está el marxismo, hay que ver la tesis marxista como la confrontación a la dialéctica idealista, por cuya interpretación la materia dejó de solo reflexionarse como un suceso metafísico y dependiente a la conciencia. Aun de tu enemigo, reconocer los valores y honores no solo es auto honrarse, también es sinónimo de respeto al bien causado.

Atendiendo que cada época, presenta una nueva temática para resolver los problemas que, por milenios han azotado a la humanidad y a las distintas sociedades. Aunque yo haya leído superficialmente, y no haya estudiado a estos grandes filósofos, podrá ser la razón por lo que aún no haya podido formular algún esquema tabulador que me permita demostrar cuanta verdad y valor hay en sus pensamientos, conceptos y mensajes, nadie podrá negar que el criterio y mensaje de estos y otros filósofos, habrían sido muy distintos si ellos hubiesen vivido en esta época. Mi falta de interés por el estudio de la filosofía antigua o moderna, no es por incompetencia, sino por incompatibilidad con esos cotidianos conceptos individuales, sociales y morales que han distinguido cada civilización. Un ejemplo, aunque este sea más socioeconómico y político que filosófico: al conocer las humillaciones, explotaciones y abusos que en Europa Medieval sufría la clase media y humilde hasta los siglos XVIII o incluso XIX, sin conflicto ideológicos, no solo opino que "El Capital", a través de la historia humana, ha sido uno de los más grande e importante libros de estudio escrito, sino también estoy seguro que lo más apropiado para esa época, fue el sistema marxista, aunque hoy día el marxismo en su contexto original no tenga aceptación ni lógica, de ese mismo modo, con el avance de cada época, sociedad y civilización, ya sea en un tiempo más cercano o más lejano, todas esas teorías y doctrinas filosóficas que han conformado reglas y normas en correspondencia a cada época vivida, las cuales fueron concebidas por las ideas de esos grandes pensadores de todos los tiempos, serán eclipsadas por el constante ciclo de evolución social e individual, así como por las novedades del desarrollo carecerán de todo tipo de sentido y uso; aunque estoy seguro que por la integridad moral de esas leyes, la mera esencia de esas ideas perdurará, porque de ellas han germinado y germinarán nuevas teorías para el bienestar social futuro. Bajo todo preámbulo, Marx es y siempre será considerado como una mente muy brillante, pero todos estaremos de acuerdo que si este gran hombre hubiese existido en nuestra época, ni en sus sueños más fantasioso, ni en una ínfima pizca hubiese imaginado el sistema político-económico que él concibió como solución para su época, además no podemos acusar de corrupción a todos los que creen y practican el marxismo, yo creo que quizás fueron personas muy íntegras, pero una vez en el poder se volvieron muy corrupta, ambiciosas y despiadadas y esto también sucede con todos los religiosos. Por equidad considero que, de igual forma que se mide la aceptación y respeto de un religioso también, con igual derecho y respeto se debe emplear esa discreción con un marxista. Por radicalismo considero que, sin hacer concepción, hay que darle candela, junto en la misma hoguera, a todos los comunistas y denominaciones religiosas, por igual de dañinos y corruptos.

Es lógico que por el tipo de modificaciones que derivadas de la evolución y exigencia de cada época, cuyo impacto por el desarrollo de nuevas reformas sería el tipo de alteración de cualquier esquema individual y social vigente, sin importar la forma en que, negativa o positiva, confluyan en el ser humano, será lo que defina el tipo de comportamiento y pensamiento, acorde la necesidad y solución en el progreso personal en referencia de su entorno pero, desde otro prospecto, aunque otros con diferentes expresión e intención han intentado demostrar que la conducta y carácter, aun poseyendo la más estricta y honorable formación moral e intelectual, no descartan que por ley natural del instinto de supervivencia, responderá a la condición de adaptabilidad, lo cual, hasta por involuntaria reacción, obedecerá dependiendo de las consecuencias y peculiaridades propias de cada escenario, por ende, opino que además de las nuevas demanda de la recurrente evolución, también viene implícita la gradual disminución de los valores morales que irónica y notoriamente está ascendiendo con cada nueva generación, debido que el código moral está sufriendo, sin complacencias éticas, significativas reformas a causa de la polarizada y desbalanceada pugna y desafíos entre liberales y conservadores, unos por no conceder libertades, otros reclamando sus derechos, pero esta terquedad, está conllevando ambas partes a parapetarse tras la soberbia de la imposición anarquista, que lejos de la moción presentarse, tanto con la transparencia como la equidad que simboliza, hiere con la ofensa por la superficialidad de como erróneamente se está reflejando: como una adaptación de conveniencia personal y no como una condición de ética natural o de derecho civil. Por tanto, dentro de un concepto de ética e individualismo actual, el humano adaptando, cambiando o disfrazando «su» verdadero sentir moral que, sin cotizar o compensar el costo, se comporta acorde intereses y beneficios que le faciliten alcanzar sus metas y ambición en el menor tiempo posible sin valorar ningún tipo de consecuencias, incluso se está convirtiendo en un "mito" que, el hombre vive y piensa en función de su real integridad moral; del honor que sin antifaz lo pueda distinguir por el método de alcanzar metas. El honor que destacaba a un caballero hasta el Siglo XIX no se ha modificado, simplemente desapareció, aunque muchas reglas de honor y pudor se mantengan (esas que desaparecieron por estar en un contexto de barbarie y salvajismo) vigente bajo un honorable Código Penal. Por eso, en consecuencia, tanto de esas épocas ávidas de tecnologías, como por el avance de la ciencias, (por hechos y no suposiciones) la ignorancia fuese desapareciendo, pero aún predominantes por el yugo y control de la Iglesia, por la conflictividad entre mito y verdad, fue más fácil y posible para la iglesia y sociedad, en catalogar esos grandes escritores que trascendieron su época con una imaginación futurista y visión sin límites, no como profetas, sino como entretenedores fabulistas y sus legados o manifiestos de un género de ciencia ficción, como Wells, Verne, Clark, Hielen y otros que, basándose en su gran imaginación, visualizaron un mundo de avanzada tecnología, lo cual era imposible en su época, pero muy común en la nuestra. Sin embargo, ante el radicalismo moral, ni para ellos ni para un gran «clarividente» como Nostradamus, fue imposible imaginar que llegase a existir una época donde hubiera concilio, sin ningún tipo de censura, entre los homosexuales y las prostitutas, tanto con la Iglesia como con la sociedad. La intención del señalamiento es obvia: las leyes que por siglos acorralaron, vejaron y masacraron a la humanidad en nombre de Dios y de un estatus social, son una sórdida y sádica farsa; por ende, deben ser extirpadas sin importar que sean designios de hombres malvados o de un Dios egoísta que, a pesar de haber creado a los seres humanos, como también a los seres divinos a su imagen y semejanza, no se conjuga con la trayectoria histórica del papado, ni con el mensaje de Dios en la mayoría de los textos bíblico. Si Dios existe y es el autor de la creación humana, entonces es un incompetente o un sádico, de lo contrario ¿Por qué tantas veces la repetición en la corrección de "su" creación y por consiguiente destrucción humana? Estoy convencido (al igual que cualquier gobierno y sociedad actual) que todo ser humano tiene el libre derecho de elegir y exteriorizar su preferencia, ya sea política, social, religiosa y sexual sin ser marginado, perseguido o discriminado. La vida está en constante evolución y la Iglesia, igual que algunos animales prehistóricos, está en constante «mutación», modificando o alterando las leyes o designios de su ineficiente Dios, que sofisticadamente le permita fraguar una adaptación, y por medio de una sensacional confusión lograr ser aceptada, para así poder continuar subsistiendo en nuevas y futuras sociedades y civilizaciones.

A pesar que la Biblia pudiese ser el perfecto manual para los comunistas y terroristas por cuanto sentido de ira, odio y venganza; destrucción y maldad redacta, aun así, dentro de una escala objetiva busco algún noble motivo que justifique la aplicación actual, pero cuando analizo y comparo beneficios y perjuicios que puedan desprenderse de la práctica de la Iglesia, reconozco que el rigor (no el abuso) del método concebido y aplicado en esa época, tal vez debió ser necesario o justificable para alcanzar y establecer la armonía y seguridad que hoy disfrutamos, incluso la fantasía de como seriamos castigados y compensado por un juez divino que vigilante nos asechaba, se puede admitir debido a lo primitivo de la época, pero hoy día el objetivo no solo es obsoleto sino es hasta criminal por la forma tan inhumana de cómo se perpetua. En referencia al legado de honor y ética que nuestros ancestros nos dejaron con la base moral/social ya establecida, estoy seguro que el nuevo orden de respeto, libertad y equilibrio que por derechos tanto legal como natural al humano les corresponden, no provocarán caos ni conflictos o confusión que tergiversen o degraden la moral ni la condición natural humana.

Sin importar tanto el método como el propósito, también hallo cuánta moral y valor hay adherido al mensaje de amor individual y social, porque aun habiendo implícito efecto colateral o secundario en la conducta que se predica, creo que con la misma devoción que debemos dar gracias a esos austero radicales católicos, también dárselas a Karl Marx, porque desvinculado de la formación y participación católica, la influencia de su visión introdujo el mismo principio y las mismas leyes de esa falsa y disfuncional igualdad en el sistema social. Sin embargo y refiriéndome a la iglesia de esta época presente, creo que en la mayoría de las ocasiones lo que más importa, debido al énfasis de burla que en ese disfraz de engaño, subyace como carnada el verdadero propósito, no de salvar almas, porque además de ser eso la fantasía más insultante, es comprensible deducir que el factor motivador del poder pastoral, es pescar y sumar miembros a su iglesia, a través de la estafa y abuso para garantizar el poder financiero, del cual su opulenta vida se nutre. Por eso considero negativo y premeditado el modo de terror y dudas que ellos siembran, dando así lugar a ese ciclo de pecado y perdón, buscando conseguir su verdadero objetivo: poder y finanzas. Cristo no construyó pomposos templos; Él predicó en campos abiertos; sus reuniones fueron para rendir culto a Dios, y no lugares para socializar y especular con refinadas joyerías y costosos autos, como si estuvieran presumiendo que el favor de Dios los premia con poder financiero. Según algunas religiones, para congraciarse y cohabitar en el círculo de Cristo y de Dios, había que desprenderse de toda arrogancia y fortuna; también Cristo condenó y abolió el diezmo, pero los actuales Pastores lo volvieron a poner en vigor... ¿Por qué?

Metafóricamente simbolizaré la vida o sociedad con un árbol, compararé al escritor con un pintor, al lienzo con el papel, al pincel con el lápiz, a las letras con los colores y entonces pongamos el caballete frente a ese árbol que está delante de todos nosotros y pintemos todo lo que vemos, conocemos y hemos probado de ese gran y maravilloso árbol: la vida. Aunque todos veamos y sepamos lo mismo, siempre habrá un significado distinto que distinguirá a unos de otros, debido que en todos, la capacidad o habilidad de nuestro intelecto y emociones, poseen características morales y sentimentales muy diferentes, y en consecuencias a nuestra formación, tanto intelectual como moral y sentimental, daremos distintos matices que enfocarán o concientizarán la intención y táctica del propósito, y esto significa que aunque usemos las mismas palabras para describir nuestras conclusiones, criterios y acciones, siempre habrá en cada persona, desigual tenacidad y entusiasmo; diferente fuerza y estrategia, incluso distinto costo moral en exponer una idea o alcanzar una meta, porque, para bien o mal, en referencia a valores éticos, la integridad del honor y la sensibilidad sentimental de cada individuo, no existe un equilibrio o congruencia simétrica que nos identifique como iguales. Estoy seguro de que no soy el único que ha visto y conoce sobre la realidad de todo lo plasmado en este libro, debido a que hoy día las personas, unos con modestia otros sin pudor, no se cohíben ni se reprimen en sustentar sus acciones, ni ir tras sus aspiraciones según los derechos que con equidad plantea esta época. Sin embargo, estoy plenamente convencido de que muchos, por conveniencia o egoísmo, otros por apatía, sumisión o temor, prefieren abstenerse o no inmiscuirse con propuestas y/o cambios. Sin modestia, sino por realidad digo: Yo no habré descubierto algo nuevo; que incluso mi inteligencia reconoce la mediocridad de mi libro; que tampoco estoy hablando sobre un tema desconocido, pero en virtud de la libertad con que me honra esta época, por empatía y equidad si me diferencia la preocupación y el interés del dividido comportamiento, pero acorde a mi sentir, es lógico que me motive y hasta me subleve por la actitud discriminatoria y antipática, con que muchos optan contra quienes no se ajustan al patrón de ellos. No necesitamos ser como otros, incluso hasta podemos no aceptarlo en nuestro círculo por su conducta y criterio, pero si estamos obligados a respetarlo y permitirle que disfruten en paz su lugar. Tal vez a las represalias de esas reaccionarias y estrictas épocas que existieron, hasta en un pasado muy reciente, todos los humanos (al igual que en nuestra época) eran conocedores del indiscutible progreso que, anexado al sistema evolutivo siempre arriba con cada generación. Por eso opino que, a causa de los ejércitos monárquicos y poderío del Vaticano, más que intelecto se necesitaba osadía, arrojo y honestidad para luchar tanto, contra la coacción, persuasión y manipulación de la Iglesia, como la intimidación y abusos de regímenes imperiales. Por ley histórica, cualquier sublevación por legalizar derechos civiles, que incluso, ya sean motivadas por tendencias de izquierda o derecha, pudiesen transformarse en acciones militar, siempre ha consistido en modificar leyes y costumbres, con el propósito de encontrar un balance o justicia que reconozca respeto, y con libertad conceda los derechos a reformas con normas, de carácter social e individual, implícitas de cada civilización. Para gloria nuestra, en esta época que predomina la justicia, solo se necesita tener sensibilidad, solidaridad y humildad para, con nobleza, solicitar que se produzca o acepte con beneplácito algún cambio. Todos tenemos las mismas herramientas y elementos para enfrentar la vida, y aunque con diferentes facetas o características, inevitablemente todos, en similares o en iguales eventos, vivimos las experiencias que nos otorga esa sabiduría, y que nos permite la libertad y conciencia en optar, qué o quiénes seremos, ya sea para bien o para mal; por altruismo o egoísmo. Por consiguiente, si el beneficio es común y honorable, sin importar el resultado de las interpretaciones, todos debemos respetar y admirar a todo aquel que percibe una injusticia y sin disfraz ni temor, osa con realidad y equidad, manifestarse con soluciones sensatas en favor de la necesidad o verdad que demanda la civilización en que le tocó vivir.

Hoy en día, con absoluta libertad de expresión, existen varios y distintos movimientos, pero en todos, confluyendo diferentes influencias ideológicas, por democracia, suceden sistemáticas reformas en pro al respeto y libertad de igualdad, cuyo objetivo es erradicar leyes que, en épocas pasadas, por arbitrariedad pudieron haber sido impuesto por el particular beneficio o criterio de algún poderoso, dando lugar, en mucha ocasiones y casos, con esa extrema violencia que, por terror, transformó en costumbre esos erróneos y nocivos conceptos que han prevalecidos a cualquier tipo de avance científico, social o cultural. Asimismo, para evitar algún conflicto con un posible reencuentro con normas y hábitos de sociedades retrógradas que, aunque disfrazadas con falaz sentido de moral y decoro han logrado llegar hasta nuestros días, e incluso, apoyados por muchos fanáticos que, (como infalible e indeleble) aceptando con tenacidad preceptos divinos que otros promulgaron, amenazan con llevar a posteriores civilizaciones las creencias y reglas que surtió efecto en el instinto de ellos, sin detenerse a valorar la existencia de múltiples evidencias que demuestran con hechos y no con palabras, que dicha doctrina religiosa solo obstruye el curso de aprobación social con que todo individuo tiene derecho a ser aceptado y respetado, acorde a la libre elección de su conducta, porque debido a esas consecuencias extremas que aún nos esclavizan a un inconsciente pasado, no solo confunden y desvían, sino también socavan el derecho y libertad de todo ser humano.

Toda persona que haya leído mi libro sin estar predispuesta, sabrá que, bajo todo principio y criterio, he dejado saber que el matrimonio es la entidad más sagrada y solemne; la cual, con el propósito de cumplir su objetivo de perpetuidad, solamente debe ser concebida cuando se alcance total madurez y estén presentes el amor, la lealtad y la confianza. Yo no hablo en este libro de elegir monogamia o poligamia para concebir la perpetuidad y solidez familiar. Mi visión o definición de culpa, es cuando mente y acción están concatenadas en la ejecución o interpretación de un hecho que, con denigrante propósitos es carente de honor. Para erradicar el matrimonio disfuncional, yo hablo de amor y honestidad; de respeto, derechos y equilibrio, aunque eso nos lleve a elegir y vivir dentro del concepto conservador o liberal, pero en ambos, tanto con es estimulante y plena confianza, como la más genuina y espontánea aceptación de libertad que, sin límite el amor confiere.

Aunque mi formación es atea y liberal, siempre me pronunciaré a favor de esa integridad que simboliza la monogamia y haré eco en contra de la burla, el engaño y la traición que denigra al matrimonio convencional. Un amigo que de hecho es casado, y también unos de los mujeriegos más adictos que he conocido, después de leer mi libro, agregó que había cosas muy bonitas, pero mi forma de describir y exponer el estilo *swinger* era asqueroso e insultante, tanto para la mujer con moral, como para el hombre con dignidad. Sin embargo, muchos, y de ambos géneros, admiran mi forma de proyectar o exponer, tanto la realidad de las consecuencias, como la necesidad del total equilibrio. Cuando expongo el estilo *swinger* como una opción alternativa matrimonial, es para aquellos que la «precisan», porque observando la susceptibilidad de su envilecida conducta, deben temer que, al ser víctima de su mismo agravio, por despecho y vergüenza ante este tipo de escenario, víctima de la infidelidad, sus emociones puedan secuestrar su mente y conducirlos (consciente o no) a violentas e injustas represalias. Considero que este grupo de hombres con extravagante código, además de ser quienes poseen un mayor porcentaje o índice de peligrosidad en concluir en crímenes, también son los mismos que con mayor frecuencias e intensidad perpetúan el adulterio, por eso considero como una gran infamia tomar represalia o demandar por algo que no se es capaz de otorgar. Para esos egoístas que se creen con el derecho de prostituir con sus acciones, el concepto de «honor» sin concebir ser castigado con la misma acción, además de merecer la Ley del Talión, son aquellos que, con falsedades y traiciones, ponen en duda la integridad, no del matrimonio convencional, sino del matrimonio honesto.

Muchos consideran que lealtad y confianza no son sinónimos de exclusividad sexual; otros, la estricta e íntegra exclusividad sexual que representa el respeto de un auténtico amor. Existen las parejas liberales y conservadoras que, bajo el contexto, las reglas o fronteras de cada una, además del amor que distingue ambos tipos de matrimonio, hay lealtad y confianza. El sexo extramarital no es lo que ultraja ni mancilla el concepto de la honestidad, ni ofende lo sagrado que simboliza el linaje del matrimonio, y mucho menos marchita el esplendor del amor ni el bienestar o seguridad familiar, sino es la mentira y el engaño lo que corrompen la integridad del honor en cualquier tipo de matrimonio.

El matrimonio no debe ser concebido por conveniencia ni como opción, sino por elección. Muchos recomiendan el mismo modo de precaución y esmero que los políticos y religiosos aplican en seleccionar sus parejas, que además del "amor" (para evadir tensiones y disgustos familiares a causa de conflictos ideológicos) debe haber cierto nivel de afinidad con sus ideas. Aunque tal vez por algún tipo de equilibrio o compatibilidad sea coherente en personas de características intransigentes, aun así yo discrepo porque subyace algún tipo de convenio, pero pensando y refiriéndome a esas personas, ya sean liberales o conservadores, creo que deberían aplicar ese mismo concepto selectivo de buscar y escoger parejas que mutuamente se identifiquen, ya sea para rendir homenaje al respeto o para saciar sus deseos sin dilemas ni controversias, así, siendo honestos, se evitarían en ambos géneros el tan común matrimonio disfuncional: La monogamia en ambos cónyuges conservadores; la poligamia en ambos cónyuges liberales. Se que la ecuación, «ese o esa» que desea todo lo que ve, pero no acepta que su pareja tenga otra opción, con honestidad jamás encajará o tendrá concilio en ninguno de ambos conceptos, y mientras se continúe persistiendo en sostener los tabúes de perjuicios, la mentira y la deslealtad continuará imponiéndose.

A través de toda la redacción, ejemplos y señalamientos de mi libro, creo que he sido muy claro con mi mensaje: «respeto y amor». Yo no abogo por el concepto conservador ni liberal, tampoco por un patrón o práctica del sexo monógamo o polígamo; ni por la imposición tiránica de alguien en establecer libertades y condiciones que, contra la voluntad y principios de otros, que bajo los términos de sus propios actos o estilo (con o sin perjuicios ni consecuencias) pretenda privar o solicitar normas de convivencia marital. Mi mensaje trasciende al sagrado e incondicional honor al derecho, solidaridad y a la espontánea aceptación para que, sin discriminación y con respeto, todo humano ostente sin temor y con orgullo su elección, siempre y cuando no constituya un delito ni una ofensa social.

Sé que nadie aprende o conoce el verdadero «valor» de algo por experiencias ajenas. Sé que hay que haber sido víctima de alguna desgracia o como mínimo del infortunio para conocer el valor real de esa mujer que te ama y que eligió ser tu compañera por siempre. Sé que, si amamos, respetamos y protegemos a una mujer como se merece, se obtendrá una mujer con tanto valor, lealtad y amor como el que solamente honra, distingue y emana de una madre.

El mensaje de mi libro es: amor, honestidad y respeto.

Como un anexo, explicaré algo que ha provocado confusión en algunos, porque quizás no fui lo suficiente explícito en esos temas: la atracción, *la edad y los amigos.*

LA EDAD. Esto que a continuación expondré no sé si estará dentro de algún esquema establecido o previsto por profesionales de la materia en cuestión, pero sí lo tengo muy bien fundamentado en hechos conocidos, experiencias vividas y no en teorías. La mayoría de psicólogos y sexólogos considera importante que una pareja debe ser contemporánea, para que pueda conseguir el triunfo y estabilidad emocional y sentimental en un matrimonio; pues la compatibilidad de carácter, de ánimos y voluntad, es variable con el paso de los años y esto, aunque no lo pongo en duda, no siempre es así. Por experiencia sé que un hombre de treinta y cinco años (que aún es relativamente joven) que sostenga una relación formal con una mujer que, aún adolescente por edad, pero responsablemente madura por carácter, si en ambos hay química, afinidad y entrega, la diferencia de edad, hasta en un rango de veinte años, es un factor que no influye ni determina, es más, en una diferencia de 15 años es normal. Creo que, si con el paso de los años esa pareja ha sabido sostenerse con orgullo, dignidad y estando activos con energía en cada etapa de sus vidas, han interactuado con singular entusiasmo tanto sentimental como emocional hasta la vejez, como también concediendo el amor, valor y respeto que cada cónyuge ha sabido ganarse; es lo que demuestra que vejez no es sinónimo de tiempo gastado, sino de carácter y voluntad acumulados. Hay parejas, inclusos entre millonarios y famosos, con matrimonios muy sólidos y honorables con una diferencia de edad entre ellos mayor a los veinticinco años, cuyo legado ha sido un emblema de amor. Existe otro grupo de, a mi criterio, «extremos profesionales» que no son psicólogos ni sexólogos, pero que, producto a la frustración que los margina y los ha privado de la posibilidad de sentirse amado, como si le sirviera de terapia para mitigar su fracaso, viven criticando, opinando y concluyendo sobre las intenciones y propósitos que unen a de estas parejas no contemporáneas: «los envidiosos».

Aunque sabemos que por míseras ambiciones hay mucha realidad en que estas uniones (entre un hombre mayor y una mujer menor) por lo general son concebidas por la bajeza propia del oportunismo, ventajas e intereses vs. Necesidad, inmoralidad o ambición, esto no significa que estas uniones siempre responderán a ese estereotipado patrón financiero. Además, el mundo está poblado con muchos matrimonios de personas, bajo otro montón de aspectos disparejos: el amor existe. Considero que la intención envidiosa que induce la opinión de los criticones, principalmente en este tipo de relaciones, afecta mucho más a la mujer que al hombre. Por eso creo que no debemos generalizar debido que, por naturaleza, en mayor porcentaje, las mujeres poseen integridad, moral y sobre todo son muy solidarias con el hombre que ha sabido amarla y valorar sus méritos. Además, cuando una mujer joven dotada con nobles sentimientos e íntegros principios de solidaridad y respeto a «sí» misma, se involucra con un adulto, que además de lo que ella pueda inspirarle, aún posee absoluto control o bendición de su vigor, también es uno de esos que, sin caer en la ridiculez, su carácter evoluciona de manera positiva adaptándose sin conflicto, según estilos, a una nueva generación, ese natural carisma, por autenticidad, crea una pareja fuera del contexto contemporaneidad que, sin antes o después, solo distingue o clasifica por predominio del amor, una sola y larga época. En relaciones con alguna considerable diferencia de edad está demostrado que, hasta en uniones temporales y/o permanentes, puede funcionar sexual y social con igual o mejor ritmo y solidez que en las contemporáneas.

Negarnos aceptar la posibilidad que, entre un adolescente mayor de edad y un adulto aun capaz de ostentar su vigor, debido a la incompatibilidad contemporánea pudiese nacer sentimientos nobles, emociones reales y para colmo insistir en desacreditar con infundios y vileza esa relación, es como etiquetar la reputación incondicional del amor, y el sensual deseo en fronteras prohibidas, o definidas por la negatividad, por tal considero que esas insidiosas críticas solo pueden provenir de envidiosos, egoístas y reprimidos moralistas que, por auto frustración, juzgan a otros comparándolos con su propia vileza y agazapada perversión. Si nos detenemos a concientizar el real valor del significado:"esto es mío"entonces pudiéramos comprender que esa expresión es sinónimo de una permanente "virtud", la cual por su absoluta y posesiva condición, nada ni nadie, a corto o largo plazo, alguien podría ser privado de ese derecho de propiedad, y este conocimiento, dentro del mismo contexto, también hace entender que los humanos, a diferencia del resto de la especie animal, son los únicos que para formar pareja, excluyen las cualidades o valores que realmente, no solo engrandecen y distinguen al humano, sino también son las únicas que perpetua y consolidan al matrimonio, incluso, los humanos sin valorar realidades, son los únicos que hasta con esquizofrenia o extrema complacencia persiguen y sucumben ante la exuberancia de finanzas o de belleza corporal, y esta, por su estado temporal, solo puede ser considerada como una propiedad relativa, debido que tarde o temprano el implacable tiempo hasta con brusquedad la puede arrebatar, pero los valores reales y propios que distinguen y engrandecen a un ser humano, son las únicas virtudes permanentes que una vez formados en la integridad moral y sentimental de alguien, nada ni nadie nos puede privar de ese honor que incluso, aun después de nuestro deceso, seguirán latente en la huella y recuerdo que seamos capaces de dejar, sin embargo la cruel realidad nos demuestra que por emblemática que sea el valor de las virtudes personales, jamás, en una relación fortuita, será la antesala del amor a primera vista, y esto confirma que es la impresión o el interés, ya sea por esbeltez y finanzas, son quienes motivan a la inicial atracción entre parejas. Aprovechando este momento que me estoy refiriendo a: envidiosos e hipócritas; a belleza y fortuna, expondré mi opinión: Dentro del mismo contexto en lo que respecta belleza y finanzas, considero que ambas dotes más que oportunidades es un"DON"propio con que el portador ha sido agraciado, y que en contexto, en la intención de ambas elección, no existen diferencias en el interés, incluso, mucho menos fundamentos que dé lugar a que envidiosos e hipócritas estén formulando juicios entre las parejas de un pobre y un rico o entre un feo y un bonito, incluso ni en una alianza entre belleza y finanzas, ahora bien, si puedo señalar que un millonario con su dinero puede elegir el rostro que quiere tener, sin embargo, contrario a una esbeltez sin talento, jamás con su belleza podrá elegir los millones que quiera tener, por consiguiente, aquellos que por sus dotes de esbeltez o finanzas creen o se comportan como que se merecen "todo", no permitan que la insidia de los envidiosos les perturbe; continúen realizándose como se sientan conforme con ustedes mismo, ya sea humildes o soberbios, porque la conducta por interés no es mala ni buena; la intención es quien convierte en honorable o denigrante un propósito o una acción, y prueba es la estadística de apresurados matrimonios que deslumbrados por esbeltez o finanzas, fueron prematuramente, concebidos y fracasados a causa de un sinfín de asfixiantes o negativas realidades que, no pudiendo soportar más ofensas, tales como desinterés y hastío emocional; ultrajes corporales y espirituales; humillación sentimental, etc., no tuvieron más opción que concluir con la desintegración marital. Estoy consciente que existen uniones inspiradas por valores y sentimientos, pero eso solo es posible si previamente ambos han sostenido una larga o mediana relación de amistad que les haya permitido identificarse, pero sea cual fuese la motivación de una relación, el verdadero amor nacerá de la estabilidad y seguridad; de la complacencia y reciprocidad; de la ternura y respeto que envuelva esa unión y esta sublime ecuación prescinde de compatibilidad de edad, balanza estética, deslumbramiento financiero o cualquiera que haya sido el motivo inicial, porque si por influencia del deseo y la nobleza con el tiempo nació la reciprocidad espontánea de ambos identificarse sentimental y emocionalmente, entonces pudieron conquistar el «amor». Sin embargo los hipócritas y envidiosos inducidos por la frustración de sus fracasos, sin seleccionar ni diferenciar entre situaciones e intenciones, constantemente están cuestionando y criticando la unión entre un adulto y un adolescente por el solo consuelo de mitigar la impotencia que a ellos corroe y los obsesiona, por tanto, es sabido que la mediocridad, cuando está envilecida por la mezquindad, confunde o mezcla derechos y prohibiciones, conllevando, sin conflictos, al traspaso del límite entre la crítica y el juicio, debido que es difícil o imposible discernir entre el derecho de criticar con la insolencia de juzgar, lo cual, ante la impotencia de no poder materializar sus enfermizos anhelos, resulta en una connotación muy degradante cuando en relación con su mísera mezquindad, concluyen catalogando por igual todo tipo de"interés"como sinónimo de vil y rapaz avaricia.

Esto no es suposición: Han existido uniones, de cortos o largos plazos, incluso con mayor rango de diferencia de edad y aunque (en la mayoría de los casos) el tiempo ha finalizado esa unión, esto no significa que hubiera mucho aprecio, respeto y satisfacción por el lapso de tiempo que duró esa relación. Incluso en una oportuna separación sin rencores ni ofensas, después de haber terminado esa unión, ha perdurado una relación respetuosa, sincera y con mucho afecto, como la de un verdadero y cercano familiar. Cuando la diferencia de edad es muy grande, en el hombre el tiempo es tan drástico y radical, que esos ciclos pueden catalogarse como una metamorfosis, y llegado la implacabilidad que finaliza el ciclo, la transformación es real, se sobreponen la diferencia entre poder y querer saciar los apetitos y necesidades, tanto biológicos como sociales, propios de cada etapa de la vida humana, por eso es "sabio" no ser egoísta y ni por pasión, necesidad o sentimentalismo hay que aferrarse con algo que por la edad y social, ya no podrá continuar siendo funcional. Aunque los envidiosos, intrigantes, viperinos y resentidos, producto de su mala suerte, no cesan de adjudicar a los afortunados, las sórdidas condiciones e intenciones propias de su miseria, aun con persistente obstinación, más que insinuar, afirman que estas relaciones solo están concebidas por un sustento financiero, y no por afecto, atracción sentimental, solo perturban la decencia. Considerando que la crítica, sin importar el móvil o intención, no es más que opinión personal, solo con trascendencia en personas de igual constitución moral que ellos, ha sido la realidad que incondicionalmente me ha hecho respetar, reconocer y aceptar que bajo el derecho o privilegio que otorga la libertad de expresión, en primer orden "está" implícito la "crítica"por ende, aunque hasta con la única base de suposiciones, conjeturas, incluso provenientes de infundados rumores, sin censura todos podemos "criticar" a quien se nos antoje y como mejor nos plazca o convenga. Aunque tal vez en más de un 90% de los casos, la exposición de la crítica pudiera ser ese engendro concebido entre la envidia y la mediocridad; entre la hipocresía y la maldad, eso no la priva de exigir el respeto que otros merecen por divulgar la opinión de ellos, porque si existe la libertad de expresión, por equilibrio, también coexiste, y con igual magnitud, el respeto a la opuesta y diversa opinión ajena. La crítica cuando es inspirada por cualquier arista de la mezquindad, solo pondrá de manifiesto las limitaciones sociales y los valores morales del criticador, cuyo objetivo es desacreditar para auto consolarse con la más ridícula de sus imaginaciones, al opinar que otros han descendido hasta su nivel. Estas acusaciones son las que tradicionalmente han enmarcado con una connotación mezquina o negativa este tipo de uniones. Solamente los involucrados y los muy cercanos en estas disparejas uniones, son los que realmente conocen la genuina y maravillosa pasión sentimental o la vibra emocional que caracterizó el momento de estas fugaces o eternas relaciones. Los sentimientos fingidos son ásperos y grotescos. Los verdaderos son vibrantes, conmueven y se sienten con ternura.

Sin importar edades, pero aun disfrutando esa etapa de plena euforia que por satisfacción o afinidad sexual da lugar a la conformación o clasificación en la unión de parejas, (si no ha existido la premeditada y vulgar intención de cualquier tipo de lucro o vanidad que empañe la espontaneidad) entonces, aun sin previa planificación o discusión acerca del tema matrimonio, si entre ambos fluye por atracción, ya sea por mutua compatibilidad sentimental o emocional, el acuerdo de elevar el nivel de relación a la fase matrimonial, para siempre, de forma consciente o involuntario, aceptaron compartir sus vidas bajo una radical e inflexible ley conformada en épocas muy adversa a la nuestra, e incluso por la inspiración y voluntad de otros que interpretaron y decidieron cómo por ley debería estar conformada la unión y desunión de un matrimonio. Opino que más allá de valorar la confección si es justa e imparcial, debemos prever que es un contrato netamente personal entre dos y que bajo ningún parámetro afecta o beneficia algún estatus social, por tal y bajo las normas y reglas del mutuo convenio que caracterizan un contrato personal, solo es un acuerdo que atañe a las dos partes involucradas, por tanto, las condiciones y términos, como la capacidad de comprensión en relación a la equidad de recibir y dar, es decisión personal. Es preciso señalar que esta teoría no es fruto de mi imaginación, no, todo lo contrario, estos tipos de contratos han tenido lugar desde que (debido al abuso machista) a la mujer se le comenzó a reconocer y conceder sus derechos legales y sociales que por desafuero se le había privado. Desde hace mucho estos contratos son redactado y ejecutados a convenios de ricos y poderosos con el propósito de evadir, limitar o definir, las deficiencias e irregularidades que, por lagunas, simpatía o empatía, pudiese parcializar la interpretación de la ley por un juez, por consecuencias al modo tan abierto de cómo está conformada la ley, para por evaluación de alguien, sopesar las circunstancias y hechos de cada caso en particular.

Para evitar la facilidad que la mezquindad continúe asechando con rapaz oportunismo, para así aprovecharse y generar esos degradantes pleitos, cuyos agravios, promovidos por la codicia y el egoísmo no solo afectan la familia, sino también se originan en consecuencias a cómo está estructurada la ley. Puedo suponer que en consecuencias a la escasa libertad y derechos que otrora sumían a la mujer en la condición más humillante, fueron leyes sociales concebidas con nobleza y necesidad para protegerla y concederle un poco del derecho que como persona le era arrebatado. Por fortuna la mujer de hoy día no necesita protección, ni el amparo de la sociedad, por ende, para evitar el oportunismo, es inminente o sabio un buen estructurado balance, y esto solo se obtendrá con la libertad que ambas partes, desde el inicio y bajo la orientación de sus propios abogados, deberá con libertad de confeccionar estos contratos nupciales que luego a un Juez será presentado para su inspección y aprobación.

El amor desinteresado que entrega todo a cambio de nada, solo es posible de una madre con sus hijos, porque además de no cambiar ni sufrir la más mínima alteración bajo ningún tipo de presión, también es eterno ese vínculo sentimental, es más, cada vez que escucho a una mujer haciendo esa expresión tan petulante como ridícula, Mi amor siempre fue desinteresado y puro, son de las esposas que (no por realidad, sino por fojas y triviales apariencias) más presumen de cierta clase superior que, no obstante no pertenecer, tampoco a ellas les ajusta. Esta condición humana con la predisposición de pensar que los demás obran impulsados solo por mezquindad, y tergiversando viperinamente el significado o la intención de otros con sus insinuaciones, se produce porque es muy cierto que al igual que la esbeltez, el dinero es el factor que garantiza la dicha y longevidad en la unión de parejas. Los que lean esta definición u opinión mía en relación al anexo del matrimonio con lo financiero, no se ofendan ni se crean excepcionales o diferentes, porque deben estar seguros que la mujer que más le cuesta a un hombre, es esa dama que la bendijo una ceremonia nupcial y que la glorifica la procreación de una familia: La esposa

Con un objetivo no solo comparativo, sino para demostrar que los varios vínculos naturales que nos asocian al mismo género del resto de los animales, puedo decir que, en la necesidad de conformar pareja, existe y predomina un común elemento, cuyos innatos aspectos pueden identificarnos como iguales: "El interés", por eso, sin importar que el método y habilidad de promover el interés provenga del instinto o el raciocinio, el objetivo y resultado es el mismo. Es cierto que la mayoría del género animal (por hábitat o hábitos) no forman pareja vitalicias y el sexo, acorde a su naturaleza, puede ser parte de una actividad social, o por jerarquía un derecho de exclusividad, pero todas las especies, aun incluso en las especies que "no" forman parejas permanente, antes de consumar la unión, con esmero valoran las habilidades, cualidades y carácter del elegido para así garantizar una excelente y fuerte prole, como también ese respeto que entre algunos especímenes, confiere distinción en la comunidad. Este tipo de conducta o manifestación objetiva para calcular beneficios y seguridad, demuestra que (tanto en lo que actúan por raciocinio como por instinto) el "interés" es el factor motivador que define tanto la atracción como la elección, condición innata que identifica al género animal por igual. Aunque en el resto del género animal el interés se fundamenta en valores, los cuales con inteligencia selectiva dan lugar a una exclusiva elección que, hasta incluso puede ser competitiva, es preciso subrayar que, en la elección o competencia del humano, no son los valores personales, sino la vanidad es lo único que predomina. La atracción puede ser tóxica, pero solo entre esas personas obsesionadas que persiguen esbeltez y finanzas como un símbolo de especulativa arrogancia, de soberbio poder, de exhibicionismo estético, de ostensiva o excéntrica vanidad, incluso hoy (cuando nos referimos a la esbeltez física) aunque puede ser natural o por cirugía creada, en ambos casos el tiempo establece términos de caducidad.

Para finalizar con esa connotación de perfidia con que los envidiosos y mal intencionados persiguen estas uniones de no contemporáneos, cabe destacar que hasta en el más alto linaje religioso, los hombres maduros y viejos prefieren a las muy jovencitas, y no son criticados por los infundiosos, un ejemplo: José que era un hombre muy viejo escogió a María para su compañera y en esta unión, lejos del prototipo de la perversión, como se escandalizan los hipócritas, es tan aclamada, como venerada y sagrada. Otro escenario, pero de perfil divino: Dios, aun mas anciano que José, eligió a una niña de 13 años para que fuera madre de Jesús, según la Biblia su único hijo, y en la cultura, no solo de los EE.UU. sino también en la mayoría de muchos países civilizados, al contemplarse el agravante de la minoría de edad, se conceptúa ese abuso como el crimen sexual más abominable: Pedófilo, por ende, con máximo rigor es condenable ese crimen, además al existir el agravante de haberla embarazado sin su autorización o consentimiento, esto constituye en otro crimen que, también sin tregua, de oficio es perseguido y castigado: Violación. Esto corrobora una vez más, lo que para Dios es virtud, para los humanos es pecado capital. Debido por la barbarie, lascivia y agresividad que caracterizó la época, es hasta ilógico concebir algún objetivo que dé sentido a la ridiculez de estos pecados: Lujuria, Ira, Soberbia, Gula, Avaricia, Pereza, Envidia, cuando en esa etapa estos pecados no solo se cometían con más intensidad y frecuencia, sino hasta con absoluta impunidad, incluyendo a esos que escribieron los textos bíblicos. Bueno, habrá que analizar que, si en la acción de matar, robar y sexualmente violar no está involucrada la intención de algunos de los pecados capitales de la ley divina, entonces no seremos castigados por Dios, muy fácil, un ej.: podemos robar, matar y hasta violar influenciado por necesidad de supervivencia. Siendo imparcial y honesto subrayo que la esperanza de vida en aquel entonces era de 35 a 45 años de edad, por lo que María con 13 años, (literalmente aun siendo una niña en trances a la pubertad o adolescencia) por características propias de la época, ya casi estaba a mitad de la expectativa de vida, por lo que José con 35 años de edad, a pesar de ser muy viejo, ya estaba a finales del promedio de vida concebible en ese período de la historia humana, pero también conociendo (según la historia bíblica) que existieron algunos personajes místicos que en diferentes etapas sirvieron a la causa de Dios, los cuales fueron privilegiados con poder de ser los humanos que más han podido sobrevivir, por consiguiente, no entiendo por qué razón Dios no escogió a una dama de 100 o 250 años de edad para dicha labor del parto divino, cuya acción, además de proyectar más credibilidad en su mensaje de vida eterna, podría haber ausentado ese morbo que caracteriza a las personas nativas de igual región que Cristo, cuyo registros demuestran que el deseo y aberración de estos perverso no tiene escrúpulos ni límites. La tradicional cultura judío/cristiana mezclada con el escaso derecho de la mujer, desciende a la consumación matrimonial, hasta con la niñez, tal vez, si la mujer para la elección o preferencia del parto Divino hubiese sido una anciana, en los hombres del pueblo sagrado, por imitación o tradición de su Dios, no hubiese existido ese desmedido morbo sexual que, a mi opinión son vulgares depravados sexuales que, enfatizados por la lujuria, ultrajan a la mujer aun siendo prácticamente una niña.

Existe entre los hombres divorciados un viejo y solidario proverbio: ¡Que decepción! Sin saberlo estuve durmiendo muchos años con el enemigo. Este absurdo lamento es el típico emblema del ridículo vanidoso que, intentando provocar algún tipo de compasión o solidaridad, se muestra como una débil e inofensiva víctima, sin embargo al ahondar en este tipo de queja, la cual responde por resentimiento y despecho, solo nos recuerda la ilimitada capacidad humana de saber compensar dinero y amor, llamando la mezcla de estos dos elementos: matrimonio, por favor, honestidad con mi opinión, todos estamos consciente que la unión de parejas por la fuerza de la atracción sexual o por amor, solo, de forma abierta es en la adolescencia o cuando es concebida en su etapa de noviazgo, pero ya en la adultez, si no existe algún balance financiero, aunque sea elementalmente decoroso que, al menos una vida moderada pueda compensar el sacrificio de apartarse del hombre que ama o desea, entonces de continuar esa relación, solo será bajo la magia del misterio: oculta, satisfaciendo su deseo con traiciones, porque en consecuencias a los valores actuales, la vibra emocional que concluye en boda, siempre será equivalente a la especulación de algún confort material. Por la estrecha vinculación entre sexo y dinero, bajo todo contexto, la semántica arrojará el mismo concepto real e imaginario; el mismo significado denotativo y connotativo, por tanto, si por cualquier adversidad se llega a un trágico momento con consecuencias al divorcio, es vergonzoso como malsano el placer con que ambos cónyuges, hasta con premeditación e intencionalmente se agreden y perjudican; es incalculable el poder y artimañas con que ambos llegan, o traspasan los límites morales y emocionales para, con cualquier tipo de bajeza, procurarse los medios de justificar y ambicionar mucho más dinero del que legal y moralmente le corresponde. Creo que cuando hay honor y reconocimiento, confluye la magia, porque la complacencia y los detalles del esposo mezclado con la comprensión y dedicación de la esposa, es lo que haría longevo el matrimonio, y esta relación denominada matrimonio, además del amor que la unió, estuvo involucrada la actividad sexual. Aun premiados por el más estable y encantado matrimonio, debemos recordar que, si excluyéramos el sexo y solo por amor, deber y agradecimiento el hombre debería actuar, entonces la mujer que por dádiva obtendría todas las recompensas, atenciones y beneficios sería esa, quien bajo ningún escenario nos traicionaría, incluso se auto perjudicaría por beneficiarnos, es esa de quien única y espontáneamente emana el verdadero y desinteresado amor: La madre.

Quedo atónito ante la versátil interpretación de algunos en relación con la intención en mis palabras. En amistades que han leído mi libro, lo más sorprendente en ellos ha sido que aun conociéndome, pero quizás con el propósito de desahogar o amortiguar su ira, se han atrevido a insultarme y mofarse, hasta incluso, calumniarme por mi esquema de simbolizar el honor en los conceptos morales y sociales que, sin parcialidad ni perjuicios, debería distinguir la integridad del balance, entre respeto y honestidad, el cual, yo considero y defiendo, incluso por mi disertación o criterio emitido en los capítulos #2 y #13 alguien muy parcial, que sin duda además de ser un extremista conservador, también es demasiado homofóbico, en medio del arrebato provocado por su propio despecho e ira, me tildó de comunista, homosexual y cornudo. Sé que no soy el modelo de esposo que proclamo en este libro, y aunque no me arrepiento de mis errores producto a los frutos de mis liberales devaneos, «si» lamento no haber sido lo que mi amada esposa hubiese merecido, no obstante, considerando quienes, y que fueron muchos escritores de la Biblia, los cuales después de haber sido extremos pecadores pudieron enmendarse, entonces ¿De qué me pueden acusar? ¿De qué debo avergonzarme? ¿Acaso no tengo derecho de enmendarme y reconocerlo? ¡Mi testimonio es legítimamente sincero! Con énfasis repito que mi interés es, concerniente con honestidad, en honor y por amor a nuestras madres; no es solamente ser teoría, sino también ser práctica, para lograr o intentar conciliar, "dicho y hechos". Alabada sea nuestra casta si algún día todos por sentir y deseos podemos ser íntegros y respetuosos esposos. Atendiendo que alguien más, pueda opinar que mi fervor no es más que un excéntrico coqueteo de un sentimiento que por farsa en mi converge, aprovecho para significar que no poseo ni la más mínima simpatía por el Comunismo ni tampoco poseo la menor inclinación o deseos homosexuales, por el cual me deba enorgullecer o avergonzar. Este señalamiento no es con la intención de desvincularme de un grupo del cual yo pueda interpretar que su conducta sea o no, indecente o inadecuada, sino solamente por combatir la falsedad o el abuso con que muchos se identifican. Los homofóbicos hasta se niegan aceptar que honor, aunque converge con moral, es totalmente paralelo a la sexualidad, y por esta razón, a causa de la preferencia sexual, se han opuesto a reconocer la magnitud del beneficio que glorifica el legado que, muchos de estos marginados han dejado para bienestar de la humanidad. No debemos reprimirnos ni cohibirnos, y tampoco avergonzarnos de ensalzar el honor y orgullo de alguien por sus méritos y logros, porque sin empantanarse con cínicos tabúes, cualquier persona debe experimentar regocijo al defender o reconocer los derechos de cualquier humano, para que sin distinción todos tengamos la libertad de elegir, y realizarnos sin censura acorde las preferencias sexuales y políticas de cada cual. Aunque es sabido (debido que por mayoría son los únicos que se manifiestan abiertamente a la luz del día) que el mundo está mayormente poblado por heterosexuales que homosexuales; como también hay más países, regidos por partidos con política de tendencias capitalista que comunistas, en estos derechos de elección o preferencia individual, no está comprendida la aceptación o discriminación por votos, porque incluso muchos opinan que los monógamos, a pesar de ser una especie en peligro de extinción, por el honor e integridad que constituye esa fuerza o ejemplo, se traduce como significado o poder más equivalente en lo que respecta moral marital, pero por estar más identificado con el patrón del tradicionalismo institucional, (porque sin importar o considerar que en la categoría de promiscuidad también debemos añadir los clasificados como: comunistas, capitalistas, religiosos, heterosexuales, lesbianas y gais) tal vez, debido a esa incontrolable lascivia, inherente condición humana, los monógamos sean el grupo más pequeño. Sin embargo, los que practican la poligamia o el sexo extramarital, incluyendo en el mismo grupo a confesos swingers, como esos promiscuos asolapados que, aun andan y viven ocultados en un submundo de traiciones y engaños, unos con infundada vergüenza, otros con regocijante hipocresía, siempre el grupo de polígamos será el más grande del planeta, porque la corrupción trasciende más allá de la ética religiosa o política.

Si valorando la moral equivalente a su capacidad demostrable, acorde el grado de realidad, verdad y de ley natural, diseñamos un diagrama para tabular su nivel de honestidad y sinceridad, entonces, referente a la libertad sexual, al considerar el real y absoluto significado de ambas palabras arriba subrayada, por dominio de realidad y conocimiento, al existir total ausencia de conmociones por engaños y traición en el estilo establecido por los swingers, este concepto arroja más honor a la moral, que la cínica y falaz imposición del concepto conservador, sea basado en preceptos sociales de una ética radical y arcaica, o en esa ridícula y obscena fantasía religiosa inspirada por la Biblia que, por finanzas pretenden incluir a todos. Por esa razón digo que seamos honestos y felices respetando las reglas y la integridad del matrimonio tradicional, cuyo emblema es el mágico y sagrado culto a la monogamia, pero si no podemos ser lo suficientemente íntegros para cumplir, entonces no seamos hipócritas, para con descaro intentar cubrir nuestra deshonra, criticando y condenando a los que eligen en nombre del amor y la honestidad, sostener ese matrimonio liberal que, valorando más la unión familiar, no la desintegran por consecuencias de obsoletos y ridículos prejuicios; la juventud, la belleza y el deseo sexual acaba, el amor jamás y eso es todo lo que un ser humano necesita para en su vejez estar seguro y ser feliz (más que abundante finanzas) es una pareja en que por igual se amen y cuiden. Si somos capaces de desafiar las normas morales de nuestros ancestros; los preceptos conservadores impuesto por la religión; reformando la tradicional ética social; para enredarnos en litigios morales y civiles abogando por los derechos de libertad y respeto del gay, entonces, porque no defender el derecho y libertad del heterosexual que, por natural actividad sexual de pareja, incursiona en el estilo swinger para, no solo sofocar su instinto y deseos de su innata condición, sino que, sin perjuicios ni censura sea abolida esa acción esgrimida por corruptos oportunista, que con falsos argumentos de castidad y puritanismo, sin importar el modo indecente y obsceno de como ellos lo ejecutan, a modo de apatía, chantaje o venganza, clasifican la actividad sexual como un hecho aberrante, solo para perjudicar moral y socialmente a un humano, hasta por el simple hecho de no ser de su agrado, principalmente a un político, esto es el cinismo más burdo de la perversa condición humana.

Cuando y cada vez que con fervor he hecho ahínco en demostrar los derechos y la naturalidad del homosexual, ha sido para tener una base demostrativa, que me permita con objetividad comparativa, defender los derechos de libertad y respeto; de apoyo y ayuda que libremente debe tener un ser humano, cuando elige vivir según su preferencia, tanto la de ese Swinger que prefiere no reprimir su condición natural, como la de ese político que con el honor de sus preceptos pelea por un ideal político y económico, que desde su punto de vista moral, defiende una ley de bienestar social y de desarrollo comunales, que según su partido considera justo, incluso la de un integral político de preferencia izquierdista.

El respeto que se merece aquel, que al buscar origen de esa verdad impoluta acorde lo que exige su fe; al mezclar la trayectoria católica con el conocimiento de la verdad, es lógico que con razón de causa elija optar por la preferencia de, hasta repudiar la idea de Dios porque, frente a la moral bochornosa, a la crueldad desmedida, a los horribles asesinatos, saqueos y toda índole de abusos registrados en la trayectoria de la Iglesia, más la narrativa bíblicas que describen las acciones ejecutadas directamente por Dios, cuyos eventos, por la magnitud de sus estragos en relación a la ofensa, podemos conceptuarlo, de la naturaleza más abominable y horrible, cometidos por el más perverso de los sádicos, más combinando las contradicciones de la Biblia y las fantasiosas historietas, es lógico que prefiera pronunciarme ateo o materialista, porque es irracional otorgarle credibilidad a un mensaje que no se conjuga con la predicación de los creyente, ni con lo que está escrito en la Biblia.

La preferencia de un heterosexual que opta por su naturaleza de ser polígamo, actuando, ya sea abierta u ocultamente, en referencia de ejecutar con libertad su necesidad sexual innata en la condición animal, en estos tres grupos mencionados: Conservador, liberal y gay, en comparación con las exigencias de derechos la comunidad gais es quien se ha levantado en protesta, sin embargo los swingers, por ley natural; por realidad tangible; por ideas sociopolítica, en este estilo de vida, existe más lógica, razón y derechos de manifestarse sin temor a un abominable repudio, por no quebrantar lo esencial que atenta contra la base moral y genética, inicialmente establecida por sociedad y religión, por tanto, librados de una ponzoñosa persecución o discriminación, con moderada mitigación, podrá superar sin dificultad y con brevedad cualquier perjuicio que le causó vergüenza. Aunque por ley social podemos o tenemos que educar, incluso hasta imponernos autocontrol al instinto sexual, jamás, por honor o lealtad a nuestra pareja, podremos reprimir o privar, tanto el deseo como la necesidad sexual de saciar su intenso e inconforme apetito. La exacerbación sexual no está contemplada, no como enfermedad, sino como innata condición, incluso en su estado normal (controlable o educable) hasta por científico es reconocida como natural, pero el sexo heterosexual, no obstante de cumplir los requisitos de la ley natural, y también por ley social, es aceptado legal y moral, pero insólitamente hay más preocupación e interés por estabilizar o normalizar el desafío del estilo gay, que excluir del tabú la vergüenza social y la penalidad jurídica que genera el derecho, la libertad y la naturalidad genética del heterosexual liberal.

LOS AMIGOS. Cuando expuse la libertad sexual entre amigos, muchos pensaron que yo me refería a esa acción bajo el contexto del estilo *swinger*. Aclaro: yo me refería a dos amigos solteros y sin objetivo de pareja entre ellos. Considero que, sin prejuicios ni vergüenzas ni consecuencias, esta etapa de libertad sexual entre amigos solo es posible en la adolescencia o en la adultez cuando aún se es muy joven, y no se tiene prisa por formalizar una familia. Para poder tener la capacidad de evaluar y opinar sobre las consecuencias del sexo entre amigos, yo creo que hay que haber experimentado esa acción, aunque sea una vez, en alguna etapa o momento de nuestras vidas, como adolescentes o muy jóvenes, e incluso en una mediana adultez. Aunque muchos creen que cuando este comportamiento ocurre entre adultos, solo es funcional y sin consecuencias colaterales en personas de formación liberal, porque los liberales saben diferenciar y manejar las emociones y los sentimientos por canales separados; porque saben distinguir y manejar el sexo sin confusiones; porque respetan los límites y no trascienden más allá del objetivo.

Un amigo mío, liberal desde sus vacaciones universitarias, quien su esfuerzo lo ha privilegiado con un nivel intelectual y social bastante distinguido o elevado, me señaló que no por discriminación ni por repudio, sino por temor a chocar con algún remanente iceberg de ese pasado de tabú social que aun flota en nuestra civilización, el cual causa asfixia de culpa moral y de vergüenza social, por tanto, la postura de sigilo y cautela de los que viven dentro del mundo liberal, bajo ese nuevo estatus de honestidad, se debe a que todavía es muy prematuro para la aceptación de este movimiento alternativo del matrimonio liberal, y que si aún (no obstante al porcentaje de adulterio que pueda existir) este grupo, que no es pequeño, en conciencia no es lo suficiente grande y poderoso para superar el impacto de las consecuencias, porque aunque este tipo de matrimonio se fundamenta en total confianza y lealtad; en una libertad absoluta y sin condiciones, no es aceptada, principalmente por cínicos hombre de configuración adúlteras, que ocupan algún escaño en la más alta esfera política en todos los países predominantes, y que con burda y feroz exaltación proclaman la perpetuidad de ese estándar machista, que a ellos favorece para justificar acciones y diferenciar posiciones. También hizo énfasis que la definición *swinger* es una actividad dentro del matrimonio liberal, pero que, por inmadurez, confusión o por un aspecto de extrema y malsana diversión sexual, es posible que haya una extensa población mal denominada *swinger*. Incluso, este amigo mío considera que esta práctica solo debe realizarse entre parejas con un buen nivel de amistad y confianza, porque el sexo entre amigos es fantástico, la confianza facilita trascender o incursionar en todas las emociones con diversión, y sin el temor de lastimar u ofender los sentimientos ni el honor de alguien, porque por encima del sexo y la fiesta, lo que más importa cuidar y proteger, es la amistad. También agrega que el sexo con desconocidos jamás será seguro, divertido ni placentero, porque además de exponerse a todo tipo de riesgos de salud, no existen emociones, ni confianza, ni intereses, ni relaciones con algo en común que se precise proteger. Apoyado en este honorable criterio, él considera una ofensa al concepto liberal cuando estos individuos, buscando sexo con otras personas de su misma o diferentes lenguas, exponen: Yo hablo inglés, español o ruso, etc. y también hablo el idioma del amor o del sexo». Sin embargo, al igual que mi amigo yo también estoy seguro que quienes hacen estas manifestaciones de burlas, son hombres solteros que, lejos de comprender, aceptar o reconocer algún tipo de integridad al concepto liberal, son oportunistas a la caza de sexo fortuito, y esta acción y conducta no le atribuyen ningún honor a la intención de ese tipo de *swinger*.

Algunos, los que con más frecuencias y promiscuidad sacian sus deseos a modo de justificar su bacanal lujuria, señalan que la actividad Swinger, al estar concebida en una superflua consumación o materialización de fantasías sexuales, no posee ningún tipo de consecuencias sentimental ni impacto emocional, y aun teniendo cierta razón en el aspecto sentimental, emocionalmente no lo es, porque esta actividad está diseñada para que los matrimonios liberales, y no monógamos, puedan estimular sus emociones satisfaciendo el instinto de la condición natural en ambos cónyuges, sin prejuicios ni represalias; para contrarrestando los estragos de la monotonía matrimonial, puedan salvar la integridad familiar al espantar al tedio que asfixia al hogar. La diversión con extraños puede causar diversos y múltiples conflictos, problemas y hasta enfermedades, algunos Swinger opinan que no es necesario ser amigos, pero si conocerse o poseer, aunque sea un mínimo de interacción amistosa. En un intrínseco contexto, la fantasía es no es más que una sub realidad idealizada por la imaginación, con efectos de ilusión y de entretenimiento, con características ficticias o irrealizables que solo vive y estimula en el sub consciente humano, sin embargo esto no significa que sea imposible, no de convertir, sino en adaptar esas fantasías a una congruente realidad, para que en la transición fantasiosa al hecho real, al romper la acción estimulante de la magia, se pueda evadir la idealización de elementos o ambientes imposible de conciliar con el mundo real, para así esquivar la posibilidad de hacer algún rechazo, tanto a ese momento, como tampoco después, evitando que a corto o largo plazo, martirizados por algún fantasma del arrepentimiento, inciten a ese verdugo en asecho y oculto en los valores morales y sociales que evocan las reglas o creencia impuestas, a que pueda precipitar en ellos efectos negativos de culpas, autoestima, fobias o paranoia que a muchos los ha saturados con traumas de inclaustración, rechazo sociales o con síntomas depresivos, volviéndolos agresivos y huraños, además, automáticamente, la continuidad en esta actividad liberal, deja de ser fantasía, y el abuso o exceso de práctica la convierte en rutina, vicio o hasta incluso en algo peor: obsesión, por eso varios de los que han conversado conmigo, han dejado claro que, sólo entre amigos con diferentes tipos de interacción, la actividad swinger es ocasional y por entretenimiento.

Ante tantos y diferentes criterios yo opino: Por la vulgaridad del criterio y conducta de este tipo de persona, que prostituye y degrada el objetivo y concepto Swinger, será imposible eludir lo que socava y margina al género liberal. Si contemplando el vertiginoso ascenso de derechos, respeto y equilibrio humano que demanda cada nueva generación, nos ubicamos en una época de mayor fanatismo y extremismo, ejemplo: no tan distante y tampoco tan radical: Siglo XVI, para comparar los límites y valores que la sociedad, iglesias y gobiernos que nuestros ancestros conferían a un ser de la raza africana, (cité este ejemplo no solo en un contexto moral, sino incluso como un elemento de abuso, y también como un progreso social, civil y humano, que poco a poco cada generación naciente fue reformando, hasta conceder el lugar que por ley natural corresponde a cada humano) también, y ahora si dentro de un contexto moral y social, lo que implicaba la homosexualidad y promiscuidad femenina, al evaluar y sopesar la trayectoria humana, será fácil comprender que a corto plazo veremos instituidos como norma legal, todo lo irracional, perjudicial y discriminatorio que la mayoría demande sea abolido, o reformado con derechos bajo un contexto moral y legalmente humanos, por eso es necesario buscar y establecer respeto y dignidad al derecho o elección por el género liberal, para así conseguir que la actividad sexual, deje de ser mutilado por algún diseño social o moral, el cual posee la facultad de vetar derechos sociales, legales y hasta algunas posibilidades constitucional, sin observar que como ley natural a todos los humanos les corresponden. Como prueba legal de respeto y derechos, es que inauditamente en este renglón, el gay está mucho más avanzado y reconocido como comunidad que el Swinger. Según a como muchos lo interpretan: la actividad Swinger, aunque por su sentido de honestidad y equidad es difamada, cuestionada o discriminada por machistas e hipócritas conservadores, majestuosamente posee una base de pudor y respeto, que le permite estar concebida por un admirable concepto que otorga la libertad de ejecutar sin engaños, remilgos ni prejuicios la capacidad, o necesidad del "deseo" sexual que, acorde escala, pueda identificar o clasificar a cada ser humano por separado. Por fortuna o infortunio esta es la realidad del ser humano: no somos iguales en ningún aspecto físico, emocional o sentimental, sin embargo, basado en leyes tan arcaicas como nocivas y obscenas, que estuvieron a la interpretación de ignorantes y extremistas sacerdotes, se aplicaron sentencias fundamentadas en influencias falócratas como también de misterios y fantasías místicas, resultando, de ese desbalanceado e injusto patrón moral, el impuesto estilo de vida social y moral, que aun siendo paralelo a la innata condición animal, en la balanza es, significativamente, muy desigual en consecuencias y beneficios entre ambos géneros, pero estoy seguro que aun no siendo iguales, por sobre toda norma social y moral, si estamos obligados en aceptar y respetar la más grandiosa regla: el libre albedrío. Esto no es psicología, es sentido común, porque la insistencia de suponer que somos iguales, además de subversiva, es una idea demasiado vulgar que, sustentada por una foja y ridícula propaganda, tanto religiosa como comunista, conlleva al mediocre a creer y convencerse en ese igualitarismo que no existe alguien mejor o peor; superior o inferior que otro, y sin detenerse a observar y evaluar su entorno, se priva de ver que en ningún aspecto físico, moral e intelectual nadie es igual, incluso, sin importar que una sociedad sea de izquierda o derecha; de conservadores o liberales, todos son distinguido por diferente nivel o clase, pero, lo que es tan cierto como justo es: sin importar la clasificación de rango o clase; todos, de forma concientizada y espontánea, debemos estar obligados a: tanto otorgar y merecer el absoluto respeto, como también conceder y reconocer el libre derecho que todos sean aceptado acorde su poder de elección, ya sea por preferencia o por capacidad.

Sobre este aspecto no solo he leído, también por televisión he escuchado la opinión de algunos psicólogos y sexólogos sobre la insistencia en complicar algo tan sencillo como el tema de las necesidades sexuales, calificando el deseo como un vector patológico con diferentes escalas o facetas, incluso acorde el grado de identificación con ese pseudoconcepto de moda: “Fantasías sexuales”, el cual seguramente es concebido por la asfixia emocional que la opinión pública provoca en aquellos, que siendo víctimas de insolentes tabúes, con antifaz se precipitan a buscar una salida o excusa para manifestar la significativa libertad con que muchos ejecutan su derecho natural. Ahora bien, ¿La normal y decente práctica sexual está relacionada con patógenos mentales que por ética precisen de corrección u orientación? ¿La práctica sexual sin ofensas o delitos afecta la estabilidad social o individual? Todo en la vida está fundamentado en prejuicios y escrúpulos; en intereses y beneficios. El derecho y libertad de la actividad natural en la sexualidad femenina, por egoísmo parece estar condenado a la humillación. La actitud de estos profesionales me causa la impresión que en vez de avanzar, estamos retrocediendo, porque ahora motivados por el factor finanzas, y copiando la estrategia de los Pastores cristianos, estos profesionales de la salud mental se anuncias buscando pacientes, como si la ciencia nuevamente pretende someter a los del género liberal a experimentos de tratamiento medicinal o terapias, como hasta en un pasado bastante reciente fueron sometidos los homosexuales, o ¿acaso ellos entienden o posee la sabiduría o habilidad para educar y mejorar una actividad sexual sana? Olvídense del Kama Sutra, no existe patrón sexual. La innovación, la autenticidad y lo espontáneo, será igual al disfrute genuino y total, que sea inspirado por la interactuación que ese momento, provocado por la mezcla del deseo y el grado de la condición morbosa y temperamental de ambos, pero el diagrama siempre será diferente en cada pareja, incluso en cada situación en particular, lo cual mágicamente abrirá un nuevo escenario de lujuria en dependencia de la atracción y deseos de los involucrados. Lastimosamente, en nivel con mi opinión, debo señalar: en consecuencia a la libertad y derechos que nuestra generación demanda, se podría concebir que la principal causa que da lugar al volumen de los adulterios, puede ser incitado por desafiar esa ilógica e impositiva prohibición, y no por los efectos colaterales causados por el transcurso del tiempo, como la rutina o monotonía sexual que acaba (en ciertas parejas) con el vibrante ímpetu de esta magia, dejando solo la opción de aceptación tolerante del liberal o de, la tediosa conformación del conservador, que dicho sea de paso, en la mayoría de este género, debido a los secretos y la mentiras del cónyuge que busca y encuentra fuera del matrimonio el sosiego emocional, se distinguirá ese tipo de hipocresía por tendencias del engaño que más que traicionar el concepto conservador, ofende el concepto liberal. Producto a nuestra constitución falsa y oportunista estoy muy convencido que cuando se trata de identificarnos con alguien, no las palabras, sino las acciones son la que clasifican nuestras intenciones, ya sea dentro de un carácter personal como matrimonial, pero aun así y sin contradicción, todos sabemos que en algún momento las palabras, siempre serán el elemento que categóricamente dejará al descubierto que tipos de sentimientos hay dentro de nosotros, como qué tipo de persona realmente somos, dicho esto, mi libro podrá catalogarse con un ataque a las personas de doble identidad, pero en personas justas y de honor (dentro de un contexto de equidad y respeto matrimonial) jamás mi redacción será un insulto a la integridad y derechos que por tradición siempre ha distinguido y debe distinguir a la humanidad.

Muchos que por amor, lealtad y moral no están involucrados en ningún aspecto con los preceptos del liberal, y otros que se reservan la opinión, participación o diversión que caracteriza el estilo de vida *swinger*, reconocen estar convencidos del honor, los derechos y respeto que coexisten con equidad y equilibrio en los matrimonios concebidos bajo el concepto liberal. Por consiguiente, creen que hoy en día podemos considerar adecuado, tanto para conservadores como liberales, el concepto del llamado matrimonio convencional, porque al ritmo que se están moviendo y cambiando las civilizaciones, pronto también será tradicional el matrimonio liberal, aunque en realidad y dentro de un significado gramatical, convencional (acuerdo fundamentado en pactos) y condicional (acuerdo fundamentado en condiciones) literalmente es lo mismo en ambos conceptos. Al observar el comportamiento y la aceptación de diversas conductas impropias que ha optado la población en general, como también sopesando los motivos más comunes y frecuentes que definen como disfuncional al matrimonio conservador, que incluso, en algunos casos el resultado de similares motivos también definen como disfuncional a un matrimonio liberal, es lo que define, significativamente, que del mismo modo que hay mal llamados conservadores, existen también mal llamados liberales, y como tal, ambos desacreditan la integridad y el honor del concepto en cada género.

Abordé el tema relacionado con los *swingers, solo* para recordarle a esas personas, ya sean hombres o mujeres, que existe un estilo de vida alterno que no entra en conflicto con la vida sexual que ellos eligieron vivir según sus preferencias de saciar sus necesidades e ímpetus; deseos y apetitos, donde, desde otra perspectiva, por honestidad existe mucho más moral y absoluto respeto que en esa disfuncional unión marital conservadora. Creo que no se debe traicionar ni mentir a la persona que estará presente por siempre en la vida de alguien y que cada cual debe tener la opción de aceptar o rechazar, así como de elegir lo que considere honorable o favorable para su vida futura, además, no existe algo más satisfactoria que la reciprocidad, por eso esta conducta debemos de privarla de aspectos negativos como la venganza para que, sin perjuicios ni consecuencias, entonces sea loable.

Con extrema y humilde modestia señalo que estoy plenamente convencido de que los temas que he abordado en este libro son materias que no requieren de ningún tipo de estudios universitarios ni de asesoramiento, con solo saber mirar, saber oír y por sobre todo saber valorar e interpretar con honestidad y sin prejuicio. Solo por sentido común sabremos comprender, diferenciar y respetar, por citar un ejemplo: la prueba está en que alguien por mucho que estudie sexología nunca podrá definir o conseguir con exactitud una estrategia para dominar ese instinto genéticamente natural, dándole la capacidad de controlarlo, incluso ni al deseo de ellos mismos, a no ser, ya sea por raciocinio o instinto, presionado por una fuerza mayor. En el humano, acatar la educación sexual obedece al temor judicial. Otro ejemplo, aún más complicado y abstracto: por mucho que alguien se aferre con el estudio de la Biblia o la teología, jamás estará dotado con infalibles conocimientos que le permitan aseverar de forma real y fehaciente la existencia de algún Dios. Todo (excepto el principal tema: la faceta vinculada con mi sentir y opinión de igualdad, respeto y consecuencias en relación al estatus moral y sexual en ambos géneros) lo redactado en mi libro acerca el extracto del sexo, los sentimientos y las emociones; de los preceptos sobre la moral social e individual, del concepto relacionado con el bien y con el mal, etc., está fundamentado en la recopilación de las experiencias de muchas personas, como también en las mías. Por ende, esto significa que mi libro al no estar 100% concebido por mis experiencias y mis conocimientos, incluso atendiendo tanto la diversidad como la complejidad del carácter humano, es por lo que aclaro que, aunque yo posea el absoluto derecho de tanto opinar como criticar, no soy un experto que me faculte en aconsejar y mucho menos orientar en cualquiera de los temas que hago referencia en este libro. Me he apoyado en las experiencias y opiniones de muchos, para demostrar en qué debe estribar la verdadera honestidad, asimismo exponer que la realidad de esta época, en el reconocimiento al valor que la mujer, demanda con honor, un absoluto balance moral, como también basado en la historia de la Europa medieval, demostrar cuán malvada y perjudicial fue la Iglesia en lo que concierne a la integridad de la mujer. Si no les gusta leer libros de historia, puede, de forma amena, acudir e ilustrarse viendo muchas cintas cinematográficas que nos traen la verdad sobre esas épocas, que aun siendo del punto de vista del director y productor, siempre tendrán raíces reales, por mencionar algunas: *The Crucible, Black Death*, etc.

Consciente de que no tengo conflicto de controversia, señalaré una vez más, antes de proseguir, que estoy convencido de la importancia de psicólogos y sexólogos cuando comportándose a la altura de un psiquiatra, interfieren y ayudan a personas que lo necesiten, pero no, cuando con sabiduría fantoche actúan con personas sanas, imitando a los reyes del entretenimiento: psíquicos y astrólogos, espiritistas y brujos. En relación con la teología (en la parte que corresponde a las iglesias buscando como disfrazar la imposición de un Dios) no le hallo lógica razonable a los años de estudio. Todos los acontecimientos reales relacionados con la religión se encuentran especificados si censura, explicados con más veracidad, y detallados con más exactitud en los libros de la historia universal de todos los tiempos. Reconozco que, aunque las primeras escrituras tuvieron como base expandir, en mi opinión, esa absurda idea de un Dios, también en la Biblia, exceptuando la fantasía divina, se pueden encontrar datos históricos que han servido a la ciencia para resolver o esclarecer dudas sobre esas épocas.

Volvamos al tema del sexo liberal entre amigos. Según la opinión y el criterio de muchos, si ninguno de esos dos amigos sostiene algún tipo de compromiso o relación sentimental con otra persona, y considerando que la emoción, aunque influye, no solidifica sentimentalmente ninguna relación de pareja, creo que mientras no se involucre algún tipo de interés o propósito que no esté en los planes de uno o ambos de los amigos en cuestión, ni para bien ni para mal afectará, porque el sexo si es concebido por placer en nada afecta a esa amistad, siempre y cuando ambos tengan el mismo concepto de diversión. Los *swingers* afirman que el sexo siempre debe aparecer de forma imprevista y con el deseo de ambos; que no se debe premeditar ni anticipar la posibilidad de tener sexo con alguien en algún evento entre amigos. Si alguien se propone terminar con sexo y no lo obtiene, entonces no solo terminará con frustración, sino que empañará la magia de la diversión liberal, porque el sexo fortuito, y más entre amigos, además de ser más exquisito e incondicional, solo puede determinar cómo y con quién sentirse más alegre y satisfecho durante y al final del día en esa reunión o fiesta. El sexo debe realizarse por placer y, como la culminación de nuestra satisfacción, debe ser concebido como un ingrediente más de la fiesta, como lo fue la música, la comida y la bebida. No obstante, algunos, principalmente jóvenes, afirman que, debido al aprecio y la confianza, el sexo entre amigos es seguro, divertido, placentero, alegre y muy satisfactorio, que solo los solteros «muy» adultos interpretan una acción sexual como la antesala de una relación formal que garantiza la última unión de pareja, porque en los jóvenes no existe ese riesgo de confusión ni de búsqueda.

La amistad con beneficio es algo muy distinto al sexo entre amigos. La amistad con beneficio es una relación turbia basada en intereses que, hasta incluso, por ambición y temor de perder el bien financiero, puede generar celos y ridículas escenas posesivas. A mi criterio el uso de la palabra «amistad» en este tipo de relación es una ofensa a la moral, lealtad y amor que simboliza dicha palabra, porque el objetivo de este tipo de unión es de intercambio financiero por deshonor, y hasta en ocasiones repugnante, donde uno, por necesidad o ambición no brinda, ni obtiene emocionalmente «nada» y el otro, de una autoestima muy degradante, solo obtiene esa unilateral satisfacción, la cual es mezquina debido a que el acto sexual responde a una transacción financiera, y bajo esta condición siempre en la hembra estará ausente esa emoción que conecta mente y cuerpo, por consiguiente, al no existir algún elemento capaz de interactuar para encender esa chispa que provoca ese maravilloso clímax sexual, será la causa por lo que jamás habrá recíproco placer. Según me identifico con el orgasmo: yo siento que esta vibrante acción bajo ningún estándar, jamás obedecerá a condiciones ni beneficios materiales, sino que esa emoción (tierna por amor, salvaje por deseo o lujuria) será de intensa sublimidad, cuando en ambos la sensibilidad del placer logre concatenar con la satisfacción sentimental, incluso trascendiendo más allá del frenesí o éxtasis de la actividad sexual, cuando ambos compactados por el exacerbante deseo, nuestro subconsciente puede estremecernos con un orgasmo de extremo placer, aun prescindiendo del contacto corporal. Yo creo, que, al existir diferentes resultados emocionales que, sin ajustarse a patrones, van en dependencia de la peculiaridad e intensidad de situaciones y ansias, todo aquel que por deseo o amor con plena inspiración se entrega a disfrutar del sexo, tiene dotada capacidad para clasificar sensaciones. Para mí la sensibilidad de ese intenso orgasmo que con mayor placer sosiega y que sin necesidad de lujuriosa repetición nos extasía, no es una magia ambiental acaecida por esa inconsciente inestabilidad de acciones y reacciones que nos abruma, sino que para saciar un deseo o deleitar de una fantasía, es una parte de algo genuino que nuestro subconsciente extrae desde nuestro fuero interno; algo maravilloso que habita en el ala sentimental; que está en la sublimidad emocional, para premiar ese confort y estabilidad que solo otorgan la confianza y seguridad del verdadero amor.

Como idealizo la amistad: Al ser un estandarte de integridad, lealtad y abnegación, es que por lo que presiento que cuando aparece y converge en una amistad este tipo de atracción que, aunque involucre sexo, responde a emociones sentimentales, no solo establecerá que esa relación se identifique con el más intenso y sosegador orgasmo, también distinguirá esa unión de pareja o de matrimonio con real amor, porque el concepto y calidad de esa amistad no desciende, sino se eleva a otra dimensión de respeto, sensualidad y sublimidad, debido que el amor es la cúspide que distingue la amistad. La bajeza que enmarca el sexo comercializado es tan obvia que, todos los síntomas señalan que no cuenta el tamaño y ni la erección del pene; no importa la experiencia y habilidad sexual del hombre; la hembra no se excita con el morbo y furor con que un hombre sacié sus ansias, porque si no hay inspiración emocional, aunque sea un espectro de aberrada lujuria o de enfermizo morboso en ella, nada será suficiente ni bueno para que una mujer alcance el orgasmo.

En virtud a mi sentir y deseo que cuando se ejecute una acción de parejas siempre predomine el honor, no voy a idealizar con una realidad refutable, pero aun así hay verdades que admitir. En la mayoría de las veces que este tipo de relación tiene lugar, en ambos sexos, es por insinuaciones o provocaciones de la juventud, que despierta, no la depravación sino la morbosidad, en el adulto, que ya en ese trance acepta cualquier condición, incluso hasta más allá de sus posibilidades. La juventud por falta de experiencias (contrario a la adultez) es sinónimo de aventura, arrojo, desafíos, etc. y basado en estos factores más el tiempo que tienen para enmendar errores o buscar otro objetivo, es por lo que entiendo deben desafiar la realidad y las consecuencias sin temor a fracasos o rechazos, exponiendo con honestidad sus términos, si es preciso hasta con desfachatez. Además, estoy convencido que esa dualidad (juventud o adultez) no influye ni determina para que alguien (sin antifaz y sin importar el motivo o resultados) tome la iniciativa en buscar la solución de algo en que por pudor o perjuicio; temor o vergüenza pudiese hallarse atascado. Por el exceso de experiencias el adulto es más propenso a ser cauteloso para evitar ofender o herir por error. Yo no sé qué un adulto podrá enseñar o aprender de un joven de 18 a 25 años, o viceversa, lo importante es que ambos deben buscar y hallar el más apropiado método de comunicación o interactuación, para que así ambos con claridad y conocimientos, puedan complementarse emocional o por conveniencias, incluso hasta definir si su relación será mutualista o parasitaria.

La grandiosidad del sexo que practican los Swinger consiste que, al estar ausente el interés material, está exento de esa mezquindad, bajeza y las miserias que, no solo envilece con una connotación de traición y ultraje, también empañan con maldad pecaminosa el decoro natural de la acción sexual. El único interés que motiva al liberal es, sin prejuicios o egoísmos, no cohibir ni reprimir su vida a convencionalismos sociales, sino satisfacer el inherente apetito emocional que por ley genética e instinto natural justifica su conducta y condición.

La vida no es solo el conjunto de obligaciones y cumplimientos; placeres y deberes, sino (metafóricamente y sin misticismo) es como un regalo divino que solo existe en ese irrepetible periodo de tiempo entre la niñez y la vejez; etapa donde todo ser humano, por encima de sus posibilidades físicas y mentales, tiene la libertad y derecho absoluto de elegir como proyectará (acorde deseos y principios) su capacidad y la única oportunidad de vivir «todas» las emociones inherentes a la condición humana, por eso, mientras podamos hay que disfrutar la vida a plenitud y sin ataduras de ningún tipo de índole o límites. Hay que ser consciente que, tanto en la niñez como en la vejez, no hay opciones ni elecciones de vida plena, solo existen el límite de resignación o conformidad de la más asfixiante impotencia, pues en ambas etapas somos dirigidos o gobernados. Acorde como yo lo experimento, solo no creo que la vejez tenga edad o fecha de arribo, sino estoy convencido que solo nos atrapa, cuando se pierden ambas facultades: físicas y esas emocionales no vinculadas con los sentimientos. Lo vivido es pasado y al pasado no solo hay que dejarlo, sino que para crecer sin predisposiciones es obligatorio olvidarlo, por ende, ni debe sumar ni restar debido a que si bien nos puede hacer reír también nos puede hacer llorar, y ambos por efectos y causas (llanto y risas) no están etiquetados dentro del mismo contexto de dicha o desgracia. Si aún no hemos arribado a la vejez, del pasado solo debemos exprimir, sin excepción ni selección, las experiencias buenas o malas para de ese extracto aprender y forjar nuestra habilidad defensiva, no agresiva. La felicidad es subjetiva y debe estar cifrada en la esperanza de finalizar nuestro ciclo de la vida con éxito y honor. Sin contradicción: Aunque yo sé que pronto cumpliré 65 años de edad y por el tiempo vivido hasta podría ser conceptuado como una persona de la quinta edad, pero estoy seguro que mientras este en pleno dominio, no solo de todas mis facultades física, mentales, sino continuar disfrutando a plenitud de "todas" mis facultades emocionales, la edad no me convierte en "viejo", por eso y acorde a mi filosofía, creo que todos solo tenemos el día que vivimos unido con la esperanza o suerte de vivir otro día más y en eso también comprende olvidar lo negativo que nos laceró y esperar lo positivo del futuro; particularmente yo por la estabilidad de mi salud y paz emocional, no tengo guardado ninguno de mis años vivido y con el propósito de ser feliz, tampoco los extraño, para así, llegado mi ocaso, desde el umbral de la vejez intentar minimizar la angustia que sufriré cuando drásticamente los achaques de los años me priven de la habilidad motora de ejecutar y saciar algunas de esas emociones que nos hacen decir: ¡ESTO ES LA VIDA!

Todos tenemos dos familias: la biológica y la que nosotros por selección elegimos para que esté incondicionalmente a nuestro lado, disfrutando y compartiendo con apoyo y ayuda todos nuestros momentos de triunfos y reveses. Esta familia con orgullo se denomina «amistad», la cual en la mayoría de los casos puede ser más sólida e importante que la biológica. La palabra amistad está en igual rango de honor, respeto y amor de lo que significa hermano, cónyuge, etc., por eso es humillante y asqueroso que personas, hasta sin importarle las consecuencias de sus repulsivas acciones, no solo se auto denigran, sino incluso con desvergonzada premeditación ultrajan el honor moral de la palabra «amigo» cuando desde su inicua desfachatez, pretendiendo aparentar dignidad o valores morales, disfrazan su desvergüenza con la expresión «amistad con beneficios».

Este libro está concebido con el objetivo de enseñarnos que no somos jueces, ni estamos para juzgar, utilizando como patrón nuestra propia conducta para hacer comparaciones, ni para condenar o excusar a terceros. Solo somos parte de una comunidad civilizada que la distingue leyes muy honorables y como tal, aunque por derechos de libre expresión podamos opinar y criticar, jamás debemos olvidar que estamos obligados a respetar y aceptar la libertad y los derechos legales de cada persona, siempre y cuando la libre manifestación de sus deseos e interpretaciones no constituyan agravios o delitos.

La exposición de los tres temas que he abordado en este libro, no está fundamentada en aisladas excepciones provocadas por la extravagancia o enigma del carácter humano, y mucho menos inspirada por mi particular idea, opinión o sentir, sino están sólidamente concebida en esa realidad que (sin cinismo ni fantasías) todos conocemos y que muchos necesitamos.

El aprendizaje, definición y legado, tanto en los mediocres como en los más grandes filósofos de todas y distintas etapas de la humanidad, no han sido estrategias científicas elaboradas dentro de un laboratorio, ni adquiridas por catedráticos en un salón universitario por material de estudio y análisis genético, simplemente responden a arbitrarios patrones establecidos en consecuencia de individuales criterios, que por variedad de los resultados, de cómo (acorde a los límites, tabúes y particulares opciones) cada cual vive o interpreta sus experiencias, incluso, aun inducido por su significado de honor moral o religioso que, pudiendo ser equivalente a su ignorancia podrían por fanatismo ser asociados con empíricos resultados que se han derivado de esas reaccionarias y extremas épocas que a ellos le tocó vivir, pero la persistencia en discriminar y esclavizar dentro de un contexto sumiso la acción sexual, que aun siendo legal e innata y además no posee daños colaterales que ofenda o afecte la moral individual o social, es lo que me cuesta entender por qué, a pesar de poseer esa trágica conflictividad al respeto que demanda la integridad matrimonial, sin importar esa farsa, envuelta en tan prostituida deslealtad, se continúa perpetuando una costumbre por el solo placer de presumir una «idea»

Vuelvo a ratificar que todo cuanto he expuesto en este libro está basado en mi opinión e interpretación, y aunque mi fuente proviene, no de estudios, sino de libros o artículos históricos leídos, de películas y documentales que he visto, de relatos escuchados, por falta de profundidad en los temas, con mucho respeto acepto, de otros, juicios y crítica en contra mía, ya que reconozco: que leer no es sinónimo de estudiar: que ver películas es un entretenimiento; que toda expresión posee (aun sin alterar el texto) la interpretación (lógica y acertada) que cualquiera quiera dar, por consiguiente, tal vez algunos o todos, por conveniencias, por indignación, por diferencia, por conocimientos en la materia, etc. en desacuerdo conmigo me ofendan, calumnien, me tilden de ignorante o me acusen de una imaginación indecente o retorcida, sin embargo, aunque por análisis o la lógica de personas con talento excepcional, con brillante inteligencia y exhaustivos estudios, por ellos pudiese yo ser conceptuado de ignorante, petulante, eso no me afectaría, porque aplicando sentido común, hasta yo mismo, pero sin connotación negativa, podría autocalificarme dentro de ese contexto, pero aun así me vanaglorio, porque de "mi" ignorancia (conmovida por empatía y equidad) trasciende "mi" propia convicción, inspirada por la más noble solidaridad.

También mi opinión es producto del resultado obtenido de la audacia, capacidad y habilidad de cómo todos aceptamos y aprendemos de las distintas experiencias que nos somete el gran e inflexible maestro de todos los humanos: «la vida»

BIOGRAFÍA

Nací en Cuba el 11 de noviembre de 1952 en un pequeño pueblo llamado El Caney, pero viví y crecí en la ciudad de Santiago de Cuba.

Vengo de una familia humilde pero maravillosamente grande, a la cual nos distingue y nos une mucho respeto y amor.

He estado casado durante 30 años a mi actual esposa, nuestro matrimonio está consagrado por un gran respeto y amor; Es mi segundo matrimonio.

En virtud de la Ley en relación con los refugiados políticos, en febrero de 1992 viajé por avión de La Habana, Cuba a la ciudad de Miami, Florida, en los Estados Unidos de América y en este viaje estuve acompañado por mi esposa y nuestra hija. Ya establecido en los EE.UU. reclamé y pude traer a mis hijos del matrimonio anterior.

Yo vivía en la ciudad de Miami hasta el año 2003. Desde septiembre de 2003 hasta el presente, he vivido en la ciudad de Cape Coral, Florida.

Modificación terminada en 15 de Julio del 2017

Printed in the United States
By Bookmasters